口絵 ①

図 I-1
ジョゼフ・ダンハウザー ≪パリの友人に囲まれたフランツ・リスト≫ 1840 年
(ベルリン ベルリン美術館)

図 I-3
アルシッド・ロレンツ ≪滑稽な鏡≫ 1842 年
(パリ フランス国立図書館 SNR-3 (Lorentz, Alcide-Joseph) Numéro 1842-3913)

②

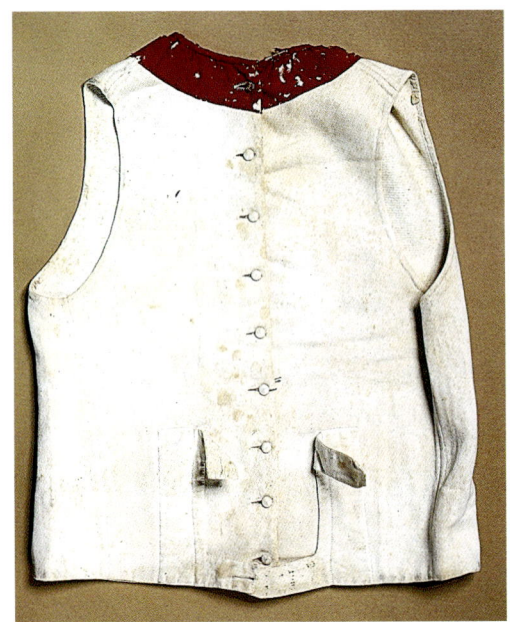

図Ⅱ-6
アンファンタンのジレ(表・裏)
(パリ アルスナル図書館 FE-Icono-44)

口絵 ③

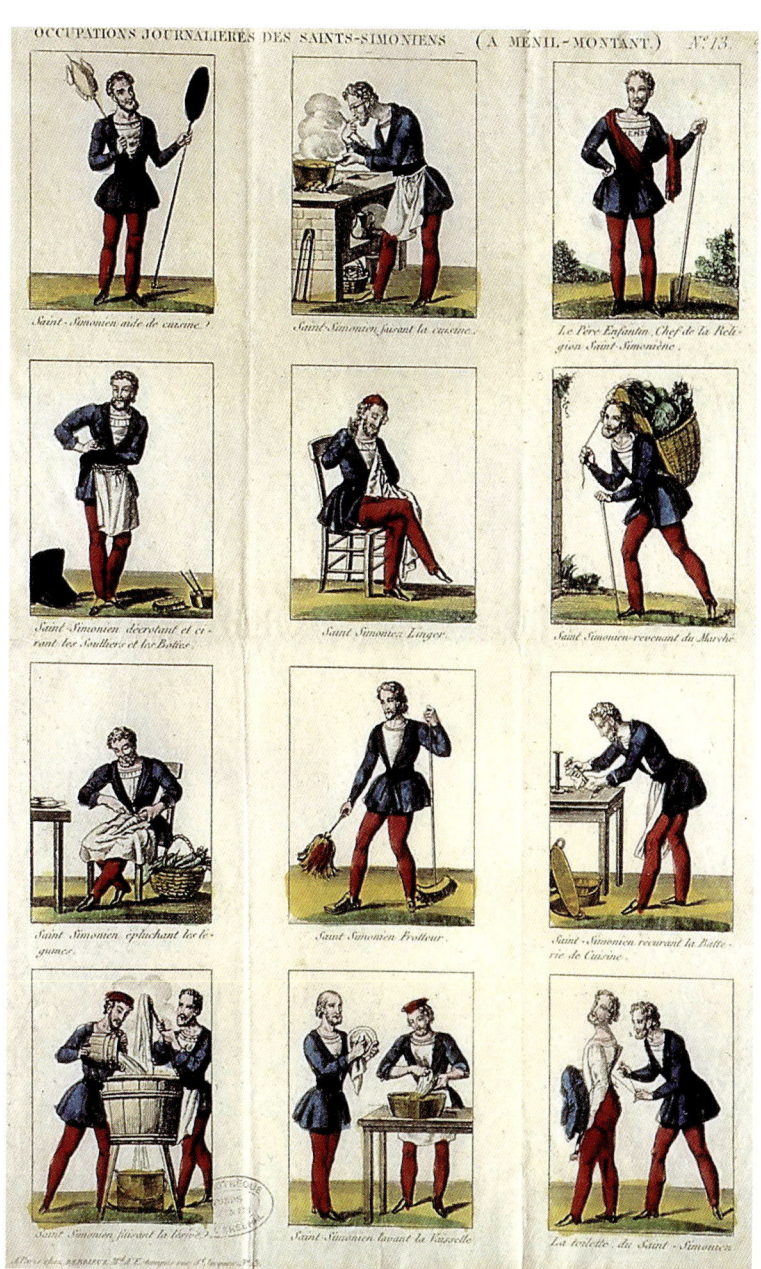

図Ⅱ-9
≪メニルモンタンにおける男性サン＝シモン主義者の日々の仕事≫ 1832年
(パリ アルスナル図書館 FE-Icono-48-92)

④

図Ⅱ－10
ジョゼフ・マシュロー ≪オリエントでのバローの伝道の衣装≫ 1833年
(パリ アルスナル図書館 FE-Icono-48-75)

図Ⅱ－11
ジョゼフ・マシュロー ≪芸術家たちの服装≫ 1833年
(パリ アルスナル図書館 FE-Icono-48-74)

口絵 ⑤

図Ⅱ-12
ルイ・マルーヴル ≪若きサン＝シモン主義の女性≫ 1832年初め
（パリ アルスナル図書館 FE-Icono-48-98）

図Ⅱ-13
ルイ・マルーヴル ≪サン＝シモン主義者(教父アンファンタン)≫ 1832年初め
（パリ アルスナル図書館 FE-Icono-48-99）

図Ⅱ-16
≪サン＝シモン主義者、自由女性≫ 1832年
(パリ フランス国立図書館 ヴァンクコレクション 12239)

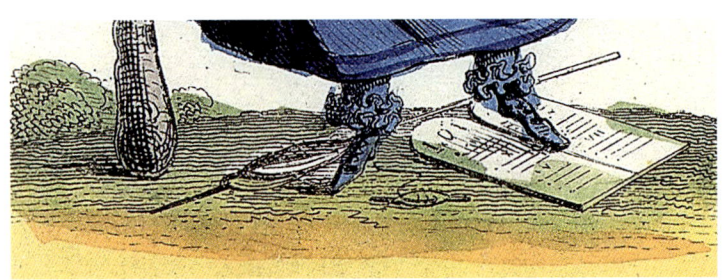

図Ⅱ-16
≪サン＝シモン主義者、自由女性≫（足元部分拡大）

図Ⅱ－17
≪女性サン＝シモン主義者の仕事≫ 1832年
(パリ アルスナル図書館 FE-Icono-48-94)

社会表象としての服飾

Études du travestissement féminin au XIXe siècle en France

近代フランスにおける異性装の研究

新實 五穂

東信堂

はじめに

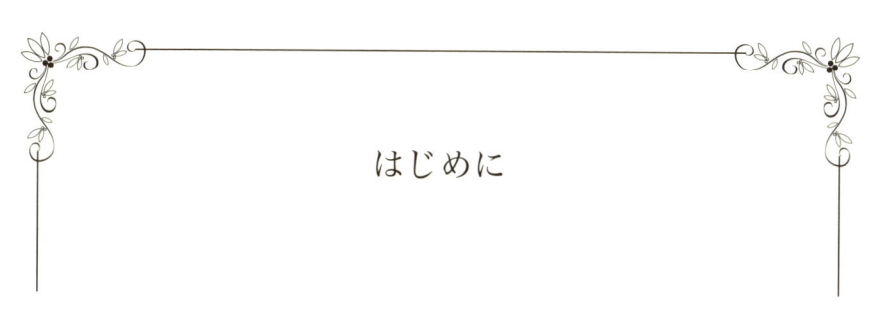

　現代社会においては、文化全般が画一化・均質化する傾向にあり、服装に関しても男女の差異が減少してきている。たとえば、豊富なデザインの中から、身体に密着する、ひと回り小さなサイズのものを手に入れるため、男性が女物の衣料品を取り扱う店でTシャツを購入する姿を、あるいは異性との間で洋服の貸し借りをする光景などを、容易に目にすることができる。また高校生が使用する教科書には、西洋服飾の歴史について述べられた箇所に「ユニセックス」の項目があり、1970年代頃から、男性が私的な場面で衣服の色彩や柄に多様性とファッション性を求める反面、女性の服装はシンプル化し、ズボン姿が多くなった結果、両性の服装が極めて接近するようになったと解説されている[1]。

　このように服装の性差が薄れ、ユニセックス化が進んだと言われる一方で、上着から下着にいたるまで男性と女性とが少しの相違もなく、全く同じ格好をしている状態は、現代社会においてもごく稀なことである。そして未だに、衣服の性差に関する問題は、扱われているという現状がある。2007年9月24日の『朝日新聞』に、「なぜ女の子はスカート？」と見出しが付いた読者の投稿が掲載されていた。読者の質問部分には、「今年4月に幼稚園に入園した次男から、『どうして、女の子はスカートなの？』と尋ねられました。それまで公園に来る女の子は、みんなズボンだったから不思議に思ったようです。男性はズボン、女性はドレスという洋装が元だろうとは思いますが、いつから、どうして男性はズボン、女性はスカートになったのですか？」と記されている。この新聞記事が掲載されたのとほぼ同じ時期には、新聞や雑誌、テレビなどで、女子中高生の制服にズボンを導入する学校が増えたとい

う出来事が、たびたび報道されていた。つまり、今日の社会にも、服装には多かれ少なかれ、その時代のジェンダー観が存在しているのである。

　本書は、現在まで続く男性服の基盤が確立し、形状は勿論、素材・色彩・柄などに至るまで、衣服の性差が最大であったとされる近代フランスの服飾を事例に、性差の文化を支える心性、感性がいかにして作り上げられたか、また衣服の性差を乗り越える行為にどのような意味が込められているかを論じたものである。換言するならば、本書の目的は、"男装の麗人"として有名な、ロマン主義の女性作家ジョルジュ・サンドの男装と、フランス初期の女性運動を牽引したとされる女性サン＝シモン主義者たちの服装という二つの事象を通して、19世紀前半の女性の異性装における社会表象について分析することである。異性装の史的事象を具体的に検証する試みは、西洋近代におけるジェンダー観、その時代の生活意識を明確にすることであり、さらには、近代以降、洋服文化を採用してきた我が国でのジェンダー観成立の要因を知ることにも繋がっていく。現代社会に存続し、今なお性的な逸脱行為として扱われ続けている感のある異性装という行為を、社会的・文化的な枠組みの中で探究し、それを支える精神性を歴史的な文脈の中で捉え直したいと思う。この試みは、人間の多様な生き方、在り方を浮き彫りにするとともに、服飾文化史に対する理解と認識を深めることに寄与できることにもなろう。

　註
1　『服飾文化』　実教出版　2007年　96-97頁．

目次／社会表象としての服飾——近代フランスにおける異性装の研究

はじめに ……………………………………………………… i

序　論 ……………………………………………………… 3
　　異性装 (3)
　　女性の異性装に関する史的研究 (5)
　　19世紀フランスにおける女性の異性装 (11)

第Ⅰ部　ジョルジュ・サンドの異性装 ……… 25
第1章　"男装の麗人"ジョルジュ・サンド ………… 27
第2章　自伝や書簡にみる異性装 ………………… 40
　　子供時代の男装経験 (40)
　　パリでの政治活動における男装 (46)
　　男装の終焉 (56)
第3章　作品にみる女主人公の異性装 ………… 65
　　1830年代の小説における服飾描写 (65)
　　対話式小説『ガブリエル』(76)
　　　1. 劣等的立場の表象 (78)
　　　2. 女性以上の存在の表象 (84)

第Ⅱ部　女性サン＝シモン主義者の異性装 … 99
第1章　サン＝シモン主義と女性解放の思想 ……… 101
　　サン＝シモン主義 (101)
　　サン＝シモン主義における女性の解放 (116)
第2章　サン＝シモン主義の制服制度 ……………… 137
　　男性制服の着用経緯と象徴性 (137)
　　　1. 制服の始まり (139)

2．制服着用式 (143)
            3．その後の制服 (151)
        サン＝シモン主義とズボン (161)
            1．帰属意識 (164)
            2．着用要件としての裁縫仕事の放棄 (168)
            3．逆しまの世界 (174)

結　論 ……………………………………………………… 187

図版一覧 …………………………………………………… 192
参考書誌 …………………………………………………… 194
あとがき …………………………………………………… 218
索　引 ……………………………………………………… 222

社会表象としての服飾

――近代フランスにおける異性装の研究――

序　論

異性装

　私たちは日常的に衣服を身に着けることを通して、個性を獲得すると同時に失ってもいる。一見、衣服の着用は各人の性向によってのみ突き動かされている個人的な行為のようであるが、時間と空間とが生み出す制約を受け、社会の要請によって促され、個人が社会集団に属する身分や立場を得るための実に社会的な行為なのである。それゆえ、衣服を着用することで、私たちは社会の成員、いわば社会的な個人になれるのである。フランスの文豪オノレ・ド・バルザックが、「服装は社会の表現である」[1]と述べたのも、衣服と社会生活との密接な関係を認識していたからに他ならない。

　その衣服の社会性を如実に反映していることばが、フランス語の動詞 travestir であるように思われる。travestir は「変装・仮装させる、男装・女装させる」という意味を持ち、ラテン語の trans「越えて」と vestire「服を着せる」から成る transvestir「服装を変えさせる」に由来することばである。『19世紀ラルース大辞典』において、このことばは芝居と結び付き、劇場での役者の早着替えや一人の役者が同じ舞台で二つ以上の役柄を続けざまに演じる行為を指すとともに、そもそも「服装によって他の性別や社会階層に成りすます、変装させる」[2]という意味であると記されている。またこのことばを同じ「変装させる」という意味のフランス語の動詞 déguiser と比較すると、変装の際、déguiser が仮面や付け髭などだけで充分であるのに対し、travestir には普段身に着けているような衣服とは異なる衣服が必須であり、単に容姿を

変化させるだけでなく、全く別の人格になりきってしまうような身分や地位をも偽る変装が含まれる[3]。つまり travestir とは、個人に付与された社会的な意味や記号、社会集団への帰属を「超越する trans」ために、「衣服を着用する vêtir」行為のことなのである。

　しかし、このような意味を持つ travestir が指し示す行いの中で、とりわけ異性装は、キリスト教を信仰する世界において、好ましくない逸脱行為であると見なされている。『聖書』の「申命記」第 22 章には、「女は男の着物を着てはならない。また男は女の着物を着てはならない。あなたの神、主はそのような事をする者を忌みきらわれるからである」[4]と明記されている。また近代フランスでは、1800 年 11 月 7 日の警察令「異性装に関する勅令 Ordonnance concernant les travestissements」[5]によって、健康上の理由から特別な許可を得た場合以外で、女性が男性の服装を着用する行為は厳しく禁じられていた[6]。そしてこれに違反した者は逮捕され、警察へ連行された。たとえ許可を与えられたとしても、半年の期限付きで、劇場や舞踏会の会場、公共の場所での集会に許可を得た女性たちが男性の恰好をして現れることは禁止されていた。それでも、1850 年から 1860 年までの 10 年間には、動物画家のローザ・ボヌール、およびナポレオン三世の愛人マーガレット・ベランジェなど、12 人の女性たちが許可を得たとされている。さらに確証はないものの、本書の第 I 部で扱う女性作家のジョルジュ・サンド George Sand (1804-76) も、男装の許可を得た人物の一人だったのではないかと推察されている[7]。いずれにしろ、この異性装に関する警察令は、その後一度も廃止されなかったが[8]、1909 年になると、馬や自転車に乗るために女性が男性の服装を身に着けて外出することが許可され、ようやく緩和されたようである[9]。

　異性装には、確かに、好ましくない逸脱行為であると見なされてきた社会的な背景が存在している。けれども女性の異性装は、カーニバルや仮装舞踏会などの非日常的場面、劇場や文学作品などの虚構の枠組みは勿論のこと、フランスの歴史に繰り返し登場している。では、なぜ異性装という行為をフランスの女性たちは行ってきたのであろうか。異性装は男女ともに見られる行為ではあるが、女性のそれの方がより社会的で、経済的で、政治的な要素

が強いとも指摘されている[10]。ここで、異性装が行われてきた理由のいくつかを知るためにも、これまでの異性装の史的研究における経緯を、とくに本書との関わりからフランスでの女性の異性装を扱った研究に重きを置き、語っておきたい。

女性の異性装に関する史的研究

異性装に関する研究が、医学・精神医学・心理学・社会学・人類学・歴史学・文学などの多様な学問領域によって支えられ、学際的な歩みをたどってきた事実はつとに知られることである。その過程は、異性装研究の大家であるバーン・ブーローとボニー・ブーローの共著『異性装、セックス、ジェンダー』の巻末に「さらなる知識や研究のための手引書」と題されて、総括されている[11]。また次の三つの書誌学的研究が、異性装研究の歴史を俯瞰することを可能にしてくれている[12]。1976年にバーン・ブーローを含む4人の研究者たちが『ホモセクシュアリティについての注釈付書誌』を編み、2巻の最後を「異性装と性転換」として、精神医学や医学的見地からのものを中心に554項目の書籍や論文を紹介した[13]。その後、1992年に歴史的な志向の強い『異性装とその広範な背景』をギルバート・デメイヤーが著し[14]、1994年には小説や伝記、新聞記事、判例などを含む最も包括的な書誌『性同一性障害』をダラス・デニーが結実させた[15]。これらの論考からは、異性装の研究が精神医学者や性科学者たちによって先鞭をつけられ、1970年代から豊かになっていく様子がうかがえる。

精神医学者や性科学者が異性装研究の始まりを担ったのは、異性装が精神異常の徴候や性的倒錯の一種と見なされていたからである。まず1886年にドイツのリヒャルト・フォン・クラフト＝エビングが、彼の著作『変態性欲の心理』の中で、異性装を服装へのフェティシズムと定めて、四つに分類し、その要因を遺伝的影響に求めた[16]。クラフト＝エビングの性的倒錯に関する著述が症例研究であったように、彼の著作以降、診断と治療の目的もあり、

自分の性ではない性の衣服を着用する行為にいかなる呼称を与えるか、この行為はいくつに類別され、どのような原因で生じるのかという点に異性装研究の主要な関心は集約されることとなった。

1910 年に初版が刊行され、1925 年に改訂版が出版されたドイツの精神科医マグヌス・ヒルシュフェルトの『異性装者たち』は、異性装を扱った最初の著作として知られている[17]。ヒルシュフェルトは異性装をトランスヴェスティズム transvestism と名づけ、「反対の性の衣服を着る行為」とし、異性装者の男女を同性愛者・異性愛者・両性愛者・無性者の四つに区分した。そして約 1 万人の膨大なデータから、異性装者の多くが異性愛者である事実を明らかにして、異性装を同性愛者の一側面と考える精神医学者たちに警鐘を鳴らした。異性装を独立した一つの事象として捉えようとした態度に加え、異性装研究では女性を考察の対象から除外するきらいがあるものの[18]、ヒルシュフェルトの女性を締め出さなかった研究の姿勢は評価されている。ただし、彼のデータが調査事実というよりも逸話的で、過度に型に則っているとの指摘もある[19]。

このヒルシュフェルトのトランスヴェスティズムに対して、1928 年にイギリスの心理学者ハヴロック・エリスが著した『性の心理学的研究』では、異性装がエオニズム eonism と称された[20]。エオニズムは「男性が女性の恰好をする行為」を指し示し、フランス国王ルイ 15 世の密偵であったシャルル・ド・ボーモン、シュヴァリエ・デオン Charles de Beaumont, Chevalier d'Éon (1728-1810) の名に因んでいる。シュヴァリエ・デオンは、18 世紀にロシアやイギリスで女装してスパイ活動を行い、ヨーロッパの歴史上で最も有名な異性装者である。エリスは、トランスヴェスティズム、およびそれに相当する英語のクロス・ドレッシング cross-dressing では心理的な異常までをも表現できないと考え、エオニズムという呼称を提案した[21]。エリスの論考の特徴は、異性装を単なる性の疾病と片付けるのではなく、生まれ持っての個人の性向と位置づけ、人間の性行動の多様さに寛容であった点である。そして異性装という行為は、服装へのフェティシズムよりも、他の性別の役割や分担を引き受けることで得られる充足感に起因するのではないかと彼は考えた。

しかしながら、エリスの前提や理論の基盤は、とくに異性装研究の中心地となるアメリカでは1970年代まで軽視され続けた。

　一方、異性装が多かれ少なかれ生得的な要因によるとの見方に一石を投じたのは、オーストリアの神経科医ジグムント・フロイトであった。フロイトは性的衝動が幼少期の生活経験に起因することを示し[22]、異性装への直接的な言明こそなかったものの、異性装研究に断続的な影響を与えたとされている[23]。彼の影響を受けて、男性が行う異性装の原因として幼少期の生活歴を重要視したのは、アメリカの精神科医ロバート・ストラーである。ストラーは服装倒錯者の両親に着目し、母親が息子を自分の体の一部と同一視することに由来する息子を少女にしたいという母親の無意識的願望と、共謀者としての父親の不在に服装倒錯の原因を求めた。そして1968年に、彼は治療した患者の事例を証左に『性と性別』を著し、服装倒錯と性転換とを同性愛から切り離して論じた[24]。さらに男性の服装倒錯者は去勢不安に脅かされ、男根を持った女性になるのであり、性転換者のように外性器の形を変えたり、犠牲にしたりはしないと両者を明白に区別した。また男性の服装を身に着ける女性は、完全に男性になることを望む性転換者であり、女性に服装倒錯者は存在しないと切り捨てた。というのは、性的興奮を伴う男性の服装倒錯と比較して、男物の衣服には官能的な価値がなく、その衣類に女性はフェティシュを感じていないとの理由からである。このように女性の異性装を否定した狭量な見解や、ストラー自身が彼の患者はアメリカの中流階層の白人のみであったという事実を認めてはいるものの、他の社会や文化の人々を検討していない手法については批判されている[25]。

　これらの研究を経て、1970年代に異性装が同性愛や性転換などに付随する立場から分かれ、一つの事象として独立していく潮流の中で、異性装の歴史研究は本格的に開始された。精神医学や心理学、社会人類学などの研究が主として男性の異性装を調査対象としたのに対し、歴史学では女性の異性装への言及が多く、ここに史的研究の最大の意義があるように思われる[26]。

　1976年に、先述したバーン・ブーローが『社会や歴史における性の相違』を刊行し、各時代や地域における性行動への態度を検討して、史的研究の先

駆となった[27]。続く 1979 年には、評論家のピーター・アクロイドが『変装すること』を著し、絵画や写真、小説、演劇、映画などを通して、古代ギリシア・ローマ時代から 20 世紀までの男女の異性装の全容を初めて明らかにした[28]。アクロイドは自身の著作を学究的なものではないと冒頭で述べているが、その的確な叙述は高く評価されている。彼の著作では、女装や芝居での異性装の事例が多いものの、女性の異性装に関しては、中世の聖者伝や民間伝承における聖女の男装、および修道士や隠遁者になるために女性が行う男装、そして 15 世紀の聖女ジャンヌ・ダルクの男装に加え、近世における女性兵士や船員、あるいは海賊が行った男装などが論じられている。とりわけ 17・18 世紀は、女性の異性装の事例が他の時代よりも多く、この時代の女性たちは、女性であることや職業上の不都合を克服するため、男性の服装を用いたとアクロイドは主張している[29]。つまり女性たちは、家庭内の男性不在によって引き起こされた経済的な理由から、さらには男性服の機能性や身の安全を保障してくれるなどの理由から異性装を行い、男性のものと見なされていた職業である兵士や船員となり、男性として長期間働いていた。このように、男性の職種へ女性が入り込み、男性の服装を身に着ける行為は、結果的に男性社会の優越性を高めることへと繋がっていったともアクロイドは指摘している[30]。また女性の異性装の中でも、フランスでのものは少ないが、1830 年代にフランスで刊行された二つの小説、すなわち、登場人物が作中で異性装を行うテオフィル・ゴーチエの『モーパン嬢』と、登場人物が男性とも女性とも区別できないような恰好をするバルザックの『セラフィタ』をアクロイドは例に挙げ、第三の性や両性具有のテーマが芸術に強い影響を与えていたのは 19 世紀という時代の特徴であると主張している[31]。

1989 年になると、女性の異性装だけを扱った二つの論考が生まれ、女性兵士や船員の男装に関して考察することが、後の歴史研究で大きな位置を占める契機となった。ジュリー・ホィールライトは、彼女の著作『アマゾンと女戦士』の中で、男性の服装を身に着けて従軍した女性たちの偉業を女性解放の原型であると説いている[32]。またルドルフ・デッカーとロッテ・ファン・ドゥ・ポルの共著『近世初期のヨーロッパにおける女性の異性装の慣

習』では、1550年から1839年までのオランダでの119もの女性の異性装が例示された[33]。同性同士の恋愛以外で、彼らが女性の異性装の動機として強調したのは、恋人や夫、家族の姿を追い、共に生きることを、もしくは反対に、それらの人々から逃避することを目的とするロマンティックな動機、娼婦としての人生を拒否した上で、貧困から逃れることを目的とする経済的な動機、戦時に兵士として母国を救うことを目的とする愛国的な動機という、主に三つの動機であった。ヨーロッパで女性の異性装の事例が多いことについては、自己保全や男の領域とされる仕事への願望、女の役割に対しての不安、同性愛などの理由からであったと言われているが[34]、これはデッカーとファン・ドゥ・ポルの著述によるところが大きい。彼らはフランスの女性たちが行った異性装にも簡単に触れ、オランダやイギリスのものと似通っており、革命や暴動のために1798年から1814年の間に事例が集中していることを述べている[35]。ただし、ヨーロッパにおける女性の異性装が、16世紀後半から次第に現れるようになり、17・18世紀に全盛を迎え、19世紀初頭に突如として姿を消すという彼らの主張は一貫している。なぜなら、19世紀の初めに男女の関係が、男性は女性の上位に位置するといった階層的なものから横並びの補足的なものへと変化し、女性は男性の服装を着用してもより高い社会的地位を得られなくなったため、女性の異性装が消滅したと彼らは考えるからである[36]。けれども、この点に関しては、男女の関係性が横並びの補足的なものへと変容するにつれて、性の領域がいっそう明確になり、女性が男性の役割を理解し易くなったことが、19世紀に女性の異性装が発生した要因という指摘がなされている[37]。何より、女性の異性装の事例は、19世紀にも存在している。

　異性装を社会や文化が構築した産物として捉えようとする姿勢は、1990年代に入り、決定的なものへとなっていった。1990年にジュディス・バトラーが『ジェンダー・トラブル』を[38]、トマス・ラカーが『セックスの発明』を著し[39]、異性装研究に反響を巻き起こしたからである。バトラーは、ジェンダー(社会・文化的性差)だけでなくセックス(生物学的性差)までもが社会構築物であり、セックスがジェンダーに基づいて生み出されることやジェン

ダーが異性愛の実践を支持していることを明確にした。またラカーは、17世紀末までセックスは二元論ではなく、生殖器官が飛び出ているか否かの違いだけで本質的には同じとするワンセックス・モデルが支配的であり、19世紀以前には行動規範こそがセックスの決定要因であったことを示した。

その結果、異性装の史的研究において、二つの大著が誕生した。1992年にマージョリー・ガーバーは文化史研究として『既得権益―異性装と文化不安―』を刊行し、異性装が既定の権利に挑み、男性と女性、男らしさと女らしさといった二極対立的な文化の構造を危機に陥らせるための手段であると説くとともに、二極的な思考を問題視し、第三極の概念を導いた[40]。さらに文学の世界、そしてデオンやサンドからエルビス・プレスリーやマドンナに至るまで、他の研究を圧倒するほどの男女の異性装を例示して、異性装が限定された社会や文化にではなく、どの社会や文化にも存在する現象であることを彼女は主張した。ただし、異性の服装への異常な愛着を示すフェティシズム的な服装倒錯も、区別なく異性装とガーバーが一括りにしている点に関しては、批判を浴びている[41]。また、彼女の逸話的な著述や文学作品の解釈に異議を唱えたのが、1993年のブーロー兄弟の共著『異性装、セックス、ジェンダー』である[42]。異性装をジェンダーで境界の線引きされた領域への象徴的な侵略と定義し、さまざまな地域における各時代の文化や社会的背景から男女の異性装の変遷を語った。そして全ての時代を通じて、女性の異性装の多くが女性性に課せられた制約を回避するために生じることを明らかにした。換言するならば、女性の男装は、より大きな自由と何か新しいことをできる機会を手に入れることに繋がっているとされた。ジョルジュ・サンドの場合は、根拠を示してはいないものの、男性と見なされるためではなく、女性服の機能的な制限から免れるためであったと述べている[43]。

二つの大著を経た1990年代末より、異性装の史的研究は、個別の事例を深く掘り下げることを目指し、たとえば、中世の聖者伝やシェイクスピア演劇での少年俳優の異性装、1800年から1939年までのイギリス女性の異性装など、時代や地域を限定した論考が増えていくことになる[44]。2001年には、16世紀から18世紀までのフランスにおける異性装を扱った『性の混同』が、

シルヴィ・シュタインベルクによって著されている[45]。シュタインベルクの著作では、「ルネサンス期からフランス革命期までの異性装」という副題が付けられ、300人以上の事例が検討されてはいるが、16世紀は13人、17世紀は35人、フランス革命期を除く18世紀は142人、フランス革命期は117人という事例の内訳から、主に18世紀の異性装の様子を明らかにした研究であると言えよう[46]。女性の異性装については、女性たちが貧しく不幸な生活からの脱出を異性装によって試みていたことや、フランス革命期には異性装によって女性たちが革命運動に加わり、市民権を要求していたことを彼女は指摘している[47]。また2006年には、女性の異性装に関するこれまでの研究経緯をまとめたシュタインベルクの論考を含む、16世紀から20世紀までのヨーロッパにおける女性の異性装を、「軍隊・舞台・文学・図像学」という四つのテーマから考察した論文集がフランスで刊行され[48]、英語圏の地域に比べ、立ち遅れていた感のあるフランスでの異性装研究は盛り上がりを見せ始めている。

しかしながら、異性装に関する史的研究の歩みをたどってみると、フランスの場合、女性の異性装という性や服飾に関する事象から社会を読み直す試みは、18世紀についてが最も盛んであり、その後の19世紀については、充分に行われているとは言えない。ゆえに、19世紀のフランス女性の異性装を歴史研究において位置づけることは、当時のジェンダー観、および生活意識を知る上で、重要なことなのではないだろうか。また『モーパン嬢』・『ベアトリックス』・『ガブリエル』など、登場人物が作中で異性装を行う小説が1830年代のフランスで少なからず執筆されていることからも、当時の社会や文化をより理解するために異性装という事象は無視することができないと思われる。

19世紀フランスにおける女性の異性装

先にも述べたように、19世紀にフランスの女性たちが異性装を行うには、

医者の診断に基づく健康上の理由が必要とされ、それを警察で許可してもらわなければならなかった。ただし、警察の許可を得て、女性たちが男物の衣類を身に着けたならば、彼女たちの姿が好奇の目に晒され、周囲の人々の顰蹙を買う心配もなくなるなどということは、有り得なかった。1835年の『アルティスト』誌に掲載されたポール・ガヴァルニの石版画≪速く行こう≫(**図序-1**)には、男装をした女性が連れの男性と腕を組んで歩く姿とともに、この二人に好奇の目を向ける人々の姿も描かれている。19世紀に、女性たちの異性装が咎められる理由には、そもそも異性装が『聖書』の中で好ましくない逸脱行為とされていることだけではなく、当時の服装の状況も関係していたと思われる。

　フランスにおける19世紀という時代は、男女の衣服の差が最大になった時分であり、性による服装の相違が色や生地に及ぶまでかつてないほど対照的なものになった時期とされている[49]。というのも、フランス革命の後、19

図序-1　ポール・ガヴァルニ《速く行こう》1835年の『アルティスト』誌

世紀初めに、衣生活の変容が引き起こされたからであった。とくに男性の服装は前世紀と比べ変化し、燕尾服・チョッキ gilet・長ズボン pantalon・白いシャツ chemise からなる無彩色の装いが、華美な装飾で、派手な色の上着 habit・チョッキ・半ズボン culotte・白い絹靴下からなる 18 世紀の男性服に取って代わった。このようなモノクロの男性服は、新たに台頭してきたブルジョアによって身に着けられ、ブルジョア階級の隆盛に伴い、当時の服装として社会を支配していった。つまり、男性たちは一様に無彩色の服装で覆われ、彼らの間には見かけの同化が推し進められていったのである。一方で、女性たちの服装は、より豪華で華美なものへと変化していった。彼女たちは、見かけの同化が進んだ自分の父親や夫などの男性たちに成り代わり、彼らの社会的地位や経済力を服装によって明示するという重要な役割を果たすようになっていったとされる[50]。それゆえ、19 世紀に女性たちが行った異性装からは、彼女たちが他の時代よりも大きな衣服の性差を乗り越えていたことや、男性の社会階層(身分)を明白にするといった女性の服装が担わなければならない社会的な機能を放棄していたことが推察できる。

　では、なぜそれほどまでにして、19 世紀にフランスの女性たちは異性装を行わねばならなかったのであろうか。その理由を探るため、本書では、19 世紀前半の二つの事例、すなわち、ロマン主義の作家であるジョルジュ・サンドと、初期社会主義思想の一つであるサン＝シモン主義 saint-simonisme[51]を支持した女性たちとを取り上げる。本書は、このような女性たちが行った異性装の動機を検討することを通して、彼女たちが、いかなる社会規範や慣習の中で生活していたかを明らかにしようとするものである。つまり、パリ・アルスナル図書館ならびにフランス国立図書館所蔵の手稿や遺品をはじめ、書簡、説教集、回想録、新聞記事、文学作品、さらには諷刺画や服飾・風俗版画などの各種の資料に取材して、1830 年代の女性の異性装における社会表象を解き明かそうとする試みである。

　本書の第 1 部は、ジョルジュ・サンドの異性装について、彼女の実生活および作品から、サンドにとっての異性装がどのような意味を持っていたかを多面的に論じている。確かに、ジョルジュ・サンドが実生活で男装をして

いた事実はつとに知られており、男装を行った動機とその様子に関しては、サンドの評伝や伝記、そして池田孝江の著作『ジョルジュ・サンドはなぜ男装をしたか』によって、既に明らかとなっている[52]。サンドは、幼少期に軍服を着用した後、思春期の頃に家庭教師や異母兄弟からの影響を受け、健康面での理由や、狩りや乗馬をするため、男性の服装を身に着けたとされている。さらに1830年代にパリで暮らし始めると、母親の助言に従い、経済的で、機能的な理由から、あるいはパリの至る所に男性の友人たちと徒歩で赴き、自身の知的欲求を満たすため、男装を行ったとされている。またパリでの男装については、議会や新聞社、裁判所などの女性が締め出しを受け、男性のみが許容される空間に立ち入るための手段になっていたのではないかとも言われている。しかしながら、従来の研究では、いつまでサンドが男性の服装を身に着けていたのかが明確にされてはいないため、彼女が行った男装の全体像を把握することができない上に、彼女の男装はそのどれもが同列に論じられている。加えて、サンドの男装は、彼女の生涯における一つの出来事として、結局は彼女特有の美的意識や服飾観、幼少期の特殊な生活歴などの個人的な理由に起因するものとして語られてきたきらいがある。

　他方で、サンドが執筆した作品には、女性の主人公が男物の衣類を身に着けて登場したり、装いや着こなし、振る舞いによって、男性のような印象を与える女主人公が登場したりしている。ゆえに、サンドは自身の作品において、女性の主人公に男性的な側面を付け加える傾向にあったのではないかと推察されている[53]。近年、小説の構造や語りの調子から、サンドの著作における女主人公の異性装・変装を分析する研究が現れ始めているものの[54]、どのような作中人物が異性装を行うのか、さらには異性装を含む服飾描写が、いかなる文脈の中で現れ、どのような役割や効果を担っているかについて、個別の作品において詳細に検討するべき事項は残されている。またサンドが著した作品は、彼女自身の人生と常に密接に関わっていると指摘されており[55]、サンドの著作における女主人公の異性装と実生活での男装とは、全く無関係なものではなく、有機的に結び付いているものと考えられる。したがって、サンドが日常生活で頻繁に男装をしていたとされる時期、すなわち、1830

年代に彼女が執筆した小説における服飾描写を検討することは、結果的に彼女の実生活での男装をより理解することへと繋がっていくであろう。

続く第2部では、サン＝シモン主義の思想や活動とともに、女性サン＝シモン主義者たちの服装とその象徴性について論じている。ここで、簡単にではあるが、サン＝シモン主義とは、どのような思想であったかを述べておきたい。そもそも、1830年代のフランスは、市民王ルイ・フィリップ（在位1830-48）による七月王政の時代である。それは、栄光の三日間と呼ばれる1830年7月27日から29日までのパリでの蜂起において、ブルボン家のシャルル十世（在位1824-30）による教権主義的な復古王政を打倒し、国王をオルレアン家のルイ・フィリップにすげ替えることに成功したブルジョアたちが権力を手にした、いわば富と能力による時代でもあった[56]。それゆえ、七月王政は反教権主義的で、世俗的な性格を有したブルジョア王政として位置づけられている[57]。ただし、政体が教会権力から分離し、世俗的な性格を有しているのに加え、1831年4月19日には選挙法の改正によって、有権者資格および被選挙権を得るための直接税の納入額が引き下げられたとは言え、復古王政に引き続いて制限選挙が行われており[58]、七月王政は社会的な不平等や格差を是認し、拝金主義的な体制であることに違いなかった。この政体こそが、とくに労働問題や都市問題への対応力を失わせ、労働者たちによる暴動の一因になっていたのではないかと考えられる。また1830年代から1840年代にかけて産業革命の影響がフランス社会にも及び、政体の手直しだけでは対処しきれない新たな社会問題を引き起こした結果、それを思想によって解決しようとする動きが続出したとされている[59]。その思想の一つが、本書で扱うサン＝シモン主義である。

サン＝シモン主義とは、フランスの社会思想家クロード＝アンリ・ド・ルーヴロワ、コント・ド・サン＝シモン Claude-Henri de Rouvroy, Comte de Saint-Simon（1760-1825）の思想を彼の門弟たちが引き継いだものである。女性解放の思想を除いて、ほぼサン＝シモンの教えを継承したものが、サン＝シモン主義の思想であったと言える。思想の内容は、産業を発展させる基盤をフランス社会に構築するための術であり、産業革命によってフランスにも

たらされた新たな社会問題を解決するための手立てであった。このようなサン＝シモン主義の思想は、産業主義や有能者支配といったことばで総括されている[60]。サン＝シモン主義における産業至上主義の精神は、サン＝シモンが農業者・製造業者・商人を「産業者 industriel」と呼び、封建的な社会ではなく、産業者の労働力によって支えられ、産業者が最上位を占める「産業社会 société industrielle」こそが、理想的な社会の姿であると考えていたことに由来している。さらにサン＝シモンが理想とする産業社会では、産業者が重用される反面、不労所得者や無為徒食の財産所有者たちは排除された。このことは、サン＝シモン主義者たちが、家格や相続財産などの生まれながらの特権によるのではなく、個人の能力に基づき判断される社会[61]、すなわち、産業者・科学者・芸術家といった人々を中心にした有能者が支配する社会を標榜していたことに表れている。またサン＝シモンは、1825年に刊行された彼の著作『新キリスト教』の中で、産業社会には新たな道徳規範としてキリスト教に取って代わる宗教が必要であると述べるとともに、最大多数者に最も有益でありうるように社会を組織する必要性や、あらゆる手段を用いて貧しい人々の精神的・物質的生活をできるだけ速やかに、できるだけ完全に改善する必要性を説いた[62]。その結果、サン＝シモン主義者たちは最も多人数で、最も貧しい階級の境遇を物質的にも、知的にも、倫理的にも改善することを目指すようになる[63]。そして彼らは、社会的弱者が貧窮に陥り、貧富の差が拡大する状況、および犯罪や病気、人間関係の喪失に伴う社会環境の悪化に対処するため[64]、人間によって人間が搾取されない新たな仕組みを生活共同体や相互扶助会のような「協同組織 association」の確立によって実現することを掲げた[65]。さらに最も多人数で、最も貧しい階級を労働者の他に女性と定め、サン＝シモン主義者たちはサン＝シモンの教えにはなかった男女の平等、とりわけ夫婦の間での男女平等にも尽力することになっていくのである。

　上記のような思想の旗印として、男性サン＝シモン主義者たちは1830年代に制服制度を確立した。彼らの制服には、形状や色彩の一つひとつに思想を表現するためのシンボリックな意味が込められており、サン＝シモン主義

の思想をより詳細に理解する上で、制服は非常に重要なものである。にもかかわらず、彼らの服装は、これまで充分に調査されてきたとは言えない。また青いドレス・ズボン状のペチコート・赤い帽子・襟巻・ベルトからなる女性サン=シモン主義者の服装については、とりわけ不明瞭な点が多く、なぜこのような恰好をしていたのかですら明らかになってはいない。ゆえに、サン=シモン主義者たちの活動と装いとがどのような関係にあり、いかにその思想が服装に反映されていたかを検討していくことが、第Ⅱ部の基本的な作業となるであろう。

ただし、個別の事例について論じていく前に、女性サン=シモン主義者たちは、ジョルジュ・サンドが行ったような、いわゆる男装をしていたわけではないことを断っておかねばならない。つまり、彼女たちは、男性の服装を身に着けているわけではなかったのである。けれども、彼女たちが着用したズボン状のペチコートは、「半男性や男性的なもの」として捉えられ、当時の一般的な女性の服装でもなかった[66]。というのも、ズボン状のペチコートは、19世紀初頭にイギリスから少女の運動用として伝わり、女優や踊り子、娼婦たちの間では広まったものの、19世紀半ばまで女性のペチコートはスカート状のものが一般的であったからである[67]。ズボン状のペチコートは、男性下着に形状が近く、いわば男性の服装を改変したようなものであり、それを穿くことは、男勝りの女と見なされる社会的な背景が存在していた[68]。よって本書では、異性装を広義に解釈して、女性サン=シモン主義者たちはスカート内部が異性装の状態であると捉え、彼女たちの恰好を異性装として扱うことにする。

註

1 Honoré de Balzac, *La Comédie humaine*, t.12, Gallimard, Paris, 1981, p.250.（オノレ・ド・バルザック『風俗研究』山田登世子訳　藤原書店　1992年　67頁.)
2 Pierre Larousse, *Grand Dictionnaire Universel du XIXe siècle*, t.XV, Administration du Grand Dictionnaire Universel, Paris, 1876, pp.446-47 (Rep. Slatkine, Genève, 1982).
3 *Ibid.*, t.VI, p.314. フランスでの異性装について調査したシルヴィ・シュタインベルクは、16世紀から18世紀まで、この二つのことばに意味の相違がなかったことを指摘している。Sylvie Steinberg, *La confusion des sexes*, Fayard, Paris, 2001, p.1.

4 『聖書』(改訳) 日本聖書協会 1955年 277頁;『＜旧約聖書Ⅲ＞民数記 申命記』山我哲雄、鈴木佳秀訳 岩波書店 2001年 349頁. 申命記の異性装に関する記述については、文化的な慣習や習俗を問題としているのではなく、キリスト教以外の異教の宗教的・儀礼的な慣習における異性装を排除する目的であったことが指摘されている。赤阪俊一「異性装から見た男と女(4)―女装の男たち―」『埼玉学園大学紀要 人間学部篇』5 埼玉学園大学 2005年 69頁.

5 この警察令ついては、以下の論文に詳しい。Christine Bard, "Le dossier D/B 58 aux Archives de la Préfecture de Police de Paris", *Clio, Histoire, femmes et sociétés, Femmes travesties: un "mauvais genre"*, Clio et Presses Universitaires du Mirail, Toulouse, 1999, pp.155-67. 2010年5月9日付けの毎日新聞におけるコラム「街角：フランス 衣服と権利、いま・むかし」では、フランスの左翼政党がこの警察令の条文廃止を求めていることが報じられている。

6 Laure-Paul Flobert, *La femme et le costume masculin*, Imprimerie Lefebvre-Ducrocq, Lille, 1911, pp.20-23; Valerie Steele, *Paris Fashion, a cultural history*, Oxford University Press, New York, 1988, pp.162-63.

7 中世から20世紀初頭までの女性とズボンの関係を調査したロール＝ポール・フロベールは、ジョルジュ・サンドが男装の許可を得たと主張しているものの、その著書の中では、1862年10月28日にシャンゼリゼ地区で発行された誰のものともわからない1通の許可書を提示しているに過ぎない。(Laure-Paul Flobert, *op.cit.*, p.20.) さらに、女性下着の変遷について考察したセシル・サンローランも、許可を求めた女性たちの多くがブルジョア階級であったこととともに、根拠を示してはいないものの、サンドが男子服着用の許可を内務省に求めたことを指摘している。(セシル・サンローラン『女の下着の歴史』深井晃子訳 文化出版局 1966年 132頁.) また、サンドの男装に関して多くの論考がある池田孝江は、この点について、新聞社などへの出入りのために許可書が必要であったのではないかと推測している。(池田孝江「ジョルジュ・サンドにおけるコスチューム(2)」『衣生活』257 衣生活研究会 1985年 22頁.)

8 Philippe Perrot, *Les dessus et les dessous de la bourgeoisie*, Arthème Fayard, Paris, 1981, p.38. (フィリップ・ペロー『衣服のアルケオロジー―服装からみた19世紀フランス社会の差異構造―』大矢タカヤス訳 文化出版局 1985年 31頁.)

9 Yvonne Deslandres, "Le pantalon féminin: la guerre des sexes", *Peplos*, n°.15, juillet, Association pour la promotion du prêt-à-porter féminin, Paris, 1984, p.42.

10 ジョアン・エントウィスル『ファッションと身体』鈴木信雄監訳 日本経済評論社 2005年 285頁. 実際、女性の異性装はお金を稼ぐための手段など、とりわけ経済的な枠組みの中で語られてきたきらいがあるとされる。Heike Bauer ed., *Women and cross-dressing, 1800-1939*, vol.1, Routledge, London, 2006, p.XXX.

11 Vern L. Bullough, Bonnie Bullough, *Cross Dressing, Sex, and Gender*, University of Pennsylvania Press, Philadelphia, 1993, pp.367-72. これは、17年前のバーン・ブローの著作『社会や歴史における性の相違』の第21章「問題と可能性」、そして巻末に付した「さらなる知識のための提案」を発展させたものである。Vern L.

Bullough, *Sexual Variance in Society and History*, John Wiley & Sons, New York, 1976, pp.635-69, 689-92.
12　2004年には『異性装・同性愛書誌目録』として、ルポルタージュや写真集、漫画などを含む和書に限った書誌学的研究も行われている。中央大学社会科学研究所研究チーム「セクシュアリティの歴史と現在」編集『異性装・同性愛書誌目録』　中央大学社会科学研究所　2004年.
13　Vern L. Bullough, W. Dorr Legg, Barrett W. Elcano, James Kepner, *An Annotated Bibliography of Homosexuality*, vol.II, Garland Publishing, New York, 1976, pp.351-84.
14　Gilbert Demeyere, *Transvestism and Its Wide Context*, Demeyere, Wijnegem, 1992.
15　Dallas Denny, *Gender Dysphoria*, Garland Publishing, New York & London, 1994. あまりにも広範な研究領域を扱ったためか、フランスの女性作家ジョルジュ・サンドをイギリスの作家と間違うなど、単純な誤りも見られる。
16　Richard von Krafft-Ebing, *Psychopathia Sexualis*, F.Enke, Stuttgart, 1886.（リヒャルト・フォン・クラフト＝エビング『變態性慾ノ心理』柳下毅一郎抄訳　原書房　2002年.）
17　異性装研究の古典であるが、1991年まで英語に翻訳されなかった。Magnus Hirschfeld, *Die Transvestiten*, Max Spohr, Leipzig, 1910. (Magnus Hirschfeld, Michael Lombardi-Nash trans., *Transvestites*, Prometheus Books, Buffalo, 1991.)
18　バーン・ブーローは、ヒルシュフェルトの著作『異性装者たち』の英訳版に序文を寄せ、異性装研究において女性を除外する傾向が見直され始めたのは、1980年代末のことであると述べている。(*Ibid.*, pp.12-13.) 女性が研究対象から除外されてきた背景には、男性の異性装者の経験を反対にしたものが、女性の異性装であるとしばしば考えられてきたことも関係しているとされる。(Heike Bauer ed., *op.cit.*, p.XV.)
19　Peter Ackroyd, *Dressing Up*, Thames and Hudson, London, 1979, p.27.
20　Havelock Ellis, "Eonism and other supplementary studies", *Studies in the Psychology of Sex*, F.A.Davis, Philadelphia, 1928 (Rep. Random House, New York, 1936, pp.1-110).
21　1911年の『宗教心理学と教育に関するアメリカの会報 American Journal of Religious Psychology and Education』の中で、エドワード・カーペンターが「クロス・ドレッシング cross-dressing」ということばを提唱したとされている。*Ibid.*, p.12.
22　Rep. Sigmund Freud, *Drei Abhandlungen zur Sexualtheorie*, Deuticke, Leipzig, Wien, 1910. (Sigmund Freud, James Strachey trans., Angela Richards ed., *On Sexuality: three essays on the theory of sexuality, and other works*, Penguin, Harmondsworth, 1977.)（ジグムント・フロイト『フロイト著作集―性欲論 症例研究―』5巻　懸田克躬、高橋義孝他訳　人文書院　1969年.）
23　Peter Ackroyd, *op.cit.*, p.27.
24　Robert Stoller, *Sex and Gender*, Science House, New York, 1968.（ロバート・ストラー『性と性別』桑原勇吉訳　岩崎学術出版社　1973年.）
25　Peter Ackroyd, *op.cit.*, p.30. この他にも、異常を正常に戻そうとする医学的意識

が強く働く一方で、何が正常で、何が異常かの想定を検証せず、性的差異とは別に何をもって病気とするのかを定義しないストラーの姿勢なども批判されている。パトリック・カリフィア他『セックス・チェンジズ―トランスジェンダーの政治学―』石倉由・吉池祥子他訳　作品社　2005年　210頁。

26　歴史研究において女性の異性装への言及が多い理由は、男性支配への対抗というリアクションをたたえるためであるとも言われている。Valerie R. Hotchkiss, *Clothes Make the Man Female Cross Dressing in Medieval Euope*, Garland Publishing, New York, London, 1996, p.5.

27　Vern L. Bullough, *Sexual Variance in Society and History, op.cit.*.

28　Peter Ackroyd, *op.cit.*.

29　*Ibid.*, p.74.

30　*Ibid.*, p.77.

31　*Ibid.*, pp.143-45.

32　Julie Wheelwright, *Amazons and Military Maids*, Pandora, London, 1989.

33　Rudolf M. Dekker, Lotte C. van de Pol, *The Tradition of Female Transvestism in Early Modern Europe*, Macmillan Press, London, St.Martin's Press, New York, 1989. (ルドルフ・M・デッカー、ロッテ・C・ファン・ドゥ・ポル『兵士になった女性たち―近世ヨーロッパにおける異性装の伝統―』大木昌訳　法政大学出版局　2007年。) 訳者が日本語版タイトルを『兵士になった女性たち』としたのは、取り上げられている女性の異性装者の多くが陸上兵士、あるいはオランダ東インド会社の船や海軍の戦艦、その他の船で働く水兵(水夫)であったことによる。

34　石井達朗『異装のセクシャリティ―人は性をこえられるか―』　新宿書房　1991年　68頁。

35　Rudolf M. Dekker, Lotte C. van de Pol, *The Tradition of Female Transvestism in Early Modern Europe, op.cit.*, p.114, 118. 同著者は、フランス革命期の女性の異性装について、次の論文を著している。Rudolf M. Dekker, Lotte C. van de Pol, Judy Marcure trans., "Republican heroines: cross-dressing women in the french revolutionary armies", *History of European Ideas*, vol.10, Issue3, Pergamon Press, Oxford, 1989, pp.353-63.

36　Rudolf M. Dekker, Lotte C. van de Pol, *The Tradition of Female Transvestism in Early Modern Europe, op.cit.*, p.103. 近代・現代において、女性たちが日常生活の中でズボンやジャケットを着用するようになると、女性の男装が消失していったとも述べている。

37　Vern L. Bullough, Bonnie Bullough, *Cross Dressing, Sex, and Gender, op.cit.*, pp.168-69. ただし、ブーロー兄弟は、19世紀後半になると、性的な喜びや興奮のための男性の異性装が増加し、女性の異性装が減少していった事実に関して、男性は女性の役割により魅力を感じる一方で、女性は男性の役割にかつてほど魅力を感じなくなっていったことを指摘している。Vern L. Bullough, Bonnie Bullough eds, *Human Sexuality: An Encyclopedia*, Garland, New York, 1994, p.158.

38　ジュディス・バトラー『ジェンダー・トラブル―フェミニズムとアイデンティティの攪乱―』竹村和子訳　青土社　1999年。バトラーは、「ジェンダーを模倣

することによって、異装はジェンダーの偶発性だけではなく、ジェンダーそれ自体が模倣の構造を持つことを、明らかにする」とも述べている。

39 トマス・ラカー『セックスの発明―性差の観念史と解剖学のアポリア―』高井宏子、細谷等訳　工作舎　1998年.
40 Marjorie Garber, *Vested Interests Cross-Dressing & Cultural Anxiety*, Routledge, New York, 1992.
41 前掲書『ファッションと身体』　250-51頁.
42 Vern L. Bullough, Bonnie Bullough, *Cross Dressing, Sex, and Gender*, op.cit..
43 *Ibid.*, p.166.
44 Valerie R. Hotchkiss, *op.cit.*; スティーヴン・オーゲル『性を装う―シェイクスピア・異性装・ジェンダー―』岩崎宗治、橋本恵訳　名古屋大学出版会　1999年; Heike Bauer ed., *Women and cross-dressing, 1800-1939*, vol.1-3, *op.cit.*.
45 Sylvie Steinberg, *op.cit.*.
46 シュタインベルクは、パリで男性の服装を身に着けていたことにより、逮捕された女性たちの警察・裁判記録などの資料を中心に調査をしている。1793年10月29日の法令など、18世紀には異性装を禁じる法令がたびたび出されたため、彼女の論考では、18世紀の事例が多くなっている。
47 先述したデッカーとファン・ドゥ・ポルの著作において指摘されていることであるが、裁判記録などを資料とする場合、異性装を行った理由はより社会的に受け入れられ、共感を呼び、自身を正当化できるものになりやすい。Rudolf M. Dekker, Lotte C. van de Pol, *The Tradition of Female Transvestism in Early Modern Europe*, *op.cit.*, p.25.
48 éd.Guyonne Leduc, *Travestissement féminin et liberté(s)*, L'Harmattan, Paris, 2006.
49 フィリップ・ペロー「モードの世界」　『路地裏の女性史』片岡幸彦監訳　新評論　1984年　116頁; 前掲書『衣服のアルケオロジー―服装からみた19世紀フランス社会の差異構造―』　52頁.
50 前掲書『路地裏の女性史』　117-18頁; 前掲書『衣服のアルケオロジー―服装からみた19世紀フランス社会の差異構造―』　52-53頁. ペローの指摘以外にも、19世紀フランスにおいて、センスよく着飾った妻や娘を保護し、養えることが、ブルジョア男性の誇りであったと言われている。谷川稔、渡辺和行編著『近代フランスの歴史―国民国家形成の彼方に―』　ミネルヴァ書房　2006年　261頁.
51 本書では、サン゠シモンの教義や説、主義（イズム）をほぼ引き継いだという意味で、saint-simonisme を「サン゠シモン主義」と邦訳したが、「サン゠シモン（学）派」・「サン゠シモン教」・「サン゠シモン教会」などとも訳される。また思想の賛同者たちは「サン゠シモニアン saint-simonien(ne)」と呼ばれるが、本書では、サン゠シモン主義の支持者であるという意味で、「サン゠シモン主義者」と呼ぶことにする。
52 池田孝江『ジョルジュ・サンドはなぜ男装をしたか』　平凡社　1988年.
53 秋元千穂他『十九世紀フランス女性作家 ジョルジュ・サンドの世界 生誕二百年記念出版』　第三書房　2003年　325, 347頁; 西尾治子「越境する小説空間

『マテア』―母性神話批判から自己超越へ―」 『女性空間』24 日仏女性資料センター 2007 年 42 頁.

54 Françoise Ghillebaert, *Disguise in George Sand's Novels*, Peter Lang, New York, 2009; Françoise Massardier-Kenney, *Gender in the fiction of George Sand*, Rodopi, Amsterdam, 2000.

55 西尾治子「ジョルジュ・サンドの初期作品群と当時の思想家たち」『フランス文化の心―その言語と文学―』 駿河台出版社 1993 年 31-50 頁. 1832 年の小説『アンディヤナ』をはじめ、『ヴァランティーヌ』・『レリヤ』・『モープラ』などの初期作品群では、サンド自身の不幸な結婚生活をもとに、社会の慣習や因習に対する女性の抵抗と抗議、そして恋愛の自由や理想の愛を希求する女性の姿が描き出された。続く 1840 年代の『フランス遍歴職人たち』・『オラース』・『コンスエロ』・『アンジボーの粉ひき』などは、思想家ピエール・ルルーや宗教家フェリシテ・ド・ラムネーとの交友に影響を受けたサンドが、貧富の差の拡大する当時の経済状況や労働者と農民、さらには女性の被る社会的不平等について批判した作品であり、「社会主義小説」と呼ばれている。その後、サンドの代表作にあたる田園四部作『魔の沼』・『捨て子フランソワ』・『愛の妖精』・『笛師のむれ』が執筆され、彼女が育ったフランス中部ベリー地方の風物や農民のありさまが写実的に描かれた。またサンドは、ベリー地方のノアンにある彼女の館に設けた劇場で、芝居や人形劇に熱中して、『デゼルトの城』・『緑の貴婦人たち』・『雪男』など、ノアンの劇場から誕生した作品を発表した。晩年には、南フランスを舞台に理想的な女性の姿を記した『ヴィルメール侯爵』や二人の孫娘のために著した童話集『祖母の物語』などを彼女は出版し、1876 年 6 月 8 日にノアンで亡くなるまで精力的に創作活動を続けた。

56 1831 年 12 月 29 日の上院貴族世襲制度を廃止する法律、および 1835 年 5 月 12 日の新たな貴族的長子世襲財産の設定を禁止した法律により、貴族の身分特権が完全に消失するとともに、政治家ギゾーによって法的・政治的・行政的に、生まれの重要性(先天性原理)ではなく、個人の能力(後天性原理)に基づく社会的な地位上昇や財産所有が推し進められたことなどが、能力と財力が優越する時代を導いたとされる。小田中直樹『フランス近代社会 1814～1852―秩序と統治―』木鐸社 1995 年 172-74 頁.

57 柴田三千雄、横山鉱一、福井憲彦編『フランス史 2』 山川出版社 1996 年 463-89 頁; 福井憲彦編『フランス史』 山川出版社 2001 年 296-310 頁; 前掲書『近代フランスの歴史―国民国家形成の彼方に―』 104-12 頁. 七月王政下の政治、経済、社会に関しては、以下の書物に詳しい。ジャン・ロム『権力の座についた大ブルジョアジー』木崎喜代治訳 岩波書店 1971 年; 前掲書『フランス近代社会 1814～1852―秩序と統治―』; 中谷猛『近代フランスの自由とナショナリズム』 法律文化社 1996 年; 赤司道和『19 世紀パリ社会史―労働・家族・文化―』 北海道大学図書刊行会 2004 年.

58 選挙法の改正により、被選挙資格納税額は 1000 フランから 500 フランへ、最低年齢は 40 歳から 30 歳へと引き下げられ、選挙資格納税額は 300 フランか

ら 200 フランに下がり、最低年齢は 25 歳と定められた。この結果、有権者数は復古王政下よりも倍加して、16 万 7 千人ほどになったが、1848 年 4 月に実施された普通選挙制での立憲議会選挙の有権者数 960 万人と比較すると、ほぼ大ブルジョアや地主にしか投票権が与えられていなかったとされる。前掲書『権力の座についた大ブルジョアジー』 98-100 頁.

59　前掲書『フランス史』 304 頁; 前掲書『近代フランスの歴史―国民国家形成の彼方に―』 116 頁.

60　前掲書『フランス史』 304-6 頁; 前掲書『近代フランスの歴史―国民国家形成の彼方に―』 116 頁.

61　Jeanne Deroin, "Sur l'école saint-simonienne, et particulièrement sur l'appel à la femme", *Almanach des Femmes (Women's Almanack)*, James Watson, London, Universal Printing Establishment, Jersey, 1853, p.83.「誰もが能力によって判断され、その成果によって報われるべきである À chacun selon sa capacité; à chacun selon ses œuvres」ということばは、サン＝シモン主義の思想の一つである。

62　サン＝シモン『産業者の教理問答 他一篇』森博訳　岩波書店　2001 年　244-45 頁.

63　Jeanne Deroin, *op.cit.*, p.83.

64　産業革命がもたらした新たな社会編成によって、当時の職人や小商人、農民の多くがそれまでの生活基盤から切り離され、都市や工場に集められたため、希薄な人間関係を味わう結果になったとされる。福井憲彦編『アソシアシオンで読み解くフランス史』 山川出版社　2006 年　104 頁.

65　サン＝シモン主義と協同組織（アソシアシオン）については、以下の論考に詳しい。中村秀一「サン＝シモン教と普遍的アソシアシオン―サン＝シモン派―」『アソシアシオンの想像力―初期社会主義思想への新視覚―』 平凡社　1989 年　31-79 頁.

66　少し時代はさかのぼるが、流行りものや最先端のお洒落などを描いた諷刺版画集『ボン・ジャンル』には、1810 年の「パンタロンを穿いた美の三女神」という版画に、次のような文章が付されている。「この衣服（ズボン状のペチコート）は、半分男性用で、いささか奇妙なところがある。それを身に着けて、大通りやチュイルリーへ現れるわずかな女性たちは、実に憂慮すべき好奇の対象になっており、あえて娼婦たちだけがこの衣服を着用していた。」(Année 1810.) *Observations sur les modes et les usages de Paris pour servir d'explication aux caricatures publiées sous le titre de Bon genre depuis le commencement du dix-neuvième siècle*, 1817, n°.42, p.8.

67　女性下着に関しては、以下の書物に詳しい。Valerie Steele, *op.cit.*, p.164-65; 前掲書『衣服のアルケオロジー―服装からみた 19 世紀フランス社会の差異構造―』 205-10 頁; 前掲書『女の下着の歴史』107-18 頁. ズボン状のペチコートが女性の下着としてフランスで広く普及するのは、七月王政末期であるとフィリップ・ペローは指摘している。

68　服装の流行に伴い、内部が狭いスカートから、19 世紀中葉のクリノリンスタイルのような、スカートと身体が離れた内部が広いスカートに変化すると、ズボ

ン状のペチコートを穿く行為は、スカートの内部、つまり脚や恥部が人目に晒されるのを防いだため、「慎み深さ」や「貞淑な女性」であることを象徴するものへと変わっていった。

第Ⅰ部

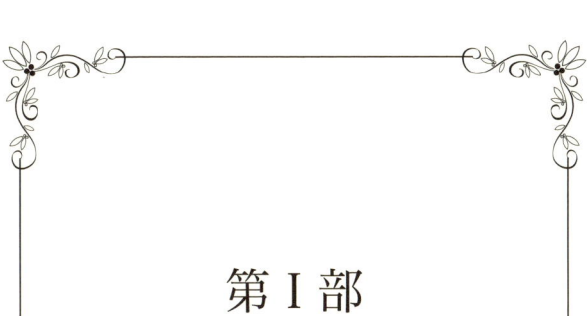

ジョルジュ・サンドの異性装

第 1 章　"男装の麗人" ジョルジュ・サンド

　19世紀フランスの女性作家であるアマンティーヌ゠オロール゠リュシル・デュパン Amantine-Aurore-Lucile Dupin は、「ジョルジュ・サンド」という男名前の筆名を用いたことと、男性の服装を身に着けた行為とによって、つとに知られる作家である。「ジョルジュ・サンド」という男名前の筆名に関しては、サンドは自伝『我が生涯の記』[1]の中で、その由来を明らかにしている。1831年末に刊行された小説『ローズとブランシュ』では、当時の恋人ジュール・サンドー Jules Sandeau との合作だったこともあり、「ジュール・サンド J. Sand」の筆名が用いられたものの、1832年の『アンディヤナ』では、ジュールは一行も執筆していなかったため、彼女が「ジュール・サンド」の筆名を用いることを受け入れなかった。それゆえ、『ル・フィガロ』紙の主宰者アンリ・ド・ラトゥシュの助言により、『ローズとブランシュ』の評判によって知られるようになっていた「サンド」の姓はそのままに、「(サンドが育った地方である)ベリー地方の人 Berrichon」と同義である「ジョルジュ Georges」の名を付けて筆名にしたのである。このことについて、サンドの自伝を編纂したジョルジュ・リュバンは、ジョルジュの語源が「農耕のgéorgique」であり、1832年の時点では、ベリー地方に暮らす人々の大半が農民であったため、ジョルジュはベリー地方の人と同義になると説明している[2]。また彼女自身は、「ジョルジュ・サンド」という筆名が恋人の名前との合作で、アンリ・ド・ラトゥシュの気紛れから生まれたにもかかわらず、自分の仕事を保護してくれるこの筆名に固執していたと述べている[3]。ただし、筆名の表記の仕方には、「Georges Sand」と「George Sand」というように、George に s が付いているものと、付いていないものとの二通りがある。当初

は、sの付いているものを使用し、1833年7月に刊行された『レリヤ』以降は、sの付いていないものも使用するようになっていったようである。その理由としては、主に次の二つのことが考えられている。一つは、初めのうちはフランス語で「Georges」と綴っていたものを、サンドがイギリス系修道院で教育を受けていたため、しばらくして英語の綴りである Sand に併せて意識的に s を取り、英語で「George」と綴るようになったというものである。もう一つは、中世フランス語では、名詞の単数主格に s を付けることで男性を、s を取ることで女性を示すしるしとなっていたように、作家として生きていく上で、最初は女性としての身分に存在している制約や格下げを回避し、男性としての身分を獲得するため、ジョルジュの最後に s を綴っていたものの、その後、s を取り去ることによって、男性としての役割を完全に引き受けることへの拒絶を表現したり、男性としての語りと女性としての語りの両方の声、すなわち、両性具有的な語りを自分が持っていることを示したりする意図があったのではないかというものである[4]。

　では、ジョルジュ・サンドの男装は、どのようなものであったのだろうか。彼女の男装に関しては、サンド研究における二つの大著、つまり1899年から1926年にかけてウラジミール・カレーニンが著した評伝『ジョルジュ・サンド、その人生と作品』と、1952年にアンドレ・モロワが著した伝記『レリヤ、すなわち、ジョルジュ・サンドの生涯』とによって、いつ頃、どのような理由で彼女が男性の服装を身に着けていたかが、既に明らかとなっている[5]。サンドは4歳の時、軍人である父親が仕える将軍の機嫌を取るため、軍服を身に着け、思春期の頃、家庭教師の影響で、狩りをするために男物の衣類を着用したとされている。さらに1830年代のパリでは、立ち居振る舞いが自由な上に、安い費用で着られるといった機能的および経済的な理由に加え、たとえば、カフェ・居酒屋・劇場・市場・画家のアトリエ・美術館などの場所に男性の友人たちと徒歩で出向き、自己の知的好奇心を満たすため、彼女は男性の服装を用いたと言われている。ただし、パリでの男装を、カレーニンが経済性と実用性に基づいたものと考えているのに対して、モロワは女性の隷属状態からの解放と見なしている[6]。またサンドの両性具有性に

第 1 章 "男装の麗人" ジョルジュ・サンド

ついて論じたイザベル・ナジンスキーは、経済的な理由以上に、男性の服装によって得られるより大きな精神的な自由を強調している。というのも、パリで男装したサンドは、男性に見られる客体としての女性の姿を脱し、芸術家や知識人として見る主体の側に変化したと考えられるからである[7]。加えて、パリでの男装に関しては、議会や新聞社、裁判所などの男性だけが入ることを許される空間に、サンドが立ち入るための手段であったのではないかとされている[8]。この考えに対しては、女性史家ミシェル・ペローも、19世紀の女性たちが男装することは、女性に禁じられていた空間へ侵入し、男性に限定されている場所を取り上げ、そこを男女混在の場にすることであったと主張している[9]。これらの指摘以外にも、サンドの男装は男性的なものではなく、女性的・官能的なものであり、女性としてのエロティックな人生と男性だけのものであったモダンなセクシュアリティに関わり合いたいことの表れであったとの指摘もある[10]。

そして本書で扱う主題との関係から、とりわけ重要であると思われる論考が、池田孝江の論文「ジョルジュ・サンドにおけるコスチューム」、および著作『ジョルジュ・サンドはなぜ男装をしたか』である[11]。池田の論考においては、幼少期の軍服着用や思春期に狩りと乗馬をするために男装を行ったことなど、サンドの1830年代までの男装の様子が彼女の生涯とともに述べられている。1830年代にパリへ上京すると、経済的自立を獲得するため、さらには男性しか立ち入れない場所である新聞社や裁判所に出入りするため、サンドは警察令「異性装に関する勅令」に対する許可書を申請して、男装を行ったことが指摘されている。ただし、この点については、サンドが『ル・フィガロ』紙・『両世界評論』誌・『ラ・モード』誌などに記事を寄稿しており、新聞社への出入りのために許可書が必要であったと池田は推測する一方で、今後の研究課題であるとも述べている[12]。実際、警察令に対してサンドが許可書を申請したという確証はないため、本書では警察令と彼女の男装との関係を取り立てて問題とはしないことにする。また、池田の論考の特徴として、サンドの美意識および服飾観からの考察を試みている点が挙げられる。祖母と母がサンドに与えた影響や彼女が育った生活環境に着目し、女性服の

非機能性から男性服の着用を認める合理性を持つ祖母と、最先端の流行を積極的に受け入れる柔軟性を有する母とによって、サンドの合理性を備えた美的意識と社会通念や固定観念にとらわれない服飾観とが完成して、それが彼女に男装を頻繁に行わせることへと繋がっていったと主張している。それゆえ、サンドの男装の動機を女性に対する社会的制約への抵抗と述べてはいるものの、結局は当時、流行していた女性服への嫌悪や彼女特有の美的意識と服飾観などの個人的な性向に結び付け、その結果の行為として男装を受けとめているきらいがある。加えて、池田の論考では、男装よりもサンドの生涯や恋愛についての記述が多くを占めている上に、1830年代以降の男装については全く記述が存在していない。1840年代から1870年代までの考察が手薄になってしまった理由は、サンドの自伝が1854年から1855年にかけて刊行され、大半は1830年代までの回想で構成されているという事実、そして池田の著作の巻末に付された岡田弘による「ジョルジュ・サンド私見」でも触れられているように[13]、全26巻からなるサンドの『書簡集』[14]は、池田が著作を執筆した時点では、全巻刊行されていなかったことも関係していると思われる。

　確かに、池田の著作をはじめ、先述したジョルジュ・サンドに関する論考によって、彼女の男装の動機や様子をうかがい知ることができる。けれども、これらの論考において、いつまでサンドが男性の服装を身に着けていたのかが明確にされてはいないため、サンドが行った男装の全体像を把握することができないばかりか、彼女の男装はそのどれもが同列に論じられている。さらにサンドの男装は、結果的に個人的な理由に基づくものとして語られてきた側面が存在しているため、彼女が行った全ての男装の中で最も社会的な意味を持ったものは、いかなるものであったかについては、明らかになっていない。またサンドが著した作品には、女主人公が異性装をしたり、その恰好や振る舞いによって男性であるかのような印象を与える場面が存在しているにもかかわらず、これまで彼女の実生活での男装と併せて調査されることはなかった。そしてサンドの作品における異性装の描写は、小説『レリヤ』・『コンスエロ』・『ガブリエル』・『ナノン』などの非常に限られた作品におい

て、わずかに考察されるに留まっている。サンドの著作と作家自身の人生とは常に密接に関係していると言われており、彼女の小説を通して、実生活での男装をさらに理解することも可能であると推察される。したがって、本書では、まず実生活における男装について自伝と書簡とを用いて検討し、次にサンドの作品における女主人公の服飾描写から、多面的にサンドの異性装の意味を読み解いていく。

　そもそも、サンドにとっての異性装を、単なる個人的な性向に基づく行為として、あるいは、日常生活を送る上での些細な出来事として捉えるには不足があるように思われる。というのも、彼女の男装は、1830年代から1840年代にかけて、油彩画や諷刺版画などの対象となり、天才とは何か、女性がなすべきこととは何なのかといった問題を投げ掛けるとともに、男性作家たちが著した小説の題材にもなっているからである。

　たとえば、1840年に風俗画家のジョゼフ・ダンハウザーが制作した油彩画≪パリの友人に囲まれたフランツ・リスト≫（図Ⅰ－1 口絵参照）では、真っ黒な男性服を着用し、椅子に腰掛け、煙草を手に持ったサンドの姿が描かれている。この油彩画は、ウィーンの優れたピアノ製作者コンラート・グラーフがダンハウザーに作製を依頼したものである[15]。リストが面前のベートーヴェンの胸像に自身の演奏を捧げていることで、1825年にベートーヴェンがグラーフにピアノの注文をした事実をほのめかし、リストやベートーヴェンなどの偉大な音楽家たちがグラーフのピアノを弾いていることを宣伝する目的と、その名誉を記憶に留めるため、油絵が制作されたようである。作品には、左から19世紀の文豪アレクサンドル・デュマとヴィクトール・ユゴー、椅子に座ったサンド、イタリアの作曲家パガニーニとロッシーニ、ピアノを演奏するリストと彼の恋人マリー・ダグー伯爵夫人の順で、当時の著名な芸術家たちの姿が描かれている。またサンドの服装と、床に座るダグー伯爵夫人のものとの対比から、サンドは画面左側を占める才能豊かな男性たちの集団に属しており、彼らと同列の扱いを受けているとされる[16]。

　このように男物の衣類を着用し、男性と同等の才能溢れる芸術家としてサンドは描かれる一方で、彼女が男装をした姿は嘲弄され、揶揄されている[17]。

図 I －1　ジョゼフ・ダンハウザー《パリの友人に囲まれたフランツ・リスト》1840 年
（ベルリン　ベルリン美術館）

1839 年 10 月 15 日付けの『現代諷刺新聞』のために、石版画家アンリ＝ジェラール・フォンタラールが制作した諷刺画《男女の文学会議 Congrès Masculino-Fœmino-Littéraire》（図 I －2）では、短髪のサンドが男性の服装を身に着け、煙草を吸う立ち姿が描かれている。そしてこの諷刺版画の下には、「（文学かぶれの、ものを書く女性たちである）青鞜 bas bleu は、半分女性で、半分男性の両性具有者である。青鞜は長ったらしい文学記事を拵えるが、いつも幸せとは思っていない。ある人々は青鞜を信奉心がないと責めるが、青鞜は年老いていることで自己を弁護する。青鞜はテーマを思いついた時、それはまれな思いつきであるが、常に陽気である。青鞜は詩句の長さを測っても、1 オーヌ（約 1.2 メートル）を考慮に入れず、詩句の句切れを気にも留めない」[18]といった文章が付されている。付された文章の中で、所々フランス語の大文字で表記されている語句は、この時代に執筆活動をした女性たちの名前である。青鞜 BAS-BLEU 以外では、EN CE LOT はバージニ・アンスロット Virginie Ancelot を、FOI はウジェニー・フォワ Eugénie Foa を、S'END はジョ

ルジュ・サンド George Sand を、GAI はソフィ・ゲイ Sophie Gay を、最後の COMPTE DE L'AUNE-ET は「シャルル・ド・ローネ子爵 Vicomte de Launay」という男性の筆名で活躍したデルフィーヌ・ド・ジラルダン Delphine de Girardin を[19]、それぞれ指し示している。版画ではサンドの周囲に青鞜と呼ばれる女性たちが配され[20]、記事の中では青鞜が「自惚れ」と同義語だと説明され、小説を著すことだけに熱中する青鞜派の夫人たちが、いかに家事をおろそかにして、夫に犠牲を強いているかが責めたてられている。さらに文章を書く女性全般にも話は及び、乗馬や喫煙、トランプ遊び、レースのアンダーストラップが付いたズボン pantalon を身に着けるなどの彼女たちの行動が非難されている。つまり、ここでは、ズボンを穿く行為が、文章を書く女性の特徴の一つとして受けとめられている。記事の最後は、「それぞれ自分

図Ⅰ-2 ジェラール・フォンタラール ≪男女の文学会議≫
1839年10月15日付けの『現代諷刺新聞』

の仕事をしよう、男はペンを、女は針を！ちくしょう！」[21]ということばで締め括られている。

また1842年に歴史画家アルシッド・ロレンツが、諷刺新聞『シャリヴァリ』紙のために制作した諷刺版画《滑稽な鏡》(図Ⅰ－3 口絵参照)では、男性の服装は勿論、手に持った煙草とその煙から喫煙の習慣が嘲弄されている[22]。それ以外にも、「下院 Chambre des députées」、および「母親たちの議会 Chambre de [sic] mères !」といった語句からサンドが政治に関心を抱いていたことや、左下にある彼女が著した小説『アンディヤナ』や『ヴァランティーヌ』などの題名から作家として活動していたことも当て擦られている。さらにロレンツが描いた諷刺画の下には、「ジョルジュ・サンドのこの肖像画が少し当惑した気分にさせるとするなら、天才とは現実離れしており、性別がないからである」[23]との文章が添えられている。同様に、サンドがまるで性別を持たない存在であるかのごとく扱われていた事実は、1844年の挿絵新聞『イリュストラシオン』紙の記事の中で、彼女について「あえて言う必要

図Ⅰ－3　アルシッド・ロレンツ《滑稽な鏡》1842年
(パリ フランス国立図書館)

もないが、比較するまでもなく、同時代の女性作家のトップに位置づけたいのは、その才能だけが問題とされる、男性でもなければ、女性でもない一人の作家である」[24]と評されていることからもうかがえる。

　ところで、先に触れたように、ジョルジュ・サンドの男装は、小説にも記されている。1836年に、アルフレッド・ミュッセが著した自伝的小説『世紀児の告白』には、サンドをモデルにしたブリジットという名前の女性が登場する。この小説は、サンドとの恋愛から誕生したものであり、ブリジットが男性の服装を着用して、フォンテーヌブローの森や岩山を散歩する以下のような場面がある。これは、1833年8月の第一週にミュッセとサンドがフォンテーヌブローの森で、夜の散歩をした実際の思い出から生まれたものであるとされる。なお、ミュッセとの恋愛を題材にして、1859年にサンドが執筆した小説『彼女と彼』にもこれと同じ場面は存在しているものの、サンドを模したテレーズという名前の女性は男装をしていない[25]。

　　このような遠出をした際、ブリジットは青い上っ張り blouse と男物の衣服 habits d'homme を身に着け、「普段の（女性の）装いは藪には向いていない」と陽気な様子で言うのであった。彼女は私を先導し、砂の中をしっかりとした足取りで歩いていた。その足取りには、女性の繊細さと子供の無鉄砲さとが大変魅力的に混じり合っていたため、私はたえず彼女を眺めていた。…ブリジットは非常に嬉しそうに歩いており、大きなブロンドの髪の上にのせられた小さなビロードのカスケット帽 casquette が、まるで果断ないたずらっ子の雰囲気を彼女に与えていた。そのため、越えるのに困難な場所があった時でさえ、私は彼女が女性であることを忘れていた。…私は両手で彼女を抱きしめた。そして私は笑いながら、彼女へ次のように言った。「まあまあ、奥様、あなたは勇敢で、敏捷な、可愛いい小さな山男です。でも、あなたの白い手の皮が向けてしまいますよ。あなたの鋲を打った頑丈な靴や鞭、決然たる様子にもかかわらず、私があなたを運んで上げなければならないようですね。」[26]

またバルザックの小説『ベアトリックス』にも、サンドを模した女性の登場人物が男装を行う場面がある。この小説は、バルザックが 1838 年にベリー地方のノアンにあるサンドの館を訪れた際、前年にこの館へ滞在していたリストとダグー伯爵夫人についてのサンドの打ち明け話を耳にしたことから、着想を得たとされているものである[27]。ゆえに、登場人物にはリストやダグー伯爵夫人、サンドなど明確なモデルが存在していたと言われる。そして登場人物の中で、人気作家のフェリシテ・デ・トゥーシュ嬢こそが、サンドをモデルにした人物であるとされている。というのは、「カミーユ・モーパン」という男名前をペンネームに持ち、作中で男物の衣類を身に着け、煙草を吸い、狩りや乗馬に興じるデ・トゥーシュ嬢の姿は、「ジョルジュ・サンド」という男性の筆名を持ち、男装を行い、喫煙の習慣があり、狩りや乗馬を趣味とするアマンティーヌ゠オロール゠リュシル・デュパンの姿を彷彿とさせるからである[28]。デ・トゥーシュ嬢がブルターニュ地方のル・クロワジックにある岬を訪れる場面では、彼女の男装した姿をバルザックは次のように記している。

  女性の服装により動作が妨げられるのを防ぐため、カミーユは裾に刺繍のあるズボン pantalon を穿き、丈の短い上っ張り blouse を身に着け、ビーバーの毛皮の男性用帽子 chapeau de castor を被り、旅行用の杖の代わりに乗馬用の鞭を手にしていた。なぜなら彼女は、常に自分の体力や敏捷さに誇りを持っていたからである。こうしてカミーユは、(ダグー伯爵夫人を模した女主人公の)ベアトリックスと比べ、百倍も美しかった[29]。

さらに『ベアトリックス』には、デ・トゥーシュ嬢が男物の衣類を身に着けて登場する場面がもう一箇所ある。それは、デ・トゥーシュ嬢が、現代風のギリシアのトゥニカ(貫頭衣)のような形状をした非常に丈の短いフロックコート redingote と、刺繍した膝当ての付いたバチスト織のズボン pantalon を着用した姿で、外出したまま戻らない恋人を心配し、彼の帰りを待ち侘びて

いる場面である[30]。デ・トゥーシュ嬢は悲嘆にくれ、涙を流しながらも、恋人を自分で探しに行きたいという心情を彼女の機能的な服装によって示している。

　ジョルジュ・サンドの男装は、彼女が行った作家活動や政治活動とともに、性の領域を規定する概念を揺るがしていたようである。そこには、女性に天才は存在しないのではないかと考えられていた社会的な背景や、ズボンを穿き、馬に乗り、煙草を吸い、文章を書き、政治に関心を示すなどの行為は、女性のなすべき振る舞いではないとされる社会意識が強く根付いていたことがうかがえる。またミュッセの『世紀児の告白』とバルザックの『ベアトリックス』における異性装の描写は、いずれも女性の登場人物が遠出をする際に機能的な理由から行われ、女性の美しさや魅力を引き立たせる役割を果たしており、女性たちが旅行着や外出着として男性の服装を身に着ける行為は、当時の男性たちの間で容認されていたかのような印象を受ける。このようにサンドの男装を通して、19世紀前半のフランス女性たちが置かれていた社会状況を推し測れることからも、やはり彼女の男装は、個人の生活の中だけで語られるべきものではないと思われる。そのことは、ミュッセやバルザックの小説における異性装の描写と、第3章で詳述するサンドの小説におけるものとを比較すると、作中で異性装が果たす役割、および表象するものには違いが存在し、彼女の小説における女主人公の異性装が、当時の結婚制度や家族制度にまつわる社会的な事象を象徴していることからも裏付けられるだろう。

註
1　George Sand, *Œuvres autobiographiques Histoire de ma vie*, t.1-2, Gallimard, Paris, 1970-71.（ジョルジュ・サンド『我が生涯の記』1-3巻　加藤節子訳　水声社　2005年.）
2　*Ibid.*, t.2, p.1336.
3　*Ibid.*, pp.138-40.（前掲書『我が生涯の記』2巻　591-93頁.）サンドは、筆名に関して、人が与えた名前を、後から自分一人で、自身の労働によって作り上げたとも述べている。
4　サンドの筆名に関しては、以下の書物に詳しい。Pierre Salomon, *George Sand*, Hatier, Paris, 1953, p.28; Joseph Barry, *George Sand*, Seuil, Paris, 1982, p.185; Isabelle

Hoog Naginski, *George Sand L'écriture ou la vie*, Éditions Champion, Paris, 1999, pp.33-34; 西尾治子「第三の性の作家、ジョルジュ・サンド」『女性空間』22 日仏女性研究学会 2005年 117-19頁; 村田京子『娼婦の肖像―ロマン主義的クルチザンヌの系譜―』新評論 2006年 97頁.

5 Wladimir Karénine, *George Sand sa vie et ses œuvres 1804-1876*, t.1-4, Librairie Plon, Paris, 1899-1926; André Maurois, *LÉLIA ou La vie de George Sand*, Hachette, Paris, 1952. (アンドレ・モロワ『ジョルジュ・サンド』河盛好藏、島田昌治訳 新潮社 1964年.)

6 Wladimir Karénine, *op.cit.*, t.1, p.318; 前掲書『ジョルジュ・サンド』 103, 120頁.

7 Isabelle Hoog Naginski, *op.cit.*, p.37.

8 長塚隆二『ジョルジュ・サンド評伝』 読売新聞社 1977年 92頁.

9 ミシェル・ペロー『歴史の沈黙―語られなかった女たちの記録―』持田明子訳 藤原書店 2003年 341頁. 19世紀フランスでは、読書クラブや図書館、カフェなどが女人禁制で、読み書き・学術・技術知・実践知は、社会的必要性と両性間の力関係によって男女の取り分が変動する領域となり、政治・宗教・軍事・警察に関する領域は、男性だけのものであったとされる。前掲書『近代フランスの歴史―国民国家形成の彼方に―』 264頁.

10 アン・ホランダー『性とスーツ―現代衣服が形づくられるまで―』中野香織訳 白水社 1997年 60-61頁. サンドの男装は、髪を切ったり、体形を変えたりしたわけではないことや、人目をくらますための変装ではなかったことが指摘されている。

11 池田孝江「ジョルジュ・サンドにおけるコスチューム」『衣生活』256 衣生活研究会 1985年 37-42頁; 前掲書「ジョルジュ・サンドにおけるコスチューム(2)」 21-26頁; 池田孝江「ジョルジュ・サンドにおけるコスチューム(3)」『衣生活』258 衣生活研究会 1985年 32-36頁; 前掲書『ジョルジュ・サンドはなぜ男装をしたか』. サンドの男装に関する池田の論考は、他に次のものがある。池田孝江「ジョルジュ・サンドのコスチュームと演劇の周辺」『ジョルジュ・サンド展―愛と真実を追い求めたロマン派を代表する女流作家―』 西武美術館 1989年 16-18頁.

12 前掲書「ジョルジュ・サンドにおけるコスチューム(2)」 22頁.

13 前掲書『ジョルジュ・サンドはなぜ男装をしたか』 289-94頁.

14 George Sand, *Correspondance*, t.1-25, éd.Georges Lubin, Classiques Garnier, Paris, 1964-91; George Sand, *George Sand Correspondance Suppléments 1821-1876*, t.26, éd.Georges Lubin, Du Lérot, Tusson, 1995. ジョルジュ・リュバン編纂の『書簡集』には、同時代の作家や芸術家、政治家、彼女の家族など、２千人以上の人々に宛てられた約２万通もの書簡が収録されている。

15 アンドレアス・グローテ他『ベルリン美術館(西)』千足伸行他訳 岩波書店 1989年 216-17頁.

16 ジョルジュ・デュビィ、ミシェル・ペロー監修・責任編集『女の歴史IV―19世紀前半(1)―』 藤原書店 1996年 468頁.

17　サンドの姿を描いた諷刺画については、以下の論考に詳しい。Ulrich Richard-Desaix, *George Sand et l'art du portrait-chargé*, Floury, Paris, 1917; Bertrand Tillier, *George Sand chargée*, Du Lérot éditeur, Tusson, 1993; Luce Czyba, "George Sand et la caricature", *Les Amis de George Sand*, n°.16, L'association Les Amis de George Sand, Paris, 1995, pp.5-20.

18　Gérard Fontallard,《Congrès Masculino-Fœmino-Littéraire》, *Aujourd'hui Journal des ridicules*, 1839.

19　この諷刺版画において、サンドと同時期に「シャルル・ド・ローネ子爵」という男性の筆名で活躍した女性作家デルフィーヌ・ド・ジラルダンは、右隅に座っている18世紀の男性の恰好をした人物である。Luce Czyba, *op.cit.*, p.14.

20　サンドと青鞜派の夫人たちとは、文章を書く女性という同じカテゴリーに分類されてはいたが、両者の大きな違いは、作品が読者に人気があるかどうか、書いた作品が売れるかどうかにあった。サンドが作家として優越する地位にあったことは、サンドが立ち、青鞜派の女性たちが座っている構図に反映されており、サンドが女性たちの上にそびえ立って、圧倒しているイメージがあるとされる。*Ibid.*.

21　*Aujourd'hui Journal des ridicules*, 15 octobre 1839.

22　サンドを諷刺した作品には、男装に加え、喫煙の習慣と執筆活動が嘲弄されているものが多い。彼女の喫煙は、1821年3月初めに、脳卒中で倒れた祖母の看病により疲れた身体を癒すため、始まったとされる。前掲書『ジョルジュ・サンド評伝』81-82頁。

23　Alcide Lorentz,《Miroir Drolatique》, 1842.

24　*L'Illustration, Journal Universel*, 1844 (Rep. *L'Illustration: histoire d'un siècle 1843-1944*, Le Livre de Paris, Paris, 1984, p.111).

25　『世紀児の告白』では、ブリジットは褒めたたえられ、気高い女性とされているのに対し、『彼女と彼』の中で、ミュッセをモデルにしたローランは、欠点が誇張され、非常に放蕩な男性とされており、この二つの小説は正反対な感情に基づき執筆されたことで知られている。Musset, *Œuvres complètes en prose La Confession d'un enfant du siècle*, Gallimard, Paris, 1982, pp.1074-76.

26　*Ibid.*, pp.208-9.（引用部分は筆者の訳出。参考　アルフレッド・ミュッセ『世紀児の告白』小松清訳　岩波書店　1953年　30頁。）

27　オノレ・ド・バルザック『バルザック全集』15巻　市原豊太訳　創元社　1960年　325頁。

28　バルザックがサンドをモデルにしたとされる女性作家カミーユ・モーパンについては、以下の論文に詳しい。村田京子「「女流作家」と「女性作家」―バルザックにおける女性作家像　カミーユ・モーパン―」『女性学研究』13　大阪府立大学女性学研究センター　2006年　33-64頁。

29　Honoré de Balzac, *Béatrix*, Garnier Frères, Paris, 1962, p.212.（以下、『ベアトリックス』における引用部分は、全て筆者の訳出とする。参考　前掲書『バルザック全集』15巻　158頁。）

30　*Ibid.*, p.96.（前掲書『バルザック全集』15巻　66-67頁。）

第2章　自伝や書簡にみる異性装

子供時代の男装経験

　本章では、19世紀前半にサンドが実生活で行った男装の動機や様子について、自伝および書簡を用いて述べていく。彼女の男装に関しては、1830年代にパリで行われたものがつとに知られていることは既に触れたが、ここでは、パリでの男装の特質をより明確にするため、それより以前の子供時代の男装がどのようなものであったかを明らかにしておきたい。

　最初にサンドが男性の服装を身に着けたのは、彼女が1808年4月から7月初旬まで滞在したスペインのマドリードでのことであった。身重な母親が、戦地にいる夫の身を案じるとともに、夫が他の女性と浮気するのではないかという不安や嫉妬に駆られ、サンドを伴いマドリードへと赴いたのである。しかし父親の上官にあたるミュラ将軍は、自分の副官の一人がすさまじい戦況下に妻と子供を連れ立つ光景を目の当たりにして、不快感をあらわにした。それゆえ、目に入る全てのものが軍隊的様相を呈する状態を望むミュラ将軍の機嫌を取るため、母親はサンドに軍服を着用させることを思い立ったのである。その様子は、「私の母のちょっとしたへつらい」として、自伝で次のように述べられている。

　　　ミュラ将軍の面前に現れる時はいつでも私が軍服を着せられていたことは確かである。この軍服は驚嘆すべきものであった。軍服を身に着けるには私があまりに大きくなり過ぎた後も、私の家には長い間、

軍服が残されていた。よって私は、軍服について詳細に思い出すことができる。それは、純金のボタンが付き、全体を飾り紐で覆われた白カシミアのドルマン dolman de casimir blanc（肋骨飾りの付いた軍服の上着）と、肩に投げかけて着られ、ドルマンに合わせ黒い毛皮が付いたコート pelisse と、ハンガリー風の金の装飾と刺繍がほどこされた赤紫色のカシミアのズボン pantalon de casimir amarante とから成っていた。また私は、金色の拍車が付いた赤いモロッコ革のブーツやサーベル、釉薬をかけた金の飾緒と環が付き、深紅色の絹の飾り紐でできた剣帯、天然真珠で鷲を刺繍した革の平鞄を持っており、そこに欠けているものなど何もなかった。私が父親と全く同じ装備をしているのを見て、ミュラ将軍は私を男の子だと取り違えたのか、あるいは思い違いをするふりを望んだのか、母のこのちょっとしたへつらいを敏感に感じ取り、彼の家へ訪ねてくる人々に笑いながら私を彼の副官として紹介した。そして私たちは、彼の内輪の仲に立ち入ることを許されたのであった[1]。

　サンドは、小さなサーベルを敷石の上に沿わせて持ち歩くことやマントを礼儀正しい所作により肩の上で翻させることを覚え、軍服を非常に上手く着こなせるまでになった。その一方で、この美しい軍服は、毛皮のために暑く、飾り紐が身体を押し潰すほど圧迫して、彼女に責め苦を与えたため、軍服の着用は、彼女にとって魅力的なものとして受けとめられなかった。自分の部屋へ戻り、軍服から当時のスペイン女性の服装である「膝を覆い、踝に房飾りが達する丈で、大きな網目状の絹のレースで縁取られた黒絹のドレスと、ビロードの幅広のバンドで縁取られた黒いクレープ地のマンティーラ（頭に被る絹またはレースの黒いスカーフ）」[2]に着替えた時こそ、サンドは幸福な気持ちに満たされた。また「ミュラ将軍の副官の軍服 uniforme d'aide de camp de Murat」は長い間、ノアンの館に保存されてはいたものの、サンドがマドリードを訪れた同じ年の9月16日に落馬事故で亡くなった父の姿を彼女の祖母に思い起こさせ、悲しませるといった理由で、父の死後、サンドが軍服

を身に着けることはなかったようである。祖母は、サンドが軍服を着用してからしばらく経ち、ノアンで男物の衣類を身に着けるようになった際も、「あなたはあまりにも父親に似過ぎている。走り回るために男装をしてもよいが、帰宅したら女性の服装に着替えなさい。私が思い違いをしないように。それは本当に私をおぞましい気分にさせる」[3]と嘆き、男装した彼女の恰好を見て、涙を流した。

　それでは、なぜサンドは思春期の頃、ノアンで男物の衣類を着用していたのだろうか。それは、彼女が7歳の時分より家庭教師を務めたジャン＝フランソワ＝ルイ・デシャルトル Jean-François-Louis Deschartres（1761-1828）と、幼少期からの遊び仲間で、彼女の異母兄弟にあたるイポリット・シャティロン Hippolyte Chatiron（1799-1848）とが影響を及ぼしたからであった。まず、家庭教師のデシャルトルが、以下のようなきっかけによって、健康面での利点のためにサンドに男装をさせようと考えた。

　　　ある日、デシャルトルは私にこう言った。「たった今、オメール・ド・ヴィレーヌ伯爵を訪ねたのですが、本当に驚きました。彼は上っ張り blouse とカスケット帽 casquette を身に着けた若い男の子と一緒に狩りをしていたため、私は粗略に待遇しようとしました。その時、彼は私に「これは私の娘です。このように私は彼女に少年の恰好をさせています。というのも、衣服によって邪魔されず、彼女が私とともに走り回ったり、よじ登ったり、跳んだりできるようにするためです。最も女性たちの力を発育させる必要がある年齢に、服装は彼女たちを自由に動けないようにしてしまう」と話したのです。」この伯爵は、医学的な思想に傾倒していたように思われる。そして彼にとっての男装は、素晴らしい健康上の措置であった。デシャルトルは伯爵の考えに傾倒していた[4]。

　サンドはデシャルトルに関して、「彼は私を引き止めるのではなく、人々が突飛と呼ぶものへと私を駆り立てた」[5]と述べながらも、走り回るには、男

性の服装の方が刺繍されたスカート状のペチコートよりも快適であったことを認めている。なぜなら、当時の女性の襞がないスカートは、まるで容器に入れられたかのように非常に窮屈で、女性は靴を落とさずには小川を飛び越えられないほどだったからである[6]。さらにサンドがリウマチで、激しい運動とそれをするための衣服を必要としていた事実が、彼女に男物の衣類を身に着けさせるというデシャルトルの提案を後押しした。男装のおかげで、彼女は痩せて、敏捷になった。けれども、健康上の理由以外にも、サンドは彼が男装を勧める動機を次のように自伝で綴っている。

　　男子しか教育した経験がなかったため、デシャルトルは私を男性であると信じ込む目的で、私が男性に見えるようにすることを急いでいるように思った。私のスカート jupe が、衒学者の謹厳さには邪魔になっていた。彼の忠告に従い、私が男物の上っ張り sarrau やカスケット帽 casquette、ゲートル guêtre を身に着けた時、彼はいつもの十倍も学者ぶって、ラテン語で私を圧倒し、私がより良くラテン語を理解したと考えていたのは確かである[7]。

サンドの父親を含め、男子だけしか教えたことのない家庭教師の経歴が、男装を自分に強いているのだと彼女は感じていた。男性の服装を身に着け、狩猟に夢中なデシャルトルとともに狩りをし、男性が学ぶべきものとされていたラテン語や医学の知識などを与えられた状況について、サンドは「私の生き方は私が身を置いた例外的な立場からごく自然に生じたものであり、他の大多数の少女たちとは同様の生活をしていないことが、実に当然のことのように思われた」[8]と語っている。

デシャルトルに加え、軽騎兵として軍に入隊していた異母兄弟のイポリットが、休暇で1820年9月から三ヶ月間ノアンに滞在した際、サンドに乗馬の趣味を授けたことで、彼女の男装はいっそう推進された。1821年7月にサンドが友人のエミリ・ド・ウィスムへ宛てた書簡には、「狩りや乗馬をするために、私は男性の恰好をしています（でも修道院で時々していたように、

フロックコート redingote を着ているのですよ）」[9]と綴られている。さらにこの書簡の続きには、知り合いがいない町へ馬に乗って出かけ、サンドがそこで発見したゴシック様式の城をデッサンしていると、城に住む夫人が現れ、男性だと思ったサンドのことを「ムッシュー」と呼び、言い寄ってきた出来事も記されている。彼女にとって乗馬の趣味は、自身の性格と精神のあり方とに大きな影響を及ぼしていたと見なすほどのものであった[10]。ただし、乗馬について、彼女は以下のようにも述べている。

　　この当時、作男の馬の尻に乗ることはあっても、それ以外で、どんな地方の女性もあえて乗馬はしなかった。(私が着用した)徒競走用の男の子の服装 costume de garçon だけではなく、女性用乗馬服 amazone と丸い帽子でさえ、唾棄すべきものであった。(死者の)骸骨の研究は冒涜、狩猟は破壊、勉学は常軌の逸脱で、私の父の友人らの息子や青年たちとの陽気で、穏やかな交際…それは厚かましい言動で、異常な嗜好であった[11]。

サンドは、女性が馬に乗る際に着用する「女性用乗馬服 amazone」でさえ、地方では女性が着るべきものではなかったと述べている。女性用乗馬服とは、首近くまで前面にボタンがあり、非常に丈が長い、ラシャ地のドレスのことである[12]。男物の衣類を着用した上に、乗馬をするサンドの姿は、近所に暮らす人々の顰蹙を二重に買ったようである。サンドは 1831 年 1 月にパリへ上京した直後、パリでは自分のことを誰も気にもかけないし、見向きもしないと解放感を得る一方で、ノアンでは大きな馬を乗りこなす彼女は気が狂っているに違いないと陰口を叩かれていたことを明かしている[13]。ノアンにほど近いラ・シャトルの町では、彼女がいつも同じ帽子とドレスを身に着けていたことも嘲笑の的になっていた[14]。

このようなデシャルトルとイポリットの影響の他に、サンドの男装においては、彼女自身の性向を完全に無視することはできないだろう。自分と付き合う人々を贅沢な装いで不快な気分にさせないため、サンドは普段から過度

な装飾や流行を嫌い、簡素な服装を心がけていたとの指摘がある上、そもそも実用的で、快適な恰好を好むため、彼女は男装をするに至ったとも考えられている[15]。実際、1830年代以降にサンドが女物の衣類を注文する書簡には、「私の簡素な習慣」、および「私の装いは簡素です」などの表現で、彼女の「簡素 simple, simplicité」な服装への嗜好が記されている[16]。また幼少期のサンドは、たとえば、眼を酷使する仕事をしないことや、足の甲を変形させる恐れがある大きな木靴を履いて歩かないこと、日焼けで肌が荒れたり、衰えたりしないように帽子と手袋を身に着けることを母と祖母より言い渡されたものの、この束縛に不満を抱き、受け入れることはなかった。そして姿勢を正しく保ち、身体に括れを作るために強いられたコルセットを、彼女は「拷問の道具 instrument de torture」と呼んで、着用しなかっただけでなく、美しいドレスは窮屈で、宝石はひっかき傷を作るとして、これらを身にまとうことを嫌悪していた。

　さらに付け加えるとするならば、サンドの男装について調査した池田孝江も指摘しているように、セーヌ河岸の小鳥屋の娘であった母と貴族出身の祖母という二人の女性をサンドが見て育った環境も忘れてはならないだろう。母と祖母とは、出自、教養、習慣、体質などが極端に対照的な女性であった[17]。中でも、彼女たちの服飾観は、実に対照的なものであったと言えよう。母は新しいものが好きで、流行を追い求めるのに常に必死であった。これに対し、サンドはそれほど流行に関心がなく[18]、むしろ嫌悪感を抱いていたようで、1830年4月3日の書簡では、「良い着こなしは、装いの取るに足らない気取りとは非常に異なっていることを感じました。…申し分のない女性は、私たちの地方まで届き、趣味の良い人々の目には非常に滑稽に映る度を越した流行品を身に着けはしないと思いました」[19]と綴っている。他方で、祖母はフランス革命以前の貴族の装いや振る舞い、優雅さを重視していた。これに対し、サンドは「古くからの優雅さなんてまっぴらだ！…革命前に認識されていた優雅さ、すなわち、偽りの優雅さは、私の幼い頃の苦労の種であった。全てが叱責され、動作の何もかもが批判された」[20]と不平を言い立てている。結局、サンドは流行りに熱狂する母にも、時代遅れの恰好で、前世紀の慣習

を大切にする祖母にも、どちらの立場にも与していなかったのである。しかしながら、「着飾ることへの愚かな虚栄心と全ての男性に好かれたいという不純な欲望が、私の精神をとらえはしないこと、祖母の教えや例によってそれらのものへの軽蔑が私の精神に存在していたことをよくわかっていた」[21]とサンドが語っているように、父の死後、母と祖母との対立が激しく、1809年1月28日に母がサンドの後見を放棄したのに代わって、祖母が後見人となり、サンドを育て上げた結果、子供の頃は母親以上に祖母の影響を彼女が受けていたことは間違いないであろう。

　ジョルジュ・サンドはマドリードでは軍服を着用し、ノアンでは男物の衣類を身に着けるという経験をした。このような子供時代の男装は、健康面での理由に加え、乗馬や狩猟をするためなどの理由から行われており、その背景には、母親や家庭教師、異母兄弟による働きかけが存在していた。確かに、子供時代のサンドの男装は受動的で、個人的な様相を呈している。けれども、この男装経験こそが、有名な彼女のパリでの男装を生み出したと言っても、過言ではない。というのは、自伝の中で、サンドはパリで男装することを決意した際の心情を、「この発想がまず面白く、それから工夫の才に富んでいるように思われた。幼少期に男の子の恰好をし、その後、デシャルトルとともに上っ張り blouse とゲートル guêtre を身に着け、狩りをしており、私にとっては目新しくもない服装を再び着用することに全く驚きの気持ちは抱かなかった」[22]と記しているからである。

パリでの政治活動における男装

　ノアンでの男装を経て、サンドは1830年代にパリでも男性の服装を身に着けるようになる。そしてこのパリでの男装が、サンドの作品とともに、彼女の存在を世間に知らしめた結果、サンドが男装をした姿は、第1章で述べたように、当時の諷刺版画および小説などの題材として扱われるまでになっていくのである。ここでは、1830年代のパリにおけるサンドの男装が

どのような理由から行われ、いかなるものであったかについて詳述し、彼女の男装の中で最も時代の社会性を帯びたものが、政治活動のために行われた男装であったことを示しておきたい。

　サンドが1831年1月4日にノアンを離れ、パリへと赴き、作家の道を志したのも、パリで男装することを思い立ったのも、根本的な原因は、1822年9月17日より始まった彼女の結婚生活がわずか数年で破綻を来したためであった。破綻の要因としては、読書や音楽に関心がなく、狩りにだけ熱中する夫にサンドが耐え切れなくなったことや、パリで法律を学ぶベリー地方出身の文学青年ジュール・サンドーと1830年7月30日に彼女は知り合い、恋に落ちたことなどが知られている。しかし直接の契機となったのは、1830年11月に妻を罵倒した文面の夫の遺言書をサンドが発見したことであったようである。激しい夫婦喧嘩の末に、彼女は、三ヶ月ずつ年に2回、すなわち、一年のうちの半分をパリで過ごし、パリでの滞在時には月250フランを支給してもらう約束を夫との間で取り決めた。けれども、パリのサン＝ミッシェル河岸にある建物の屋根裏部屋に年300フランで居を構え、月15フランで門番の女性に家事を手伝ってもらい、一日2フランで安食堂の食事を運び込ませる生活を実際に送ってみると、サンドは自分の持ち金で実現可能な生活のレベルの低さを理解した。さらに彼女は、パリで仕事が見つからない上に、ひどい病気となり、一度500フランの借金を夫に支払わせた経験から、予算を越えたり、夫に借金を背負わせたりする生活を嫌っていた。またゆとりのない、貧しい生活を送る一方で、サンドは当時の芸術、とりわけ演劇に相当な関心を寄せており[23]、芸術家として生きて行くことを夢見ていた。

　そこでサンドは、まずベリー地方出身の友人たちの生活を参考にして、経済的な問題を打開しようとした。なぜなら、彼らが自分と同じ程度のわずかな生活費によってパリで暮らしながらも、知的な若者の関心を引く事柄を全て把握していたからである。友人たちは、文学や政治での出来事、劇場や美術館での感動、クラブや街での喧騒などを目にするため、パリの至るところに徒歩で出向いていた。彼らと同様に、サンドは徒歩で至るところへの外出

を試みたものの、「パリの舗石の上では、私はまるで氷の上の船であった。二日で高級靴は壊れ、厚底の木靴で私は転んだ。上手にドレスをたくし上げることには不慣れであった。私は泥で汚れ、疲れて、風邪を引いた。樋の水を被ったビロードの小さな帽子は別としても、靴と衣服がものすごい速さで損なわれていくのを目の当たりにした」[24]と彼女が嘆く結果に終わった。ゆえに、サンドは服装の問題に立ち向かわざるを得なくなったのである[25]。次に、この問題の解決策をサンドは母親に求めた。彼女の母親は3500フランの年金にもかかわらず[26]、非常に優雅で、ゆとりある生活をパリで送っていた。「八日のうち七日を部屋に引きこもって暮らすのでなければ、このひどい天候の中で、どのようにして最も質素な装いですますことができるのでしょうか」[27]と尋ねるサンドに、母は「私の年齢と習慣とを持ってすれば、充分に可能なことです。でも私が若かった頃、そしてあなたのお父さんにお金がなかった時、彼は私に男装させることを思いつきました。私の妹も同じように男装をして、私たちは劇場でも、どんな場所でも、夫とともに歩いて至るところへ出かけました。私たちの家計は以前の半分に節約されたものです」[28]と応じて、男装を勧めた。サンドは、母親の忠告に従い、即座に男物の衣類を着用した様子を、次のように述べている。

それゆえ、厚手の灰色のラシャ地で、哨舎風フロックコート redingote-guérite を作らせ、同様にズボン pantalon とチョッキ gilet も作らせた。灰色の帽子 chapeau とウールの大きなネクタイ cravate とを身に着ければ、私は完全に小さな一年生の学生であった。長靴 botte が私をどれだけ喜ばせたかは言い表せない。…踵に小さな鋲を打った靴のおかげで、舗道の上をしっかりと歩けた。パリの端から端までを飛び回り、世界一周でもしたかのように思われた。その上、私の服装に恐れるものは何もなかった。私はどんな時でも駆け回り、時間も構わずに戻ってきた[29]。

ただし、1831年3月4日にサンドが息子の家庭教師で、友人でもあった

ジュール・ブコワランへ宛てた以下のような書簡も存在している。この書簡の中で、彼女の母親ではなく、ブコワランが男物の衣服を着用するように助言したことを「あなたが私にしてくれたある忠告」という表現で、サンドはほのめかしている。そしてこの書簡からも明らかなように、彼女の男装は、経済的な理由に起因するばかりではなく、作家として生きていく上での手段でもあった[30]。

　『パリ評論』誌では良い評価を得ていますが、私は苛立ってしまいました。私よりも有名な作家がたくさんいるからです。かなりの忍耐力が必要です。私は『パリ評論』誌と同じジャンルの雑誌である『ラ・モード』誌と『アルティスト』誌でも記事が書けるように働いています。どの雑誌でも成功を収めることができなければ、それは最悪の事態です。ともあれ、生きていかなければなりません。そのためには、最低の仕事でもします。私は『ル・フィガロ』紙にも記事を書きます。おお嫌だ！　あなたがこのことを知っていたら！　でも『ル・フィガロ』紙の主宰者であるラトゥシュは、記事一つにつき７フランを支払ってくれます。そのお金で、あなたが私にしてくれたある忠告に従って、飲み、食い、芝居でさえ見に行きます。それは、私にとって、最も役立ち、最も興味深い観察の機会なのです。ものを書こうとする時、全てを見て、全てを知って、全てのことについて笑わなければなりません。ああ！　やはり芸術家の生活よ、ばんざい！　私たちのスローガンは自由です[31]。

　いずれにせよ、男性の服装を身に着けたサンドは、パリの至るところへ徒歩で出向き、あらゆる出来事を観察する機会に恵まれた。彼女はその状況を、「現実の生活が借り物の服装をした私の前に示されていた。男装によって、私は充分に男性として存在することができ、それまで愚鈍な田舎者だった私は、この恰好によって、永久に閉ざされていた社会を目にすることができた」[32]と語っている。さらに自伝には、男装したサンドが平土間席で演劇を

鑑賞した際、彼女のあくびが原因で芝居のさくらや喝采師の人たちから喧嘩を売られたことや、サンドが頻繁に恰好を取り替えるため、食堂の主人が服装に合わせて、彼女を「ムッシュー」あるいは「マダム」と上手に呼び分けられなかったこと、ベリー地方の出身者からなるクラブで男装したサンドと出会った青年が翌日、女性の服装をした彼女と再会し、同一人物とは全く気付かなかったことなどの逸話が紹介されている。とくに劇場での男装に関しては、サンドは次のようにも述べている。

　　誰も私に注意を向けず、私の変装を疑わなかった。造作なく男性服を身に着けている上に、洒落っ気のない服装や容貌が全ての疑いを逸らしていた。視線を集め、とらえておくには、私は非常にひどい身なりで、あまりに気取らない(いつものぼんやりして、とかく呆然とした)雰囲気だった。女性たちは、劇場においてさえ、変装する術をほとんど心得てはいない。彼女たちは、細いウエスト、小さな足、愛らしい動作、眼の輝きを犠牲にしたくないのだ。…ともかく、男性として注目されないためには、女性として注目されない習慣をかねてより持っていなければならない[33]。

　周囲の注目を集めず、関心を引かないという点で、劇場でのサンドの男装は大成功を収めた。その成功は、彼女の気取らない普段の雰囲気と女性性の表出を抑制する習慣とによって支えられていたようである。そしてこの女性性の表出を抑える行為こそが、1830年代の半ばに彼女の男装を促す動機となった。自伝の中で、サンドは1835年の出来事として、「これらの男性たちと一緒にいるたった一人の女性として注目されないため、私は時折、少年の服装 habits de petit garçon を再び身に着けた。それは、私にリュクサンブールでの5月20日の例の法廷に気付かれずに入り込むことを可能にしてくれた」[34]と綴っている。彼女にとって1835年は、4月7日に著名な弁護士ミシェル・ド・ブールジュ Michel de Bourges (1797-1853) と知り合い、急進的な共和主義者である彼から強い影響を受け、共和主義者としての政治的立場を確固

たるものにした年であった。そもそもサンドは、1830年より以前には、ほとんど政治に無関心であり、七月革命の頃に、野心家が利権を食いものにする政体ではなく、社会の最下層の人々により寛大で、有益な政体の必要性を痛感し、共和主義者としての立場を表明するようになった[35]。七月革命の結果として成立した七月王政の体質、および1832年6月6日のサン＝メリー修道院における共和主義者たちの虐殺という出来事により、彼女は幻滅を味わうものの、1835年にミシェルと出会い、1839年まで彼の影響を受け続けることになるのである。ミシェル・ド・ブールジュは、「巨大裁判 procès monstre」または「四月裁判 procès d'avril」と呼ばれる裁判において、口頭弁論での雄弁さや舌鋒の鋭さからフランス中に名を馳せた人物である[36]。巨大裁判とは、1834年4月9日から12日にかけてリヨンの絹織物工たちが起こした蜂起に対して政府が厳しい弾圧を行ったことが引き金となり、パリやマルセイユ、サン＝テチエンヌ、リュネヴィルなどのフランス各地で暴動が続発し、多数の逮捕者が出た結果、1835年4月より労働者および反体制派の指導者など100人以上から成る逮捕者を一斉に裁いた裁判のことを意味している。サンドは、1834年のリヨンでの蜂起と巨大裁判に関して、それ以前のパリでの暴動が政府の形態を変えることだけを目的としていたのに対し、リヨンでの暴動は労働者の給与や組織に関する問題などのより多くの人々が共有しやすい目的と社会主義的性格とを持っており、巨大裁判では王政派か、あるいは共和制派かという政治的立場を明白にすることが迫られていたと述べている[37]。彼女が1835年5月に男性の服装を身に着け、リュクサンブールの貴族院を訪れたのも、そこで開廷された一連の巨大裁判を傍聴するためであった。1835年5月にサンドが議員のドカーズ公爵へ宛てた書簡では、貴族院での男装について以下のように記されている。

　　公爵様、あなたの恩恵を望んでいます。明日、私を貴族院に入れさせて下さい。今日、私は入場券を持っていましたが、私のフロックコート redingote は認められませんでした。それで、あなたのお名前を厚かましくも引き合いに出し、私は入場することができました。も

し親切にも2枚の入場券を送って下さるならば、明日も同じように貴族院へ行きたいのです。あなたのどんなご好意も、私は受ける権利を持っていません。それでも、この機会に思い切ってあなたにお願いをします[38]。

では、なぜこの書簡の宛先がドカーズ公爵議員であったのかというと、それは公爵の発言に関係している。1835年5月11日付の『ルアン新聞』には、5月10日の巨大裁判におけるミシェル・ド・ブールジュの活躍をたたえる記述とともに、ドカーズ公爵に関する次のような記事が存在する。

ここに、ドカーズ氏のことばがある。被告人の妻ボーヌ夫人は、貴族院尚璽(しょうじ)に対して訴訟へ出席させて欲しいと懇願していた。ドカーズ氏は夫人へ次のように言った。「ご夫人よ、この件に関しては、私たちの決議に揺るぎはない。だがあなたは、口頭弁論を聞く方法を手にしている。ここに入場券があるので、ズボン pantalon を穿きなさい。あなたはかわいらしい女性ですが、きっと素敵な青年になるでしょう。そして私たちは、常に喜んであなたを招き入れることでしょう。」引用すれば、こと足りることばである。誰もが司法長官のこの心付けを高く評価するであろう[39]。

当時の女性たちは、たとえ被告人が夫であろうとも、政治訴訟の公判廷には決して出席できないという社会的な背景があり、その背景を受けて、ドカーズ公爵は上述の発言をしたものと思われる。番人も、男物の衣類を身に着けた女性が口頭弁論を聞きに来る姿を見て、見ぬふりをしていたと指摘されている[40]。しかしサンドの場合は、見咎められ、ドカーズ公爵の名前を引き合いに出すことで、ようやく貴族院への入場を許可されたようである。貴族院の傍聴席から、彼女が自分と同じく共和主義を支持する友人たちを身振り手振りで鼓舞していた様子も伝えられている[41]。さらにサンドは、ミシェルの依頼で、挫けそうな被告人たちの気持ちを支えるため、「被告人たちへの弁

護団の手紙」と題する書簡形式の草案を執筆したり、この裁判の受刑者、およびその家族たちのために義援金を募ったりもしている[42]。

また同時期の1835年5月6日に、サンドが新聞記者のアドルフ・ゲルー Adolphe Guéroult (1810-72) へ宛てた書簡では、彼女の男装が共和主義者としての政治的な立場を反映していたことを示す、以下のような文章がある。引用文中の「青年共和主義者の衣服を身に着ける porter un habit de bousingot」ということばが、男装する行為を表している。青年共和主義者 bousingot とは、七月革命後に行動を起こした共和派の青年たちを指し、彼らは、フランス革命期の政治家マラー風のチョッキに、ジャコバン派の指導者ロベスピエール風の髪型、そして青年共和主義者の呼び名にもなった「ブーザンゴ bousingot」という水夫用のエナメル塗り革帽子を身に着け、過去の革命家たちの恰好を模倣することによって、実社会に革命が起きることを心の底から信じていた[43]。

　　私が男性だったら、あちらこちらで喜んで剣を使って闘い、残りの時間で文字を書くでしょう。男性ではないので、剣を持たずにペンを持ち続けるつもりです。私は最も無邪気にペンを使うことでしょう。机に向かう時に私が身に着けるであろう服装は、机でなすべきことにとって、全くもって重要なことではありません。友達ならば、私がドレス robe を着ていようとも、上着 veste を着ていようとも、同様に私を尊重してくれると思っています。ステッキを持たずにそのような恰好で私が外出することはないので、安心して下さい。ついでに何日間か青年共和主義者の衣服を身に着けるというこの発想によって、私の生活に大革命は起きないでしょう。私は、与えられた状況下で、しおらしい迷信やある深い思い出の秘密をこの変装（男装）に結び付けています[44]。

そもそも、この書簡は、ゲルーがサンドのパリでの男装を非難したことに対する彼女の反論の書簡であった。サンドが男装によって、女性でも、男性

でもない存在に陥ってしまうのを危惧したゲルーは、彼女へ以下のように書き送った。

> あなたは女性として生まれ、死んでいきます。女物の衣服をあなたが身に着けている時、一種の尊敬に近いものを感じます。というのも、女性として尊敬に値するほど充分に気高く、苦しんできたからです。男性としては、あなたは可愛らしく、美しい目に口づけをしたくなるほど素敵な小姓だが、仮装やカーニバルでのいたずらと思われるものが、そこにはあります。私は男装しているあなたを真に受けるつもりは全くありません[45]。

一方のサンドは、ゲルーの書簡の気に入らない部分に下線を引いて、それを即座に送り返すとともに、次のように書き添えた。サンドはパリで男性の服装を身に着けるようになった当初、彼女の男装に対して非難や叱責を浴びせるのは誰かということを知るための努力をし、友人や知人たちを選り分け、何らかの非難をする人物とは交友関係を断ち切る決心をするほど[46]、自身の恰好への批評にさらされることを望まなかったのである。

> 親愛なる人、あなたの手紙は、あなたの魂のように美しく素晴らしいものです。でも、この頁を送り返します。それは、まず本当に不条理で、それから全くもって無礼なものです。誰も私にこのように書く権利はありません。もしあなたが子供っぽく、あなたには関係のない装身具について重々しく論じたいのであれば、別の考えやことばで私の服装を批評して下さい。私が下線を引いた箇所を読み返して、この上なく無礼なものではないかどうかよく考えて下さい。それを書いた時、あなたはほろ酔い加減であったのだと思います。…私は少しも気を悪くしていませんし、今でもなお、あなたは私の友達であると確信しています。あなたが二度と馬鹿げたことをしないように知らせたのです。このようなことは、あなたに似つかわしくありません。私が高

く評価したあなたのとてもおかしな機転と心の繊細さとを常に私は見てきましたから[47]。

　1833年に始まるジョルジュ・サンドとアドルフ・ゲルーとの交友は[48]、賛否両論であった彼女の小説『レリヤ』をゲルーが誉めそやしたことで、より親密なものとなり、彼はサンドの娘の寄宿女学校を決めたり、子供たちを遊びに連れて行ったりと、彼女の子供の面倒をよく見ていた。またゲルーは、『デバ』紙や『ラ・プレス』紙、『オピニオン・ナシオナル』紙などの新聞記者として活躍するとともに、1830年より忠実なサン＝シモン主義者でもあった[49]。彼らの書簡でのやり取りは、1836年2月から1858年6月までの間、途絶えてはいるものの[50]、1872年7月21日にゲルーが亡くなるまで続けられている。ただし、先述した書簡を含め、1835年にサンドがゲルーへ宛てた4通の書簡は、共和主義者サンドのサン＝シモン主義者ゲルーに対する非難のことばで埋め尽くされている。なぜなら、「あなたは私たち、共和主義者を頭から爪先までこきおろします。にもかかわらず、私はあなた方、サン＝シモン主義者を愛し続け、ある意味では、全てのものの頂点に位置づけます」[51]とサンドが語っているように、サンドがサン＝シモン主義に理解を示しているのと同様に、ゲルーも共和主義に理解を示すべきであると彼女がたびたび説いても、彼の態度は変わらず、両者の間で言い争いが続いたからである[52]。このような状況下で、ゲルーがサンドの男装を諫めたこともあり、彼女は男性の服装と共和主義者の立場とを密接に結び付けて考えていたようにも思われる。

　1830年代のパリで行われたジョルジュ・サンドの男装は、明らかに初期の段階の経済的理由や機能的な利便性だけでは、語り尽くせるものではなくなっていく。そしてその分岐点は、サンドが共和主義者としての立場を確固たるものにした1835年にあったと言える。群衆の動きを観察し、彼らのことばに耳を傾けながらブールジュや仲間の男性たちと散歩をする際、たくさんの男性の中にいる唯一の女性として注目を浴びないためにサンドが男物の衣類を着用したのも、裁判を傍聴するために貴族院で男性の服装を身に着け

たのも、結局は彼女の政治活動に帰すことができるからである。

男装の終焉

　ところで、サンドはいつまで男装をしていたのであろうか。自伝の中で、1830年代のパリでの男装について彼女は述べた際、「私が語ったことは、私の人生の中で、非常に一時的で、偶発的な時間のことである。何年間も私がこのように男物の衣服を着用して過ごしたと皆は言ったが、10年後にも、まだ髭の生えていない息子がよく私に間違えられるというようなことがあった」[53]と付け加えている。しかしながら、経済的および機能的な理由、そして職業作家として生きていくためや、共和主義者として政治活動を行うためなどの事由に加え、彼女は1830年代に男性の服装を旅行着としてもたびたび着用している。自伝には、サンドが1834年8月末にイタリアからパリへと戻る際、山岳地方の山歩きで、彼女の気まぐれから、布のズボン pantalon と青い上っ張り blouse、カスケット帽 casquette を身に着けたことが綴られている[54]。さらに1836年8月18日に彼女が使用人へ宛てた書簡では、男物のシャツ chemise やビロードのフロックコート redingote、ズボン pantalon、煙草、点火器などを詰め込んだ旅行鞄を準備しておくように書き記されている[55]。男物のシャツに関しては、ノアンには2枚しかないため、新たに色付きの薄織綿布のシャツを2枚買って欲しいとも記されている。ただし、旅行着として男性の服装を着用する行為は、何もサンドに固有なものではなく、旅先や道中で女性たちが自分の身の安全を守るために用いる手段であった[56]。たとえば、エジプトへ旅した女性サン＝シモン主義者の一人で、刺繍工である人物は、彼女の回想録の中で、「私は急いで男性服 costume masculin を裁断し、装飾した。使い古して、用いられていない男物の衣類から得たさまざまな布切れを私の身丈に合わせた。…フード付きの袖なし外套 burnous は、女性の体つきを包み隠して、私に不可欠な保証を与えた」[57]と、男物の衣類を旅行着として利用した事実を述べている。またヨーロッパにおける女性の異

性装を調査したルドルフ・デッカーとロッテ・ファン・ドゥ・ポルは、女性が旅行の際に男性の服装を用いることは、男性の自由や特権を体験する貴重な機会となり、永続的な女性の異性装を引き起こす契機になると主張している[58]。

　それでは、旅行で男性の服装を着用したのが、サンドの最後の男装であったのだろうか。1830年代以降のサンドの書簡を通して、彼女の男装が「一時的で、偶発的な時間」では終わらなかった事実が明らかとなる。なぜなら、1830年代より後にも彼女が男物の衣類を注文する書簡は存在しているからである。従来の研究では、サンドが男装をしなくなった時期について、根拠も示されずに1860年頃であるとか、文壇で認められ、作品を順調に発表するようになると男装をやめるなどの実に曖昧な指摘がなされてきた[59]。しかし、男物の衣類をあつらえる旨を記した書簡の日付によって、1850年の秋頃まで彼女の男装が続いていたと推測することが可能である。ただし、それらの書簡は、サンドの祖母の使用人だった人の姪で、彼女の幼友達のユルシュル・ジョーに宛てられたものしか見受けられない。ユルシュルは、ノアン近郊のラ・シャートルに住んでいたため、パリと比較して安く仕立てをすることができた。その上、彼女とサンドとはほぼ同じ背丈であったため、採寸の時間を短縮することも可能であった。またユルシュルには、たとえば、長いシャツの裾を使用して、新たなカフスを作ってもらうといった融通も利いた。1850年9月20日頃にサンドがユルシュルへ宛てた書簡は、以下のようなものである。

　　ねえあなた、私のズボンpantalonと上っ張りblouseのために、これを受け取って下さい。ここにズボンの型見本があります。男物に比べてたっぷり三分の一、幅のゆったりした上っ張りを作って下さい。…そして頭が簡単に入るように首周りを少し開けた感じにして、丈は膝までの長さです。あなたは私と同じ背丈なので、あなたにメジャーをあてて下さい。袖は短く、肘の少し下ぐらいの長さにして下さい[60]。

さらに1850年10月末の彼女の書簡には、「私のシャツchemiseとズボンpantalonが届かないことに対して苛立っています。これら全てのことを始めてから一ヶ月近くになりますよね」[61]と記されている。また、2通の書簡より以前の1847年10月の書簡では、「ありがとう、ユルシュル、ブールジュでの用事は、あと男仕立てのシャツchemise d'hommeを私用に6枚作るのに必要な白のジャコネットだけです。…戻ったら、ラ・シャートルの誰か腕の良い職人にすぐそれを渡して、作らせて下さい。あなたが自分で裁断してくれたら、その方が良いんだけれど。私は大変急いでいます」[62]と綴られている。この書簡からは、男物のシャツを仕立てるため、ラ・シャートルに住むユルシュルにブールジュで布を調達してくるよう、サンドが指示している様子がうかがえる。上記の書簡以外にも、1846年にサンドがユルシュルへ宛てた書簡には、「男物のシャツのような女物のシャツchemise de femme」を作って欲しいという注文が、以下のように記されている。「男物のシャツのような女物のシャツ」という表現は、当時の女性たちが半袖、あるいは袖なしブラウスchemisetteを一般的に身に着けていたため、長袖で、かつ女性サイズのものを望んだ結果、このような表現になったのではないかと思われる。

シャツを裁断するため、厚手のキャラコが必要でしょう。私が作らせたいシャツには、どれくらいの布地が必要なのかわかりません。私の男物のシャツのように、襟刳りに小さな折り襟が付いていて、長袖の女物のシャツのようなものが欲しいのです。一着に必要な布地をおおよそ計算して下さい。それから、無駄ができる限り少なくなるように、布地の残りを買います。私は1メートルあたり24スーの生地見本を選びます。布一切れをあなたに預ければ、必要なものはすぐにでも手に入るでしょう[63]。

サンドが1840年代と1850年代に書き記したいずれの書簡も、衣類の注文を簡潔に述べる程度に留まっている。ゆえに、彼女がいかなる理由で、さらには、どのような様子で、男性の服装を着用していたかを、1830年代の

書簡のように明確にできるものではない。また1840年代以降、サンドが趣味である乗馬をする際には、女性用乗馬服 amazone や、スカート jupe とブラウス corsage といった恰好で行っており、男性の服装を身に着けてはいなかったようである。

ジョルジュ・サンドが1848年の二月革命において政治活動に身を投じ、奔走するものの、同年5月には早くも挫折を経験して、1840年代の後半から1850年代の初めにかけて生活の比重をパリからノアンへと移していった出来事はつとに知られている[64]。それと時を同じくして、彼女の日常生活の中で、男性の服装が必要不可欠なものではなくなっていったとも考えられる。つまり、サンドは男装という行為を社会的な背景によって促されることもなければ、彼女が政治活動を行う上で男物の衣類を必要とする状況もなくなったのである。逆に言えば、彼女の男装は、社会的かつ政治的な意味を持ち合わせていたことが推察できる。この点からも、サンドの政治思想や活動を反映した1835年の男装こそが、約40年間に及ぶ彼女の男装の中で、最も時代の社会性を帯びたものであったと言えるのかもしれない。

註

1　George Sand, *Histoire de ma vie*, t.1, *op.cit.*, pp.568-69.（以下、自伝からの引用部分は、全て筆者の訳出とする。参考 前掲書『我が生涯の記』1巻　549頁.）
2　*Ibid.*, p.569.（前掲書『我が生涯の記』1巻　550頁.）
3　*Ibid.*, p.1080.（前掲書『我が生涯の記』2巻　415頁.）
4　*Ibid.*, p.1079.（前掲書『我が生涯の記』2巻　413頁.）原文ではV伯爵となっているが、自伝の編者ジョルジュ・リュバンによって、フランス革命以前はベリー地方のラ・シャートルで最も有力な貴族であったオメール・ド・ヴィレーヌ Omer de Villaines（1780-1861）伯爵のことと推測されている。*Ibid.*, p.1444.
5　*Ibid.*, pp.1078-79.（前掲書『我が生涯の記』2巻　413頁.）
6　*Ibid.*, p.1079.（前掲書『我が生涯の記』2巻　414頁.）
7　*Ibid.*.（前掲書『我が生涯の記』2巻　413-14頁.）
8　*Ibid.*, p.1080.（前掲書『我が生涯の記』2巻　415頁.）バルザックは『ベアトリックス』の第2章1節をデ・トゥーシュ嬢の子供時代の記述にあて、サンドをモデルにしたデ・トゥーシュ嬢の教育が行き当たりばったりの状態に委ねられ、男の子と同様に彼女が成長したことを記している。またデ・トゥーシュ嬢の異常性に対し、「偶然が彼女を学問や想像の領域、そして文学の世界へ投げ入れた。偶然は女性に与えられるくだらない教育や装い、偽善的な慎み、男性を誘惑する女

の優美さなどの母親による教えの範囲に彼女を留め置くことはなかった。それゆえ、有名になるよりずっと以前に、彼女が人形遊びをしたことがないのを人々は一目で察知するのであった」と彼は述べ、その要因を偶然の生い立ちに求めている。Honoré de Balzac, *Béatrix, op.cit.*, p.74.（前掲書『バルザック全集』15巻 53-54頁。）

9 George Sand, *Correspondance*, t.1, *op.cit.*, p.69. エミリ・ド・ウィスムへ宛てた1821年5月の書簡では、男物の大きなフロックコート redingote とカスケット帽 casquette を身に着け、肩に銃を置き、野兎を捕らえるために畑を大股で闊歩するサンドの狩りの様子が綴られている。*Ibid.*, p.62.

10 George Sand, *Histoire de ma vie*, t.1, *op.cit.*, p.1021.（前掲書『我が生涯の記』2巻 358頁。）

11 *Ibid.*, p.1082.（前掲書『我が生涯の記』2巻 416頁。）

12 Pierre Larousse, *op.cit.*, t.I, p.249.

13 George Sand, *Histoire de ma vie*, t.2, *op.cit.*, p.135.（前掲書『我が生涯の記』2巻 588頁。）

14 *Ibid.*.（前掲書『我が生涯の記』2巻 588頁。）

15 Francine Mallet, *George Sand,* Bernard Grasset, Paris, 1995, p.129; Dennis O'brien, "George Sand and Feminism", *George Sand Papers*, AMS Press, New York, 1980, pp.87-88; Michelle Perrot, "George Sand: Une enfance en révolution", *George Sand: Une Œuvre multiforme*, Editions Rodopi B.V., Amsterdam, 1991, p.14.

16 George Sand, *Correspondance*, t.10, *op.cit.*, p.235; George Sand, *Correspondance*, t.23, *op.cit.*, p.72. サンドがゴンデュアン夫人に宛てた1830年1月6日の書簡では、「帽子は感じが良く、とくに簡素で、衒いのない上品な雰囲気が気に入っています」と記され、同年3月23日の書簡では、「流行であっても、常に最も簡素なスタイルで、リボンの付いた帽子を直してくれることをお願いします」と記されているように、「簡素」への趣向が綴られている。George Sand, *Correspondance*, t.1, *op.cit.*, p.595, 618.

17 母は褐色の肌、スペイン女性のような性質、嫉妬深く、情熱的で、怒りと弱さ、意地悪と善意が同居し、上流階級の人々の前ではぎこちなく、臆病な人物であるのに対して、祖母は白い肌、金髪、真の貴族、態度は重々しく、静かで威厳があり、闊達さと保護者的善意に満ちた気品がある人物とサンドは評している。George Sand, *Histoire de ma vie*, t.1, *op.cit.*, pp.605-6.（前掲書『我が生涯の記』1巻 582頁。）

18 サンドは母親によって、流行の「中国風の髪型」に結わえられた際、醜かろうと美しかろうと、流行に追従していようと常識はずれの流行に抵抗していようとも、全くもってどうでも良かったと述べている。*Ibid.*, p.649.（前掲書『我が生涯の記』2巻 14頁。）

19 George Sand, *Correspondance*, t.1, *op.cit.*, p.624.

20 George Sand, *Histoire de ma vie*, t.1, *op.cit.*, pp.678-79.（前掲書『我が生涯の記』2巻 42頁。）

21 George Sand, *Histoire de ma vie*, t.2, *op.cit.*, p.126.（前掲書『我が生涯の記』2巻 580頁.）
22 *Ibid.*, p.117.（前掲書『我が生涯の記』2巻 571頁.）
23 自伝の中で、サンドはパリでの当初の生活について述べた際、「私は田舎っぽさから脱することや、時代の流れに身を置くことを貪欲に求めていた。その必要性を感じていたし、それへの好奇心を持っていた。しかし最も目立った作品以外は、最新の芸術について何も知らなかった。私はとくに演劇への渇望を持っていた」と綴っている。*Ibid.*, p.116.（前掲書『我が生涯の記』2巻 570頁.）
24 *Ibid.*, p.117.（前掲書『我が生涯の記』2巻 570頁.）
25 洗濯代を支払えなかったことが、サンドの男装を招いたとの指摘もある。Maurice Roya, *George Sand*, Laurier, Paris, 1928, p.40; Jean Chalon, *Chère George Sand*, Flammarion, Paris, 1991, p.133.
26 サンドは自伝の中で、「25000フランの所得がない限り、パリでは女性として存在することはできない」というバルザックのことばをわざわざ引用している。このことばは、バルザックが著した『結婚の生理学』によるもので、実際は次のような内容である。「妻が自分で料理をせず、華々しい教養を備え、コケットリーの感情を持ち、長椅子に横たわって閨房で何時間も過ごす権利を手中にして、魂の生活を享受するためには、地方では6000フラン、パリでは20000リーヴル（1793年以前の貨幣単位）の所得が少なくとも必要となる。」Honoré de Balzac, *La Comédie humaine*, t.11, Gallimard, Paris, 1980, p.933.（引用部分は、筆者の訳出。参考 オノレ・ド・バルザック『バルザック全集』2巻 安士正夫、古田幸男訳 創元社 1973年 36頁.）19世紀中葉のフランス人の年間所得は、自営店主3830フラン・下請けの仕立屋3271フラン・下級官吏1200フラン・肉体労働者830フラン・屑屋651フランとされ、3500フランの年金はプチブルジョア階級の所得にあたる。なお、パリに住む学生の年間生活費は、1200〜1500フランとされる。鹿島茂『馬車が買いたい！—19世紀パリ・イマジネール—』 白水社 1990年 167頁.
27 George Sand, *Histoire de ma vie*, t.2, *op.cit.*, p.117.（前掲書『我が生涯の記』2巻 571頁.）
28 *Ibid.*.（前掲書『我が生涯の記』2巻 571頁.）
29 *Ibid.*, pp.117-18.（前掲書『我が生涯の記』2巻 571頁.）「哨舎風フロックコート」という名称は、仕立屋が哨舎で寸法を測ったことに由来する。
30 ジョゼフ・バリーは、サンドが作家仲間の一員に加わりたいがため、男性の恰好をするようになったと主張している。Joseph Barry, *op.cit.*, p.161.
31 George Sand, *Correspondance*, t.1, *op.cit.*, p.818.
32 George Sand, *Histoire de ma vie*, t.2, *op.cit.*, p.132.（前掲書『我が生涯の記』2巻 585頁.）
33 *Ibid.*, p.118.（前掲書『我が生涯の記』2巻 571-72頁.）
34 *Ibid.*, p.331.（前掲書『我が生涯の記』3巻 159頁.）
35 George Sand, *Correspondance*, t.1, *op.cit.*, p.705-6. サンドは、1830年代には共和主

義者、1840年代にはピエール・ルルーの影響によって、社会主義的共和主義者であったとされる。彼女の政治活動に関しては、次の書物に詳しい。ミシェル・ペロー編『サンド―政治と論争―』持田明子訳　藤原書店　2000年.

36　ミシェル・ド・ブールジュは、ヴァール県で1797年10月30日に木こりの息子として生まれた。王党派の一味に虐殺された父親の死から七ヶ月後に誕生したため、母と祖父から「父親の復讐を果たすのはお前だ」と言われ、育てられた。1826年にミシェルは弁護士となり、誰におもねることもなく、とくに政府には厳しい態度で立ち向かい、政治訴訟を扱う弁護士として有名になった。訴訟での彼の口頭弁論や即興演説は、大評判を呼んだようである。1837年以降、何度か代議士に選ばれたが、目立った活躍はなく、スイスやベルギーに亡命後、フランスへ戻り、1853年3月16日にモンペリエで亡くなった。ミシェルとサンドとの関係は、不完全な形の書簡の複製以外にも、自伝および彼女の著作『ある旅人の手紙』の第6信によって知ることができる。George Sand, *Correspondance*, t.3, *op.cit.*, pp.889-91.

37　George Sand, *Histoire de ma vie*, t.2, *op.cit.*, p.323.（前掲書『我が生涯の記』3巻151頁.）

38　George Sand, *Correspondance*, t.2, *op.cit.*, pp.889-90. この書簡は「金曜日の晩」に書かれたと書簡の最後に記されているが、正確な日付を特定できていない。というのも、サンドが5月20日にしか裁判を傍聴していないと自伝で述べており、20日が水曜日にあたるためである。

39　*Journal de Rouen*, 11 mai 1835. この記事の一部は、『書簡集』の註で引用されている。George Sand, *Correspondance*, t.2, *op.cit.*, p.890.

40　ミシェル・ペローは、男装した女性が100人ほど貴族院内に入り込んでいた事実を指摘している。また19世紀の政治訴訟において、厳しい女性の排斥がなされていたこととともに、重罪訴訟では女性の感動しやすさを理由に、女性の締め出しが試みられていたことも指摘している。前掲書『サンド―政治と論争―』24頁; 前掲書『歴史の沈黙―語られなかった女たちの記録―』441頁.

41　Jules Janin, *Biographie des femmes auteurs contemporaines françaises*, t.1, Armand-Aubrée, Paris, 1836, pp.451-52.

42　George Sand, *Histoire de ma vie*, t.2, *op.cit.*, p.341-44.（前掲書『我が生涯の記』3巻　169-72頁); George Sand, *Correspondance*, t.2, *op.cit.*, p.891. サンドが著した書簡形式の草案は感傷的で、説教のようであり、ミシェルは憤慨と怒りによって被告人たちを活気づけるため、貴族院を激しく攻撃するものへと文面を書き直した。彼の草案は貴族院で有罪の判決を受けるほど、ことばの粗暴さや辛辣な調子があり、弁護団からの脱退者を招くと同時に、弁護士たちの間に混乱を引き起こして、ミシェルの同志たちの間でも彼を誹謗中傷する者たちを数多く生じさせる結果となった。

43　当時のロマン主義は、「若きフランス派 Jeunes-France」と「青年共和主義者 Bousingots」という二つの要素から成り立っていた。両者は、古典主義やアカデミー、ブルジョアなどを嫌悪し、中世趣味で、騒ぎや奇抜さなどを好む基本的な

姿勢は同じであった。ただし、前者は、イギリスの詩人バイロンのように悲嘆より着想を得て作品を創造し、健康的で幸せな気分を内に秘め、物悲しさや虚弱さを装っており、芸術の世界に革命を起こすことだけを夢見ていた。後者は、主に1832年と1835年の暴動で活躍し、政治的感情を最終的には暴力で表出していた。暴力行為に及ぶ危険人物というよりも、元気が有り余り過ぎている誠実な若者たちで、「共和主義者の芸術家 républicains-artistes」とも呼ばれた。彼らが政治思想と創造活動とをより密接な関係に保ち、政治活動での挫折を通して現実を拒否し、新しい芸術世界を切り開いていった功績は大きく、文化の厚みを増すことへと繋がった。両者は次第に区別がつかなくなり、ロマン主義の中で一つのものになっていった。(Pierre Larousse, *op.cit.*, t.IV, pp.1149-50.) 青年共和主義者については、以下の論考に詳しい。稲生永「ブーザンゴ考―七月革命前後のヒッピーたち―」『現代文学』4 「現代文学」編集委員会 1971年 70-88頁; 稲生永「フランス―一八三〇年代のヒッピー群像―」『ユリイカ』10 青土社 1978年 160-72頁。

44　George Sand, *Correspondance*, t.2, *op.cit.*, pp.879-80.

45　*Ibid.*, p.878.

46　George Sand, *Histoire de ma vie*, t.2, *op.cit.*, p.133.（前掲書『我が生涯の記』2巻 586頁。）

47　George Sand, *Correspondance*, t.2, *op.cit.*, pp.878-79.

48　ゲルーがサンドのもとを初めて訪れた日は、1833年4月27日と言われている。Thérèse Marix-Spire, *Les romantiques et la musique Le cas George Sand 1804-1838*, Nouvelles Éditions Latines, Paris, 1954, p.275.

49　アドルフ・ゲルーの生涯は、彼の死に際して著された以下の回顧録に詳しい。Publiées par les membres du conseil institué par Enfantin, *Œuvres de Saint-Simon & d'Enfantin*, t.28, E.Dentu, Paris, 1865-78, pp.V-XCL.

50　書簡のやり取りが中断した原因は、ゲルーが『デバ』紙のスペイン特派員や、メキシコとルーマニア北東部のモルダビアの領事として1848年まで赴任したことの他に、サンドと不仲になったことが挙げられる。ウラジミール・カレーニンは、ゲルーがサンドの男装を批判したり、彼女に言い寄るなどして、サンドの私生活に干渉し過ぎた結果、不仲を招いたと指摘している。Wladimir Karénine, *op.cit.*, t.2, p.181.

51　George Sand, *Correspondance*, t.3, *op.cit.*, p.115.

52　ジョルジュ・サンドとサン＝シモン主義との関係については、以下の書物に詳しい。Jeanne Goldin, "Le saint-simonisme", *George Sand Une Correspondance*, Christian Pirot, Saint-Cyr-Sur-Loire, 1994, pp.163-91; Philippe Régnier, "Les saint-simoniens et George Sand", *Autour de George Sand. Mélanges offerts à Georges Lubin*, Centre d'étude des correspondances des XIXe et XXe siècles et Faculté des lettres et sciences sociales de l'Université de Brest, Brest, 1992, pp.55-73; Pierre Vermeylen, *Les idées politique et sociales de George Sand*, Edition de l'Université de Bruxelles, Bruxelles, 1984, pp.177-81; 前掲書『サンド―政治と論争―』25-26頁。

53. George Sand, *Histoire de ma vie*, t.2, *op.cit.*, p.118.（前掲書『我が生涯の記』2巻 572頁.）
54. *Ibid.*, p.213.（前掲書『我が生涯の記』3巻 46頁.）
55. George Sand, *Correspondance*, t.3, *op.cit.*, p.527. 1836年9月8日のサンドの書簡は、男性の服装を身に着け、滞在地のジュネーヴで過ごす彼女の様子を伝えている。*Ibid.*, p.548.
56. サンドが1842年から1843年にかけて著した小説『コンスエロ』には、主人公の歌姫コンスエロがボヘミアからウィーンまで少年の恰好をして旅をする場面があり、その服装は何ものにもかえがたい自由への賛歌であるとされている。(坂本千代『愛と革命―ジョルジュ・サンド伝―』筑摩書房 1992年 50頁.) この場面には、男装によって、女性が周囲の男性から身を守り、盗賊の被害を避けるなどの旅行をする上での当時の習慣も反映されていたものと思われる。
57. Suzanne Voilquin, *Souvenirs d'une fille du peuple ou La saint-simonienne en Egypte*, François Maspero, Paris, 1978, p.348. 男性サン＝シモン主義者シャルル・ランベールが、1835年9月22日に記した書簡には、女性サン＝シモン主義者たちがエジプトでズボンを着用していた様子についての記述がある。*Lambert au Père, 22 septembre 1835.*, Ms.7739, Br.43-45, Fonds Enfantin, Arsenal.
58. Rudolf M. Dekker, Lotte C. van de Pol, *The Tradition of Female Transvestism in Early Modern Europe*, *op.cit.*, p.27.
59. 前掲書『ジョルジュ・サンド評伝』92頁; 駒尺喜美編『女を装う』勁草書房 1985年 143頁.
60. George Sand, *Correspondance*, t.9, *op.cit.*, p.700.
61. *Ibid.*, p.720.
62. George Sand, *Correspondance*, t.8, *op.cit.*, p.95. シャツに関しては、1850年8月末の書簡にも記述があり、パリへ何日間か滞在しに行く予定であるのに、綺麗なシャツが1枚もないとサンドが嘆いている様子がうかがえる。George Sand, *Correspondance*, t.9, *op.cit.*, p.674.
63. George Sand, *Correspondance*, t.7, *op.cit.*, p.578-79.
64. 前掲書『サンド―政治と論争―』43-47頁.

第3章　作品にみる女主人公の異性装

1830年代の小説における服飾描写

　サンドは実生活で男装を行っただけではなく、彼女の創作活動において、女性の主人公が男物の衣類を身に着けて登場する小説を著している。さらにサンドの小説には、女主人公が、その服装や着こなし、振る舞いによって、まるで男性であるかのような印象を与える場面も存在している。とりわけ1848年に執筆された田園小説『愛の妖精』の中で、女主人公ファデットが近所に住む友人のランドリーから服装や行動について次のように諭される場面は、ファデットがサンドの少女時代を模したこともあり、有名なものである。

　　なぜ16歳の娘としての扱いをあなたが受けないのか、その理由を言ってみようか。あなたの態度や物腰には全く娘らしいところがなく、全てが男性のようだからだよ。そして身なりも気にしないからだね。第一に、あなたは清潔で、きちんとしていないし、服装と言葉づかいによって、自分を醜く見せているんだ。子供たちが「こおろぎ(肌の色が黒く、動きがすばしっこい上、器量のいい娘ではなかったため)」よりも不愉快なあだ名であなたを呼んでいることはわかっているだろう。彼らはよく「おとこおんな」ってあなたを呼んでいるじゃないか。いやはや、16歳の娘がまだ少しも娘らしくないなんて、あなたは良いと思っているのかい？　栗鼠のように木には登り、牝馬に飛び乗れば、

手綱や鞍もなしに、まるで悪魔のようにめちゃくちゃに馬を走らせる。丈夫で、身軽な身体や何も恐れない気持ち、それらは男性の性質としては長所になるよ。でも女性にとっては、余分なものは余計なものだよ[1]。

　このように女主人公が身なりを気にせず、男性と同様に日常生活を送るという物語の題材は、サンド自身の男装経験は勿論、実に身近な例から彼女が展開させたものであると思われる。たとえば、1837年12月末のサンドの書簡には、「娘のソランジュにズボン pantalon を作るため、息子のモーリスのズボンと同質で、同量のビロードを送ってくれることを仕立屋タボーにお願いします。…そのズボンは、モーリスのものより短く、でもよりゆったりとしたもので、彼のズボンと同じくらいの布地が必要です」[2]と記されており、サンドが自分の娘に少年の恰好をさせて、育てていた事実がうかがえる。この書簡は、12月の寒い時期に、医者のギュスターヴ・パペへ宛てられたものであった。ソランジュが厚着を嫌い、よく風邪を引いていた点を考慮に入れれば、彼女の場合は、寒さを防ぎ、風邪を予防するなどの主に健康面での理由から男装をさせられていたようである[3]。またサンドの親代わりであった知人の家庭においては、男の子を望んだにもかかわらず、女の子しか持てなかった父親が、4人の娘たちに男装をさせていた。ズボンと銀色のボタンが付いた赤いジャケットを身に着け、見た目は悪戯好きで、勇敢な小さな兵士のようであったと評される彼女たちの恰好に、父親が満足している様子もサンドは目にしていた[4]。

　サンドの作品中の服飾描写に関しては、『愛の妖精』以外にも、女主人公が『レリヤ』においては男物の衣類を着用し、『モープラ』においては乗馬服を着用している事実から、サンドは多くの作品において、女性の主人公に男性的な側面を付け加える傾向にあったのではないかと考えられている[5]。2000年には、フランソワーズ・マサルディエ＝ケニーが著した『ジョルジュ・サンドの小説におけるジェンダー』の中で、小説『ガブリエル』と『ナノン』における女主人公の異性装が果たす役割について、若干の考察が

なされている。『ガブリエル』については次節で詳述するが、1872年に出版され、サンドの最後の小説となった『ナノン』では、犯罪行為を犯す男性から身の危険を回避するため、女主人公が少年の恰好をしている。その恰好は、男性の性的な欲望の対象になることを恐れた女性が、女性性の不可視化を試みたものであると指摘されている[6]。また、2009年に刊行されたフランソワーズ・ギルバートの著作『ジョルジュ・サンドの小説における変装』は、サンドの五つの初期作品『ローズとブランシュ』・『アンディヤナ』・『レリヤ』・『ガブリエル』・『コンスエロ』を取り上げ、小説の構造や語りの調子から、女主人公の変装場面を分析している。彼女によれば、変装を行う女主人公は三つのタイプに分類され、一つ目が、幸福追求のため、男性の愛情に従うロマンティックな女主人公であり、二つ目が、自己のアイデンティティを模索し、確立しようとする気概に満ちた女主人公、そして三つ目が、人道主義的な使命感を持つ芸術家や芸術家気質の女主人公である。次節で扱う女主人公ガブリエルは、二つ目のタイプに該当し、サンドが家父長的な社会システムや長子相続、両性の不平等、ジェンダーカテゴリーを批判しながら、ジェンダーの恣意性を暴くためには、女主人公の変装は必要不可欠な措置であったとされる[7]。上記の論考のように、近年、異性装やセクシュアリティに着目して、サンドの作品を読み直す作業は着実に進められている。けれども、検討すべき事項は少なからず残されているため、本章では、女主人公の服装が作中で果たす役割、およびその服装が持つ象徴性に関して、個別具体的かつ詳細な分析を加えていきたい。言い換えるならば、サンドが日常生活で頻繁に男装を行っていた1830年代に執筆された作品、とりわけ対話式小説『ガブリエル』を中心に、女主人公の服飾描写を通して、サンドにとっての異性装が何を表象し、彼女の思想をいかに反映していたかについて明らかにしたい。

　ジョルジュ・サンドの筆名で刊行された最初の著作『アンディヤナ』は、1832年5月19日に出版されるやいなや大反響を巻き起こした小説である[8]。この小説は、フランスの植民地ブルボン島の出身で、クレオールの女主人公アンディヤナが、真実の愛を求めて奔走する姿を綴った物語である。物語に

は、アンディヤナより40歳も年上の元軍人で、退役後は工場経営者として成功を収めている彼女の夫デルマール、そしてアンディヤナを誘惑し、恋人となるも、結局は彼女を裏切り、別の女性と政略結婚する社交界の寵児レイモン、さらにブルボン島でアンディヤナとともに育った従兄弟で、幼い頃から彼女を密かに恋い慕ってきたイギリス貴族のラルフという3人の男性が登場している。要するに、小説『アンディヤナ』とは、妻を奴隷のように扱う暴虐な夫デルマールとの結婚生活においても、また女性の弱さを好み、女性を征服することだけに情熱を傾ける不誠実な恋人レイモンとの恋愛においても、虐げられ、抑圧され、男性と対等な存在として扱われなかったアンディヤナが、最後に保護者的立場で常に彼女を見守り、献身的に彼女を支え続けていくラルフのもとへと辿り着き、ブルボン島で幸せに暮らすまでの軌跡を記した作品である。中でも、妻であるアンディヤナが、威圧的かつ専制的なデルマールの振る舞いに耐え忍ぶも、ついには病気になった夫を見捨てて、不幸な結婚生活からの脱出を計る場面には、当時の結婚制度および民法への痛烈な批判が込められているとされる[9]。

　ここで、当時の結婚制度に関して簡単に触れておくと、1804年3月21日に公布された「民法典 Code civil des Français」の存在を忘れることはできない。この民法典が、1807年9月3日に「ナポレオン法典 Code Napoléon」と名称を変更したことの他に、公共の安寧と社会秩序を保つには、家族関係の安定的維持、および家族の強力な結合が必須の条件として、夫や父親に絶大で、絶対的な権力を認めたことは、つとに知られている[10]。民法典において結婚制度への言及がなされているのは、第1篇「人」の第5章「婚姻」の項目であり、それは全8節、85箇条から成り立っている。とくに、第6節「夫婦の相互の義務および権利」に含まれる以下のような条文によって、夫婦間での不平等や夫と妻の従属関係、妻の無能力者としての立場は、法的な根拠を持つことになった[11]。

　　　第213条：夫はその妻に保護の義務を負い、妻はその夫に服従の義務を負う。

第214条：妻は夫とともに居住し、夫が居住するに適当と判断するところにはどこでも夫に従う義務を負う。夫は妻を受け入れ、かつその能力およびその状態に従って生活の需要のために必要な全てのものを妻に供与する義務を負う。
　第215条：妻は公の商人である時でも、または共通財産制でない時でも、または別財産制である時でも、その夫の許可なしには、裁判上の行為を行うことができない。
　第217条：妻は、共通財産制でなくても、または別財産制であっても、行為における夫の協力なしに、または書面によるその同意なしに、贈与し、抵当権を設定し、無償もしくは有償名義で取得することができない[12]。

　213条で明示された妻の夫への服従義務や妻の従属的地位は、214条では一方的な同居義務、215条では訴訟能力の否認、217条では民事上の行為能力の否定といった形で、妻の権利を具体的に承認しないことにより、裏付けられていったのである[13]。これらの条項は、1938年と1942年の二度の改正を経て、夫権の撤廃と妻の無能力の規定が廃止されるまで、生き続けることになった。またフランスでは、1792年9月に初めて離婚を承認する法律が成立し、民法典でも、その条件は厳格に定められてはいたものの、離婚は認められていた。しかし、カトリックを国教とする王政復古体制に伴って、1816年5月8日に離婚制度は廃止されてしまった。七月王政期には再三にわたり、離婚制度の復活を求める提案がされたにもかかわらず、その度に否決され、結局1884年7月27日の法律で制定されるまで、フランスで離婚制度が復活することはなかったのである。当時の結婚制度における男女間の極端な不平等は、夫に絶対的な権力を認め、妻を法的無能力者に位置づけた民法典の条文、および離婚制度の廃止に基づくものであったと言えよう[14]。

　夫婦関係を主従と見なすこの民法典の条文を体現したかのような行動をしていたのが、アンディヤナの夫で、帝政派のデルマールである。先にも触れたように、夫のもとから逃亡し、新たな恋に生きようとする妻の姿が描き出

されていることから、小説『アンディヤナ』は、結婚制度や社会の偏見に苦しむ女性の解放への叫び、さらには、結婚における両性の平等を要求したフェミニスト、サンドの第一声などと言われている[15]。サンドの著作が当時の結婚制度における女性の隷属状態を批判したものであったことは、1839年6月30日の『シャリヴァリ』紙に掲載されたオノレ・ドーミエの諷刺版画からもうかがえる。この諷刺版画は、石版画家ドーミエが1839年5月から1842年10月まで制作した《夫婦百態 Mœurs conjugales》と呼ばれる60点のシリーズの中の、6番目の作品である(図I-4)。版画下には、「まったく君たちのサンド夫人なんか大馬鹿だ。夫人のせいで女性たちはズボンを繕いもしない。そのため、足下の部分は綻びたままだ。離婚を復活させるか、あの作家を抹殺するかしなければなるまい」[16]という文章が添えられている。そこには、サンドの作品を読み、強い影響を受けた妻が、結婚制度における両性の平等を求めてか、裁縫仕事をしなくなったことへの夫の不満が表現されている。

　小説の中で、女主人公アンディヤナは、小柄で華奢な、可愛いらしい妖精

図I-4　オノレ・ドーミエ《夫婦百態6》1839年6月30日付けの『シャリヴァリ』紙

のような 19 歳の娘であるが、顔は青白く、どこか物悲しい雰囲気で元気がなく、弱々しい。そのような普段のアンディヤナに対する印象を一変させるのは、「女性用乗馬服 amazone」を身に着けた彼女が、馬に乗って、狩りを楽しむ場面である。乗馬服姿のアンディヤナについては、「小さな帽子から、黒髪の巻き毛がはみ出していた。この被り物が、アンディヤナを魅力的にしており、上から下までボタンが付いたラシャ地のドレスは、すらりとして、しなやかな身体つきをはっきりと浮かび上がらせていた」[17]と記されている。当初、アンディヤナの乗馬服姿に、レイモンは「ばんざい」と叫び出したい気分になるほど感動し、彼女の美しさにありとあらゆる世辞を送った。しかしながら、アンディヤナとラルフの共通の趣味である狩猟に、唯一の情熱を傾ける彼女の姿をレイモンが目撃した際、彼の感動は一転して、以下のような恐怖に変化する。

　非常にはかなく、見かけは内気そうなこの女性の中に、男性以上の勇気が、最も弱い存在に時折、神経発作のように現れる一種の常軌を逸した大胆不敵さが、宿っていようとはレイモンには全く思いもよらないことであった。…レイモンはアンディヤナがこのように馬で駆ける姿を見て、怯えてしまった。まだよく知りもしない馬の血気盛んなさまに恐れることなく彼女は身を委ね、低木の中に大胆にも馬で突っ込み、馬の突進によって、彼女の顔を叩き付けてくるしなやかな木の枝を驚くべき巧みさで避け、ためらいもなく溝を飛び越え、粘土質で地盤のゆるい地面にも自信を持って踏み込み、ほっそりとした肢体が折れることをも気にかけず、ただ真っ先に猪が通って煙の立った場所へ辿り着こうとして、馬を走らせている。これほどまでの勇敢な態度はレイモンを怖気づかせ、彼はデルマール夫人に対して危うく嫌気を起こすところであった。男性、とりわけ恋人というものは、女性たちの勇気を賞賛するよりも、彼女たちの弱さを保護したいという無邪気な自惚れを持っているのである[18]。

アンディヤナの乗馬服は、女主人公の美しさを通常の装いよりも引き立たせると同時に、彼女の内面に存在する男性以上の勇敢さや果敢さを知らしめるための契機を与える役目を担っている。アンディヤナのことを理解し、深い愛情を寄せるラルフは、彼女に馬を買い与え、乗馬や狩猟を勧める。その一方で、遊戯的な恋愛を楽しみたいレイモンは、彼女の乗馬姿から、危険をものともしない大胆不敵で、頑強な態度を恋愛においても行使するのではないかと想像して、怯える。二人の男性の態度の相違は、アンディヤナとレイモンの恋愛が幸せな結末を迎えないであろうことと、ラルフこそが彼女に相応しい相手であることを暗示していると言えよう。

女性用乗馬服は、サンドとその夫との別居協定が法律上で成立した1836年をまたいで執筆され、1837年に発表された小説『モープラ』にも、女主人公エドメの服装として登場している。歴史小説や社会小説の要素を含んだ長編の恋愛小説『モープラ』は、悪名高き封建領主のモープラ一族が、争いの末に崩壊していく過程を軸とした物語である。この物語には、狩猟や略奪行為に明け暮れる山賊まがいの生活を送っているモープラ一族の成員として、青年ベルナール・モープラが登場し、彼は変わらぬ忠実さをもって従姉妹エドメを愛し続ける。それゆえ、『モープラ』は、ベルナールとエドメの姿を通して、サンドが理想とする永遠の愛の形を表現した作品でもある[19]。また作品では、殺人や略奪、拷問に関する以外のいかなる知識や教育も授けられずに成長したベルナールが、明るく健康的で、高い教養を有するエドメと恋に落ち、彼女からの多様な教えや導きによって、知的にも、人格的にも立派な人間へと変貌を遂げるありさまが描き出されている。このように男性以上に理知的な女性が、男性をより良い方向へ先導する役目を担うという事例を示すことによって、サンドは作中で、女性の劣等性を否定し、女子教育の充実の重要性を訴えていると理解される[20]。

小説『モープラ』において、最も印象的なエドメの恰好と思われるものが、彼女がベルナールと初めて出会った際に着用していた服装で、彼が「風変わりな服装」と称した「女性用乗馬服 costume d'amazone」である。ベルナールは初対面のエドメに対して、「非常に若くて、美しいこの娘が、これまで他

のどんな女性にも決して見出せなかった落ち着きや率直さ、慎み深さを持ち合わせているのを眠たい目をこすって、目にした時、私は夢を見ているかのような気分であった」[21]と感動を覚えた。そして彼は、彼女の美しさを天使になぞらえ、絶賛した。そのエドメの美しい姿とは、彼女が次のような女性用乗馬服を身にまとった恰好であった。

　　エドメがどのような服装をしていたかを言はねばなりませんね。この夜以降、彼女は決してこの服装を再び身に着けませんでしたが、私はこと細かにそれを覚えています。…今なお、あの当時、流行していた女性用乗馬服を着用した彼女の風采が目に浮かんでくるようだよ。その服装は、非常にゆったりとしたラシャ地のスカートと、身体を締めつけるほどの真珠のボタンが付いた灰色の繻子のチョッキ、そして身体を覆う赤いショールとから成っていました。上には、丈が短く、前開きで、飾り紐が付いた狩猟用の上着を身に着けていて、つばの大きな灰色のフェルト地の帽子は、額の部分で捲くれ上がっており、赤色の羽根飾りが6本ほど付いていました。髪粉を振りかけていないエドメの髪の毛は、顔の周りに巻き上げられ、2本に長く三つ編みされて後ろへ垂らしてあり、…彼女の髪の毛が非常に長かったため、ほぼ地面に触れるほどでした[22]。

エドメは乗馬を嗜む女性であり、ベルナールが「その時まで、私にとっての美しさとは、一種の男性的な勇敢さを備えた若さと健康でした。女性用乗馬服を着用したエドメは、初めて会った時、少しこのような様子を見せていました。」[23]と述べているように、彼女が乗馬服を身に着けた姿は、野生児ベルナールの考える特有の美しさに適っていたのである。また美しさと男性的な勇敢さとが女性用乗馬服と結び付いている点は、アンディヤナの場合とも共通している。男性的、さらには男性以上の側面を女主人公に付与する機能を持つことや、そのきっかけを与える働きをすることを考慮に入れれば、サンドは、自身の作品の中で、「女性用乗馬服 amazone」を男装と同様の役割

を果たすものとして使用していたと言えるのではないだろうか。そもそも、女性用乗馬服を意味する「アマゾン amazone」ということばは、カッパドキアのテルモドン河岸に住み、勇敢に戦って、小アジアで領土を拡大していった女人族の呼称であり、それが転じて、男性のような習性を持つ勇壮な女性という意味がある[24]。さらにサンドは、前章で触れたように、自伝の中で、「当時、作男の馬の尻に乗る以外で、どんな地方の女性もあえて乗馬はしなかった。徒競走用の男の子の服装だけではなく、女性用乗馬服と丸い帽子でさえ、唾棄すべきものであった」と述べている。サンドのこのことばからも、たとえ女主人公がドレスやスカートから成る女性用乗馬服を着用していたとしても、それは彼女にとって異性装と同義であったと思われる。

　男装そのものが、他の女性たちとは異なる女主人公の美しさや特性を際立たせるために用いられたのは、1833年7月31日に初版が出版され、1839年に改訂版が刊行された小説『レリヤ』においてである[25]。長編の告白小説『レリヤ』は、厭世的で虚無的な上に、極度の憂鬱症である女主人公レリヤと、彼女を情熱的に恋い慕う詩人ステニオとの恋愛の悲劇を記した作品である。この物語では、人間の無力感に苛まれたレリヤの現実世界に対する苦悩や絶望に加え、悲観的で、高い自尊心がゆえに、彼女の姉妹で、高級娼婦のピュルシェリのようには享楽的に生きられないレリヤの姿が、全編にわたって綴られている。ステニオに目を向けてみても、自身の恋心をレリヤに受け入れてもらえないばかりか、姉妹が入れ替わる悪戯で、彼女と相思相愛の仲になったと騙された挙句、真実を知って自暴自棄になり、湖で自殺してしまうという報われない運命を辿っている。さらに物語の結末は、ステニオの遺骸に泣きながら口づけるレリヤの姿を見て、彼女に思いを寄せる修道士が嫉妬に狂い、レリヤを思わず絞殺するという残酷なものであり、救いようがないほど悲惨である。けれども、その悲劇的な内容以上に、1833年版の『レリヤ』が世間の注目を浴び、文壇で賛否両論を呼んだ理由は、サンドが作中で独身女性レリヤの「冷感症・不感症 frigidité」をほのめかし、性交によって快感や快楽を得られないなどの女性の性に関する問題を扱ったからであった。読者の多くが、性的な事柄に言及した主人公レリヤと作者サンドのイ

メージを混同して捉えた結果、「レリヤ」はサンドの代名詞になったとも言われている[26]。

小説の第1部14章では、富裕な音楽家スピュエラの催した懐古趣味的な舞踏会に、レリヤは男物の衣服を着用した姿で登場する。会場の階段にある青銅の古い柱へ身をもたせかけ、遠巻きに舞踏会の様子を眺める彼女は、以下のような黒色と白色から成る男性の恰好をしていた。

> レリヤもまた特徴的な服装を身に着けていたが、彼女は自身のように気高く、陰鬱な服装を選んでいた。すなわち、地味な恰好をしていたのである。…レリヤの黒いマント manteau は、眉下の彼女の大きな眼ほど黒くはなく、ビロードほどの柔らかい感触ではなかったようである。彼女の艶のない白い顔や首は、同色の大きな襞襟の中に埋まってしまっていた。そして、うかがい知れないレリヤの胸から吸ったり、吐いたりされる冷たい息によって、黒繻子でできた彼女の男物の上着 pourpoint や胸上にある金鎖の三段飾りは、上下することすらなかったのである[27]。

ステニオが師と仰ぐ賢者トランモールは、舞踏会でレリヤの男装を目にした際、彼女をシェークスピアの自由闊達で勇敢なロミオや詩想豊かなハムレットであると同時に、傷ついた恋愛の思い出を抱える半死のジュリエットにたとえ、両性具有者のように捉えた。トランモールは、「全ての詩人の才能と英雄の偉大さとを集成したレリヤは、理想の総体です。レリヤにこれらの名の全てを付与することができます。レリヤという名は、神の前で最も崇高で、調和のとれたものでしょう! 彼女の明晰で純粋な頭や広くしなやかな胸には、全ての偉大な思考と高潔な感情とが内包されています」[28]とステニオに述べ、男性の恰好をしたレリヤよりも完全な存在など想像できないと感嘆の声を上げた。他方で、ステニオは、男装したレリヤの冷たい雰囲気や青白い顔から、彼女が美貌も、豊かな才能も、財力も兼ね備えているのに、愛情だけを持ち合わせていないことを痛感し[29]、「レリヤとは何なのでしょう

か。せいぜい幻で、夢想で、想念です。愛のないところに、女性はいないのです」[30]とトランモールに反論した。要するに、レリヤの男装は、両性具有的な美の理想像を表象している反面、男性の属性をも有した美しさによって、女性としての愛情が彼女には欠如している点を強調するものになっていたのである。

　1830年代に執筆された小説『アンディヤナ』と『モープラ』では、女性用乗馬服が女主人公に美しさと果敢さを付与する役目を担い、『レリヤ』では、女主人公の男装が両性の側面を備えた理想的な完璧さを示すと同時に、女性としての不完全さを顕在化させる役割を果たしていた。しかしながら、これらの異性装は、全て女主人公の固有な美しさや性質といった個人的な特徴を反映するに留まっているように思われる。サンドにとっての異性装がさらに多様で、社会的な事象を象徴するようになるのは、1840年に刊行された対話式小説『ガブリエル』においてである。

対話式小説『ガブリエル』

　サンドは、スペイン旅行からの帰途、マルセイユへと立ち寄った1839年4月の初めに、4000フランの旅費を捻出するため[31]、対話形式の小説 roman dialogué を執筆している。その作品こそが『ガブリエル』であり、この小説は1839年7月1日と15日、そして8月1日の3回にわたって『両世界評論』誌に掲載された。サンドは『ガブリエル』を、女性が最も重要な役割を演じ、哲学的かつ神秘主義的で、劇的な形式を有した小説であると評している[32]。またバルザックが、「シェークスピアの戯曲のようであり、ぜひ劇場で上演すべきである」[33]と『ガブリエル』を絶賛したこともあってか、1851年にはポルト-サン-マルタン劇場で、1853年にはオデオン座で、『ジュリア Julia』という別のタイトルで戯曲としての上演が試みられている。結局、舞台監督との不和や上演時間の長さ、さらには配役と舞台装置へのサンドのこだわりなどが原因で実現しなかったものの[34]、とりわけ、彼女が女主人公

ガブリエルを演じる役者に拘泥していた様子は注目に値する。ガブリエルを演じる役者には、観客に大きなお尻を見せ、あたかも変装した女性であるという雰囲気を持つ人物ではなく、見かけで観衆を騙せるような、「特別な外見 spécialité d'apparence」が要求されていた[35]。

では、小説『ガブリエル』とは、具体的にどのような作品であったのだろうか。小説の構成は、プロローグから2部までの前半三部と、3部から5部までの後半三部の全六部から成っており[36]、物語の舞台は、1630年代のイタリアではないかと推察されている[37]。作品では、祖父の計略により、男性として育てられた主人公の女性ガブリエルが、従兄弟との恋愛や不幸な結婚生活を経て、殺害されて亡くなるまでの悲劇的な人生が描き出されている。また作中で、ガブリエルの名前が「Gabriel（男性形）」、もしくは「Gabrielle（女性形）」と記され、ガブリエルを指し示す人称代名詞が「il（彼）」、あるいは「elle（彼女）」と変わることからも明らかなように、主人公は男性になったり、女性になったりと各場面で性別を変化させる[38]。この性別の変動こそが、小説『ガブリエル』の主題であり、そこには服装が介在している。女主人公が幼少期から思春期にかけて男物の衣類を身に着け、男性としての教育をほどこされる点に加え、女性として不幸な結婚生活を経験したことが異性装を再び行う動機になっている点など、彼女の境涯からは、サンドの境遇とあまりにも似通った部分が存在している。それゆえ、1854年9月21日にサンドが追記した『ガブリエル』の小序文において、「『ガブリエル』は、その形式と与件から純粋な幻想に属するものである。芸術家たちの空想が、彼らの境遇と直接的に結び付くことは稀である。少なくとも、彼らの空想と実生活での気がかりとが同時性を持つことはない」[39]と断りを入れ、サンドはガブリエルのモデルが自身ではないことを訴えている。

いずれにせよ、作者と女主人公の共通点が少なからず存在する興味深い作品であるにもかかわらず、これまで小説『ガブリエル』は、男性として育てられた女性を主人公とする物語ということ以外に取り立てて顧みられる作品ではなく、サンドの著作の中でも軽視され続けてきた。近年になって、小説が英語に翻訳された影響もあり[40]、女性性に関する彼女の考えが最も表れた

作品の一つとして見直され始めてきている[41]。先述したフランソワーズ・マサルディエ=ケニーによる著作の第4章では、『ガブリエル』の中で異性装が果たす役割について、祖父や従兄弟との関係を通して考察された[42]。そして彼らによって強いられたガブリエルの異性装は、男性の命令や権威に服従する証になっていることが指摘された。つまり、マージョリー・ガーバーの異性装は男性と女性、男らしさと女らしさといった二極対立的な文化の構造を危機に陥らせるための手段であるという定義に対し、マサルディエ=ケニーは異性装が二極対立的な社会や文化の構造を強化させる手段に成り得ることを、ガブリエルの異性装を例に主張したのである。他方で、サンドの小説における書記上の技法や服飾描写に関して、変装をテーマに論じたフランソワーズ・ジュヌヴレイは、ガーバーの定義に同じく、ガブリエルの異性装は両性の相違が自明であることへの否定として働くのではなく、規範的な既与の権威を不安定にし、性別二元論に対する視点の変更を促すものとして働いている点を強調している[43]。また主人公の服装とジェンダーアイデンティティが必ずしも一致していない上に、身体描写が欠如していることから、性的なアイデンティティを定義するものは、服装でも、身体でもないというサンドの警告が作中に込められているとされる[44]。ここでは、上記の論考を踏まえ、『ガブリエル』における異性装の役割と意義を、女性以上の存在という表象に着目して、さらに詳しく語っておきたい。

1. 劣等的立場の表象

そもそも、女性であるガブリエルが男性として育てられた背景には、彼女の祖父とその共謀者である家庭教師との企みが存在していた。というのも、男性から男性へしか遺産は相続することができないという法律の下で、孫娘のガブリエルに遺産を相続させ、名門ブラマント家を存続させていきたいと彼らが願ったからである。本来ならば、ガブリエルの父ジュリアンが病気になり、若くして亡くなった際、叔父のオクターヴがブラマント家の次の当主を祖父から引き継ぐことになるはずであった。けれども、オクターヴよりもジュリアンに強い愛情を抱いていた祖父は、オクターヴや彼の息子アストル

フよりもジュリアンの娘ガブリエルの方が遺産の相続人に値すると感じていた[45]。その結果、人里離れた土地でガブリエルはジュリアンの息子に仕立て上げられ、家庭教師が祖父に「ガブリエルはごく幼少の頃から、自然や社会の中で男性は偉大な役割を果たし、女性は卑しい役割を果たすという考えに馴染んできました」[46]と告げているように、男性は力強く、自由であり、女性は弱く、隷属化されるといった家庭教師が考える男女の特性を幼少期より刷り込まれて育ったのである。

実際、プロローグの第4場で「当世風の狩猟用の衣服 habit de chasse を身に着け、長髪の巻き毛を乱し、乗馬用の鞭を手にした姿」[47]で登場する17歳のガブリエルは、家庭教師の教育によって、ラテン語やギリシア語、文学や歴史、哲学に精通し、激しい運動や狩り、剣術などを好む祖父のもくろみ通りの誠実な青年に成長していた。ガブリエルは離れて暮らす祖父に一人の立派な青年として認めてもらうことだけを願い、家庭教師に対しては、「女性！ 女性！ どういう意図であなたが常に女性について私に話すのかがわからないのです。私としては、あなたがしばしば私に示そうとするように、私の魂が女性であるとは感じません」[48]と主張している。その一方で、ガブリエルは、実は自分が女性であるという夢を見たりもしている。夢の中で、ガブリエルは、「はためく長いドレス robe を着用し、花の王冠を被った若い娘」[49]であった。この夢のことをガブリエルが家庭教師に話した際、家庭教師は彼女が誕生するやいなや祖父によってめぐらされた計略について思わず打ち明けてしまう。ついにガブリエルはそれとなく察してはいたのだが、無視し続けていた事実、すなわち、女性として生まれたものの、ブラマント家の遺産相続人に仕立て上げるべく男性として育てられたことを知ってしまう。事実を知ったガブリエルは、以下のように家庭教師に述べ、遺産の相続法を痛烈に批判した。

　　この男性から男性への遺産の相続は、きっと厄介で、不公平な法律なのだろうと思います。いくつもの分家の間での絶えざる所有の置換は、嫉妬の炎に火をつけ、恨みを掻き立て、近親に憎しみを引き起こ

し、父親に娘を嫌悪させ、女の子が誕生した母親に恥ずかしい思いをさせるだけです。われ何をか知る！ 野心と貪欲とが一体となり、ひもじい猟犬の群れのように寄せ集められた家族を、貴族世襲財産の奪い合いへと駆り立てるに違いありません。それが、人類の恥やおぞましさとなる罪を引き起こしていることを私は歴史から学びました。いやはや、親愛なる先生、あなたはこれと同じように私を見なさなければならないのですね[50]。

　女性として生まれたからには、財産も親族の愛情も放棄すべきものであるのに反して、それらを当然のごとく手にしている自分が呪われた人間であるかのように、ガブリエルには思われた。しかし、祖父のもくろみが彼女に露見した後も、10年ぶりに再会を果たした祖父の態度は変わらなかった。さらに彼は、ガブリエルに次のように言い募った。

君侯の輝かしい境遇か、修道院での永遠の捕虜生活か、どちらかを選びなさい！ あなたはまだ自由の身です。私の敵たちを大勝利させることも、あなたの名前の品位を貶め、家格を汚さしめることもできれば、私の白髪を侮辱させることをも可能なのです。もしあなたがそのような決心をしたのであれば、まずあなたの身に恥辱や貧困が降りかかってくることをよく考えなさい。そして最も愚劣な本能を満足させることで、その行いがこのような失墜の恐怖をも招くとしたら、それは見合ったことだろうかを判断しなさい[51]。

　このことばに憤ったガブリエルは、祖父への復讐を果たすと同時に、自身の罪への償いとなる行為を思案し、自分よりも貧しい生活を送る従兄弟のアストルフを捜し出して、彼と平等に遺産を分配することを思い立つのである。
　第1部は、毎晩のように馬鹿騒ぎや喧嘩をし、借金を抱えるならず者で、放蕩者として評判になっていたアストルフを、ガブリエルが居酒屋で見つけ出すところから始まっている。そこで彼らは、アストルフの素行が原因で、

5人の剣客に襲われ、自分たちの身を守るために殺人を犯してしまい、牢獄へ一晩入れられてしまう。牢獄の中で、ガブリエルの姿を改めて目にしたアストルフは、髭のない滑らかな顎やばら色の頬、大きくて均整の取れた額を愛しく思い、純真さと力強さとが入り混じったガブリエルの美しさに感動を覚える(図I-5)。そして令嬢さながらに美しく育った青年ガブリエルに対し、アストルフは恋い慕う高級娼婦のフォスティナ以上の愛情を抱いてしまう。一方のガブリエルは、美しい青年だが、借金を背負い、「破れた襞襟と染みで覆われた男物の上着 pourpoint」[52]というひどい身なりをしたアストルフの状態に心を痛めていた。だが、次第に、牢屋で互いの身の上を打ち明けるにつれ、アストルフも父親を早くに亡くしていることや、純朴で、快活な気風を好むアストルフがガブリエルの華やかではあるが、退屈な境遇を少しも妬んでいないことを理解していった。さらに牢屋で一晩を過ごし、釈放さ

図I-5 『ガブリエル』挿絵 (牢屋で横たわるガブリエルと、それを見つめるアストルフ)

れる頃には、ガブリエルはアストルフの親友として男性の姿のままで生きていくことに決意を固めていた[53]。

しかしガブリエルの決心は、たとえば、召使は主人の、愚者は医者の服装をするといったように、各人が自分のなりたい人物の恰好をするカーニバルの日に[54]、アストルフによって無駄なものになってしまう。彼はガブリエルに女性の扮装をさせ、美しく着飾ったガブリエルを自分の婚約者として紹介することで、フォスティナを奪った恋敵のアントニオと自分を裏切ったフォスティナに、一泡吹かせてやりたいと企んでいたのである。他方で、ガブリエルは、バラの花と葉で頭髪を飾り、ブレスレットやレースの首飾り、手袋、透ける肩掛、以前に夢で見た簡素ではあるが、凝った白い絹のドレスを身に着け、鏡の前で次のように戸惑い、自問を繰り返していた。

　　何てこの服装は苦痛を与えるのだろうか！　全てが窮屈で、息苦しい。コルセットは拷問のようで、動きづらいし！　私はあえてまだ鏡で自分の姿を眺めてはいません。衣類の仲買人ペリーヌがよこす年寄りの詮索好きな視線によって、恐怖で縮み上がっていたのです。でも、ペリーヌがいなければ、きっと女性の衣服を着られなかったでしょう。…ああ！　これが私？　ペリーヌは私が美しい娘のように見えるだろうと言っていました。本当なのだろうか？…アストルフは私をぎこちなくて、滑稽だと思わないだろうか？　この服装は慎みがない上に、袖があまりにも短い！　…それにしてもアストルフは、何と厄介な気まぐれを！　彼には単なる気まぐれでも、私にとっては非常識なものです。女性の服装を着用することへの嫌悪感にもかかわらず、これを経験してみたいという軽はずみな欲望を抑えきれなかったとは！　どんな印象を彼に与えるのだろうか？　私には優美さがないに違いない！　…おお！私は全くこのことをわかっていません。でも、女性は媚を売らずに好かれることなど不可能なのではないだろうか？[55]

このアストルフの企みは、フォスティナやアントニオが見事に騙された

め、大成功を収めた(図Ⅰ-6)。けれども、ガブリエルの女性の姿に最も騙され、魅了されていたのは、他ならぬアストルフ自身であった。カーニバルの間中、完全にガブリエルを女性であると信じ込んでいた彼は、アントニオがガブリエルと抱擁し、口づけをした行為に嫉妬して、アントニオと大喧嘩を繰り広げた後、思わずガブリエルに愛の告白をしてしまう。これに対し、ガブリエルは「私はあなたの従兄弟であり、女ではありません」[56]と応じ、二度と女性の恰好はせず、いっそう男らしく生活していくことを誓う。

しかしながら、ドレスから男物の衣服に着替える際、ガブリエルは「私が男性の服装を再び着用し、この変装をやめれば、アストルフの熱狂も冷めるでしょう。でも男物の上着pourpointを身に着けた私は、私の血潮の静けさと思考の純真さとを再び思い出せるのでしょうか。彼との最後の抱擁が、私を苛んでいます!」[57]と激しく葛藤する。その結果、着替えるのに時間がか

図Ⅰ-6 『ガブリエル』挿絵
(左がフォスティナ、中央がアストルフ、ソファに座る人物がドレス姿のガブリエル)

かり、遅くなってしまったガブリエルは、アストルフに着替える姿を目撃されてしまい、本当は女性であるという事実が発覚して、二人は結ばれる。

このように、アストルフがガブリエルを女性と認識する第2部までが、物語の前半である。ここまで、ガブリエルの服装は、明らかに周囲の男性によって指示され、それをガブリエルが受け入れるという図式で決定されている。またカーニバルにおいて、アストルフがガブリエルにさせた女性の扮装に関しては、とりわけ重要な意味が込められているとされる[58]。なぜなら、男性だと思われていたガブリエルが女性の恰好をすることは、アストルフが異性愛者ではなく同性愛者であることを曖昧にするための手段になっていたのに加え、友人であるガブリエルを婚約者に仕立て上げ、いずれは妻として自分の所有物にしたいというアストルフの男性としての欲望を象徴化していると考えられるからである。結局のところ、ガブリエルが身に着ける服装は、それが男の恰好であれ、女の恰好であれ、自らの意思や欲求に基づく個人的な行為というものではなく、男性から受ける制約の中で暮らすガブリエルの劣等的な立場を表象しているように思われる。

2. 女性以上の存在の表象

ガブリエルの名前の表記が男性形から女性形へと変化し、ガブリエルを指す人称代名詞も「彼」から「彼女」へと変わる第3部では、アストルフの所有する貧相で、荒廃した小さな館で彼らが新婚生活を送る情景が綴られている。アストルフは、ガブリエルの出自や家族構成、保有する資産の程度などの全ての素性を母親のセッティミアに隠して結婚したため、彼女はガブリエルに対して不信感を抱いていた。さらにセッティミアは、息子が嫁に夢中な姿を目の当たりにして、激しい嫉妬に駆られるとともに、その立ち居振る舞いから良家の子女であることは確かなものの、持参金がなかったガブリエルへの不満を日々募らせていた。また狩りに喜んで出かけ、誰よりも上手く馬を乗りこなし、ギリシア語やラテン語の書物をはじめとするあらゆる種類の文学作品を読破する反面、家事や裁縫仕事を満足にこなせず、信仰心が薄いために福音書を読まないガブリエルをセッティミアは快く思っていなかっ

た。その結果、セッティミアがガブリエルを罵倒したことで、アストルフが激怒し、親子の間で口論になってしまう。彼らの口論を耳にしたガブリエルは、自身が醜聞の原因や不和の源、憎しみの対象であると実感しつつも、セッティミアを先入観にとらわれ、本能を抑制できない人物に過ぎないと判断し、母親を責めず、仲直りをするようにアストルフを説得する。そして興奮して、ガブリエルにまで言い争いを仕掛けようとするアストルフに対して、彼女は以下のように述べるのである。

　このひどい侮辱が、私に衝撃を与えることはありません。だって、アストルフ、あなたが私を再び女性にさせても、私は男性であることを全くやめてはいなかったのです。女性の恰好や女性がなすべき仕事を再開したとしても、男性としての教育によって発達し、培われた精神的に偉大な天分と冷静な外観とが、私には保たれていたのです。私は女性よりも多くのものを持っており、どんな女性も私に嫌悪感や恨み、怒りを生じさせられないといつも思っています。これは傲慢なのかもしれないけれど、くだらない夫婦喧嘩によって心を乱してしまったならば、私自身の身を落とすことになるだろうと思われるのです[59]。

ガブリエルのこの発言を受け、アストルフは感動した様子で、次のように応じた。

　おお! その傲慢を失わないで、それは本当にもっともなことだよ。…褒めたたえられるべきです! 全ての女性たちを集めたよりも、あなた一人はずっと偉大だよ。あなたが望むなら、あなたの教育に敬意を表して下さい。私はというと、あなたの資質を尊重するよ。あなたが神の創造物の傑作であるためには、数奇な運命も、規範という規範すべてを逸脱した生き方も必要なかったと思っています。あなたは生まれつき全ての能力や美徳、優雅さに恵まれてきました。でも人はあなたのことを正当には評価せず、中傷するのです![60]

この会話の後、アストルフと彼の母親がこれ以上、険悪な関係になるのを防ぐため、ガブリエルは狩りや乗馬を差し控え、信教の自由に関する自分の意見は表明せず、優雅で軽薄な女性と思われないように簡素な衣服を身に着け、より家事労働に従事することをアストルフに提案する。けれどもアストルフは、自分の母親を冷酷に非難し[61]、ガブリエルに「あなたが私にしてくれた犠牲的行為、つまり女性の衣服を再び着用したこと、さらには、あなたが好み、習慣としていた活動的な生活や自由、精神の高貴な活動を放棄したことなどを忘却したならば、私はろくでなしでしょう」[62]と訴える。さらに過去の忌わしい出来事を忘れ、ブラマント家の家名や遺産に左右されず、女性として幸せに生きて欲しいと告げるアストルフにガブリエルは感銘を受け、彼らは母親の住む館を離れ、二人だけで暮らすことを決断する。

　第4部では、二人の結婚生活のその後の様子が描き出されている。アストルフがガブリエルを愛するあまり嫉妬に狂い、いつか妻を失うのではないかという恐怖心に取り付かれ、錯乱状態に陥ったため、彼らの結婚生活は破綻を来した。ガブリエルの方も、夫が妻を侮辱し、奴隷のように扱う自分たちの日常生活を「捕虜生活 captivité」と呼び、彼に以前と同様の愛情を抱けなくなっていた。またガブリエルは、彼女が男性として生活していた過去を思い起こさせる行為は何であれアストルフの機嫌を損ねるため、彼を苛立たせることがないように配慮して生活を送っていた。ついには、「現在では、私が望む時に男性でいられない状況が、私にとって辛いことを白状します。というのも、私の生活で女性の姿でいることが、久しく幸せではなかったからです」[63]とガブリエルは心中を打ち明け、妻としてアストルフとともに暮らすことを後悔するようにもなっていた。それゆえ、彼が言い争いの末に、ガブリエルを部屋に軟禁しようと試みた際、彼女は古くからの使用人と二人で馬に乗ってアストルフのもとを去った。逃亡の際、ブラマント家へ戻る気持ちもないことを使用人に伝えたガブリエルは、自らの意思で「男物のコートと帽子 un manteau et un chapeau d'homme」[64]を身にまとっていた。

　小説の最後にあたる第5部では、ガブリエルの名前の表記に男性形と女性形とが混在しているものの[65]、ガブリエルは「趣味のよい、飾り気のない

黒い衣服を身に着け、剣を脇に携えた男性の姿 GABRIEL, en homme. Costume noir élégant et sévère, l'épée au côté」[66]で登場する。アストルフとの結婚生活を捨て、ローマへと向かったガブリエルは、教皇に面会して、修道院へ入る許可を得るとともに、祖父の死後、アストルフがブラマント家の全財産を相続できるように教皇の署名入りの文書を作成してもらっていた。そしてこの文書をアストルフに手渡すため、ガブリエルは身を隠して彼の様子をうかがっていた。他方で、アストルフはガブリエルが実は自分のすぐ近くにいることにも気付かず、彼女の家庭教師と協力して、三ヶ月もの間、ガブリエルを捜索し続けていた。ただし、二人は全く違う目的から、彼女を捜し続けていたのである。アストルフは、結婚生活を続けなければ、ガブリエルが女性であるのに、遺産相続のために男性として生活してきた事実を世間に暴露すると彼女を脅してでも、ガブリエルと一生ともに暮らすことを望んでいた。家庭教師は、ガブリエルを彼女の祖父の手から救出することだけを願っていた。というのも、一族の長である祖父が、ガブリエルがブラマント家に戻らず、女性として生活していたことに腹を立て、孫の殺害を思い立ったからである。このような状況下で、男装姿のガブリエルは、カーニバルの日以来、ガブリエルの性別に疑問を抱いていたアントニオから決闘を申し込まれるも(図Ⅰ-7)、彼を返り討ちにする。その後、高級娼婦フォスティナが酒に酔ったアストルフを誘惑し、家に連れ帰る光景や、二人が口づけをする姿をガブリエルは偶然にも目撃してしまい、彼との愛が終わりを告げたことを自覚する。ガブリエルは、次のような物思いにふけり、自由を手に入れるためには自殺する以外に方法がないという考えにとらわれる(図Ⅰ-8)。

　　私の頭をもたせかけた聖域であるアストルフの胸が、汚れた抱擁で冒涜されたことをいつか忘れられるのでしょうか？ 何ということ！今後、彼は疑念に駆られるたびに、いかがわしい行為に立ち戻り、彼の唇は娼婦たちの唇で汚されることでしょう！ そしてアストルフは私をもまた汚すことを望み、私を娼婦のように扱うことを欲しています！ 彼は裁判所や人々の集まる場所に私を呼び寄せ、裁判官や群集の

図Ⅰ-7 『ガブリエル』挿絵 （左がアントニオで、右が男装姿のガブリエル）

面前で、警官に私の男物の上着 pourpoint を引き裂かせることを願っているのです。アストルフの財産権や権力の証拠として、彼だけが打ち震えるのを目にしたこの女の胸が、全ての人々の視線にさらされることを彼は望んでいます！ おお！ アストルフ、あなたは間違いなく今はそのように思っていないけど、時がきて、どうしようもなくなったあなたは、非常に些細なことのために、躊躇したりはしないでしょう！ よし！ 決めた。絶対に私はこの最後の侮辱に応じません。侮辱に耐えるぐらいなら、むしろ私の胸を見るであろう人々が怯えるまで、胸を引き裂き、めちゃくちゃにしてやる。誰も私の裸を見て、薄笑いは浮かべないでしょう。…神よ！ 私をお守り下さい！ 私はやっとの思いで、自殺の誘惑から抜け出しています！[67]

図Ⅰ-8 『ガブリエル』挿絵 (橋の上で佇むガブリエルと、暗闇に潜む暗殺者)

　結局、ガブリエルは自殺ではなく、祖父が送り込んできた暗殺者によって殺害され、使用人やアストルフ、家庭教師が彼女の死体をテベレ川に架かる橋の上で発見する(図Ⅰ-9)。悲しみに沈む使用人は「ガブリエルを殺したのは、あなただ」[68]とアストルフを糾弾し、自分の罪を認めたアストルフは狂乱状態に陥る。また家庭教師は、ガブリエルの生い立ち、および性別に関する秘密を自分たちの手で遺体とともに葬り去ってしまうことを彼らに提案する。ガブリエルの死に対して、彼らは三者三様の態度を見せ、物語の幕は閉じる。
　第4部の後半から第5部にかけて行われるガブリエルの異性装は、間違いなくアストルフとの悲惨な結婚生活から抜け出すための行為である。それは、男性として過ごしていた頃の生活や男性としての教育を授けられた事実を心の支えにするようになっていたガブリエルが、夫によって虐げられ、家

図I-9 『ガブリエル』挿絵 （橋の上で死亡したガブリエル）

庭の雑事だけに専心する妻の立場を離れ、アストルフからの束縛を受けない日常生活を手に入れることを意味している。さらに男性の服装を身に着けたとしても、ガブリエルがブラマント家には戻らず、一人で暮らしていくという選択をしたことにより、家長である祖父の命令からも解き放たれたい意図がそこには存在している。作者ジョルジュ・サンドは、結婚制度および家族制度に基づく男性による圧力が、主人公の女性の背景には一貫して働いている点をガブリエルの異性装を通して読者に意識させている。ただし、この場面での異性装について、ガブリエルが第5部の冒頭で最後の男装であると決心しているように[69]、ガブリエルの異性装は、女性であることや女性として生きていくことを捨て、完全な男性になることを望んだ末の行為ではない。言い換えるならば、最後にガブリエルが自発的に行った異性装における目的は、男性として日常生活を送り、一生を終えることなどではなく、第3部

のガブリエルの発言の中で、「女性よりも多くのものを持っている」と彼女が自負しているように、自身を女性以上の存在として保ち続け、なおかつ女性らしさという性の役割分担を否認することであったと思われる。

　ここには、サンドと性別二元論の問題、さらには彼女の女性性に対する矛盾やためらいといったものが少なからず関係していると思われる。サンドと性別二元論の問題については、近年、主に彼女の男性名の筆名や書記法と関連して、論争が起きている。というのは、イザベル・ナジンスキーが唱えるサンドは二つの性が混同・融合して、性差が消滅し、性別の不明確な両性具有者 androgyne であったという説に対して、マルチーヌ・リッドは、欠点も含め女性の性質を明白に有した上で、文学的な活動の際には男性の立場を自身に付与するというように、サンドは一つの性の中に男性性と女性性を備え、二つの性を混同していない双生性 bisexuel であったと主張し、意見を違えているからである[70]。さらに小説『ガブリエル』は、融合的な両性具有性ではなく、男女はそれぞれの性の中に、男性性と女性性とが共存していることを提示した作品との指摘もある[71]。またミシェル・ペローは、サンドはセックスを容認するものの、性差やジェンダー意識を否定したと主張している[72]。母親や祖母、恋する女である時には、サンドは女性であることを自身の幸福や誇りとし、性別による領分の分担を受け入れ、個人的次元では自らの性に満足しているとされる。その一方で、彼女は、とりわけ執筆をする際、当時の社会が規定したジェンダー観に異議を唱え、家父長制のしるしである結婚制度によって確固たるものになっていた女性の隷従を告発し、断固としてそれを拒絶したとされる。

　サンドは物語の結末で、ガブリエルという存在を消滅させるとともに、家庭教師の提案として、女性以上の存在であるガブリエルは社会から秘密裏に男性の手によって葬り去られるべきことを示している。それゆえ、マサルディエ＝ケニーが指摘するように、この物語は男性性と女性性という二元論に根ざし、女性以上の存在であるために、結局はそのどちらにもなれない悲劇的な存在がガブリエルとして描かれているように思われる。けれども物語の結末には、ジュヌヴレイが指摘するような側面も存在していると言える。

なぜなら、殺害される以前に、ガブリエルは真の自由を手に入れ、自身が侮辱されないためには自殺によって身の証を立てる以外に方法はないのではないかと思案していることから、自らの死をもって、既存の枠組みである性別二元論に対して疑問を投げかけると同時に、そもそも性別は男性性と女性性の二つだけから成るものではないという意図を示そうとしているとも考えられるからである。また主人公は、現実外の存在として地上からは追放されるものの、「ガブリエル」という名前から推察可能なように、天空で大天使ガブリエルとして再生することが暗示されており、これは、性別を越境した者への救済がなされる未来社会の到来をサンドが希求していることの表れであると言われている[73]。確かに、小説の結末からは、性別二元論に対するサンドの考えに曖昧な部分は残っている。しかしながら、ガブリエルの異性装を通して、サンドにとっての「女性以上の存在」というものを定義するならば、それは、性別二元論に基づいたものであり、男性同様の教育を受け、男性と同等の知識を兼ね備えた上で、性別役割分担を拒否する女性像を表象していることは間違いないであろう。

註

1 George Sand, *La Petite Fadette*, Garnier, Paris, 1981, pp.137-38.（引用部分は、筆者の訳出。参考 ジョルジュ・サンド『愛の妖精』宮崎嶺雄訳　岩波書店　2001年 129-30頁.）

2 George Sand, *Correspondance*, t.4, *op.cit.*, p.298. 1838年2月に一週間ほどノアンに滞在したバルザックが、ズボンを穿いたソランジュを見て、彼の恋人であるハンスカ夫人に「サンドは娘のソランジュを少年にしている。それは、よいことではない」と書き送ったとされる。*Ibid.*, p.297.

3 ソランジュはよく風邪を引いたようで、サンドに喉用シロップをもらったり、喉を痛めないため、冬の間中、首にフランネルの布を巻きつけたりしていた。また1841年11月17日にサンドがソランジュの寄宿女学校の先生ソフィ・バスカンへ宛てた書簡には、ソランジュが寒いと不平を言っているにもかかわらず、ズボン下 caleçon を穿くことを嫌がったため、綿入りの肩掛け・ニットのズボン pantalon tricoté・チョッキ・寝巻き・手袋を送ったことが記されている。George Sand, *Correspondance*, t.5, *op.cit.*, p.500-1.

4 George Sand, *Histoire de ma vie*, t.2, *op.cit.*, p.19.（前掲書『我が生涯の記』2巻 476-77頁.）

5 作家ギュスターヴ・フロベールがサンドのことを「第三の性」と1868年の書

簡で呼んだように、サンドの作品に見られる女主人公の異性装は、男性でも女性でもない、第三の性の象徴とする見方もある。前掲書「第三の性の作家、ジョルジュ・サンド」115-24頁.

6　Françoise Massardier-Kenney, *op.cit.*, p.174.
7　Françoise Ghillebaert, *op.cit.*, pp.119-66.
8　『アンディヤナ』が話題を集め、サンドを流行作家へと押し上げた背景には、イギリス趣味・異国趣味・心理小説の技法を踏まえた上でのメロドラマ性といった三つの仕掛けが物語に存在していたためとされる。前掲書『十九世紀フランス女性作家 ジョルジュ・サンドの世界 生誕二百年記念出版』23-67頁.
9　二月革命以前に著したサンドの小説が、反民法典(ナポレオン法典)の精神に貫かれていることは、次の論文に詳しい。山方達雄「ジョルジュ・サンドの女性解放論とナポレオン法典」『フランス文学研究』日本フランス文学会　1957年 34-40頁.
10　民法典の第7章「父子関係および親子関係」の条文は、法典の家父長主義的な性格を明示し、父親に対する子供の従属や母親よりも父親の意思決定が優位することなど、家族の中における父親の権威の高さを物語っているとされる。(稲本洋之助編訳『フランス民法典 第1篇―その原始規定(1804)と現行規定(1971)―』「家」制度研究会　1972年　52-53頁.) また同法では、婚姻の監督権限が制定され、男子は25歳、女子は21歳まで、父(母)親の同意がなければ結婚できず、それ以上の年齢でも、「同意催告」を父(母)へ送付する義務があったことが、親元を離れ、大都市で働く労働者たちが内縁関係を選択する一因になっていたとされる。(若尾祐司編著『家族』ミネルヴァ書房　1998年　194, 208頁.)
11　民法典において、妻が劣等的な立場や法的無能力者として規定されていたことについては、次の著作に詳しい。江川英文編『フランス民法の150年(上)』有斐閣　1957年　167-238頁; 前掲書『フランス民法典 第1篇』; 稲本洋之助『フランスの家族法』東京大学出版会　1985年.
12　前掲書『フランス民法典 第1篇』71-73頁.
13　前掲書『フランス民法典 第1篇』54頁.
14　家計は夫が掌握し、家事は使用人が行うブルジョア家族では、民法典が定める極度に不平等な夫婦関係が維持されるのに対し、妻が家計を握り、家事や育児の全般を担当する傾向にある都市労働者家族では、民法典にとらわれない生活実態が指摘されている。前掲書『家族』191-92, 220頁.
15　前掲書『十九世紀フランス女性作家 ジョルジュ・サンドの世界 生誕二百年記念出版』61, 307頁. アンディヤナとデルマールの結婚生活以外にも、亡くなった兄の代わりにした最初の結婚で、妻から少しも愛されなかったことに傷つき、常に無表情で、感情を表出しなくなってしまったというラルフの人物設定や、レイモンと資産家の娘ナンシーとの政略結婚など、『アンディヤナ』では、結婚が深い愛情に基づいたものではないことがたびたび示されている。
16　Honoré Daumier,《Mœurs conjugales n°.6》, *Le Charivari*, 1839. (阿部良雄監修『ドーミエ版画集成3 パリ生活』鈴木啓二訳　みすず書房　1994年　39頁.)

17 George Sand, *Indiana, Romans 1830*, Presses de la Cité, Paris, 1991, p.73.（以下、『アンディヤナ』における引用部分は、全て筆者の訳出とする。参考 ジョルジュ・サンド『アンヂアナ』上巻 杉捷夫訳 岩波書店 1990年 190頁.）

18 *Ibid.*, pp.78-79.（前掲書『アンヂアナ』上巻 205-6頁.）

19 1851年6月5日に記された序文には、サンドが自身の結婚の弊害と戦った末に、結婚前・結婚の間・夫の死後と一貫して変わらぬ永遠の愛をテーマにした小説『モープラ』を著すことを思い立ったと綴られている。ジョルジュ・サンド『モープラ』大村雄治訳 改造社 1931年 4頁；ジョルジュ・サンド『モープラ―男を変えた至上の愛―』小倉和子訳 藤原書店 2005年 5-6頁.

20 持田明子「Mauprat に見る＜絶対の愛＞と＜自己形成＞」『紀要』27 九州産業大学教養部 1990年 272-73頁；前掲書『十九世紀フランス女性作家 ジョルジュ・サンドの世界 生誕二百年記念出版』 342頁.

21 George Sand, *Mauprat, Romans 1830, op.cit.*, p.1057.（以下、『モープラ』における引用部分は、全て筆者の訳出とする。参考 前掲書『モープラ』 61頁；前掲書『モープラ―男を変えた至上の愛―』 71頁.）

22 *Ibid.*, p.1064.（前掲書『モープラ』 75-76頁；前掲書『モープラ―男を変えた至上の愛―』 87-88頁.）

23 *Ibid.*, p.1082.（前掲書『モープラ』 113頁；前掲書『モープラ―男を変えた至上の愛―』 132頁.）

24 Pierre Larousse, *op.cit.*, t.I, p.249.「アマゾン amazone」ということばは、ギリシア語の「欠如・欠けた a」という接頭辞と「乳房 mazos」ということばから成っており、女人族が弓を引く際に邪魔になるため、右の乳房を切り落としたことに由来している。

25 2巻5部から3巻6部へ大幅に加筆されるとともに、1839年版では修道院が物語の舞台となり、修道院長のレリヤが修道院内で理想を追い求める生活に身を投じるというように、後半部分が変更された。サンドは約3年の年月を費やし、改訂したものの、1839年版の『レリヤ』は文壇での高い評価も、商業的な成功も得られなかったとされる。前掲書『十九世紀フランス女性作家 ジョルジュ・サンドの世界 生誕二百年記念出版』 68-92頁.

26 前掲書『十九世紀フランス女性作家 ジョルジュ・サンドの世界 生誕二百年記念出版』 10, 68頁. ジョルジュ・サンド研究においても、先駆的なアンドレ・モロワによる伝記が『レリヤ、すなわち、ジョルジュ・サンドの生涯』と題されたため、サンドの人間像の調査に、悲観的でメランコリックなレリヤのイメージが強い影響を与え続ける結果になった。

27 George Sand, *Lélia, Romans 1830, op.cit.*, p.409. 襞襟やプールポワン（上着）といった16世紀に用いられた服飾をレリヤが身に着けているように、舞踏会の参加者たちは過去の時代の服装をしており、音楽家によって懐古趣味的な舞踏会が催されていたことがうかがえる。

28 *Ibid.*, p.410.

29 この場面に関しては、レリヤが着用した男性の服装だけでなく、大理石でで

きた古代の彫像のような冷たい容姿が、彼女の男性的な側面をいっそう顕著なものにしているという指摘もある。Naomi Schor, "Female fetishism: The case of George Sand", *The female body in western culture*, Harvard University Press, Cambridge, 1986, p.368.

30　George Sand, *Lélia, op.cit.*, p.410.

31　サンドはスペインからノアンの館へ戻る際、ジュネーヴに立ち寄ることを考えていたため、4000フランを必要としていた。1839年2月24日から5月3日までマルセイユに滞在した後、5月5日から16日までジュネーヴで彼女は過ごしている。

32　George Sand, *Correspondance*, t.4, *op.cit.*, p.634.

33　Honoré de Balzac, *Correspondance*, t.4, Classiques Garnier, Paris, 1966, p.476.

34　その後、『ガブリエル』は内容を全二幕に単純化され、1859年10月23日にノアンの劇場でサンドの家族や友人など5人の人物によって、夜会での余興として演じられた。George Sand, *Correspondance*, t.17, *op.cit.*, pp.662-63.

35　George Sand, *Correspondance*, t.10, *op.cit.*, p.427; George Sand, *Correspondance*, t.12, *op.cit.*, p.9. サンドは、オデオン座で『モープラ』を上演する際、女主人公エドメ役を射止めたフェルディナンド嬢こそが、知性豊かな素晴らしい存在で、陽気で、活発で、気取りのない上、非常に誠実な人柄であり、その声や顔、体つき、身のこなしなどからもガブリエル役に相応しいとしている。また『ガブリエル』の劇場での上演に関しては、以下の書物に詳しい。George Sand, *Gabriel*, Éditions des femmes, Paris, 1988, pp.7-39; George Sand, Gay Manifold trans., *George Sand's Gabriel*, Greenwood Press, Westport, 1992, pp.xi-xxi, 131-38.

36　プロローグは6場面・1部は2場面・2部は9場面・3部は5場面・4部は6場面・5部は10場面から構成されている。

37　George Sand, *George Sand's Gabriel, op.cit.*, p.xii, xix. 1630年頃という、19世紀以前の時代設定に関しては、サンドが当時の社会を痛烈に批判するため、適当な時代を取り上げ、そこに時間軸の設定を置き換える小説技法の一つと思われる。また小説における時代設定の曖昧さは、作家の個人的な要素を排除することに繋がるとされる。

38　ガブリエルとの対話者は、ガブリエルを男性だと思う時には「Gabriel（男性形）」を、その逆の場合には「Gabrielle（女性形）」を用いるといったように、ガブリエルの性別は話者の判断に委ねられているとされる。西尾治子「ジョルジュ・サンドと"第三の性"」『Bulletin du CEFEF』3「現代フランス社会と女性」研究会　2004年　87頁.

39　George Sand, *Gabriel, Œuvres complètes*, t.19, Slatkine, Genève, 1980, p.151.（以下、本書における『ガブリエル』の引用は、Slatkine版による。）

40　George Sand, *George Sand's Gabriel, op.cit.*.

41　男性以上に勇敢な心を持ち合わせる娘が主人公の小説『ガブリエル』には、サンドが常に主張していたことが具象化されているとされる。(Francine Mallet, *op.cit.*, p.127.) また『ガブリエル』は、『アンディヤナ』・『レリヤ』・『モープラ

などに並ぶ、サンドのジェンダー小説に分類されるべき重要な作品と指摘されている。(前掲書「第三の性の作家、ジョルジュ・サンド」 120-22 頁.) マサルディエ=ケニーの著作以前に、『ガブリエル』における女主人公の異性装を論じたものは、以下の論文が挙げられる。Veronica Hubert-Matthews, "Gabriel ou la pensée sandienne sur l'identité sexuelle", *George Sand Studies*, vol.13, The George Sand Association, 1994, pp.19-27; Pratima Prasad, "Deceiving Disclosures: Androgyny and George Sand's *Gabriel* ", *French Forum*, vol.24, Issue3, University of Nebraska Press, Lincoln, 1999, pp.331-51.

42　Françoise Massardier-Kenney, *op.cit.*, pp.126-36.

43　Françoise Genevray, " "Aurore Dupin", épouse Dudevant, alias George Sand: de quelques travestissements sandiens", *Travestissement féminin et liberté(s)*, *op.cit.*, p.263. 『ガブリエル』における小説技法の「変装」に関しては、以下の論文に詳しい。西尾治子「ジョルジュ・サンドにおける変装の主題―1830年代の作品群をめぐって―」『慶應義塾大学日吉紀要 フランス語フランス文学』46　慶應義塾大学　2008年 13-40頁.

44　Françoise Ghillebaert, *op.cit.*, p.147, 155, 159, 165.

45　アストルフが第1部2場で語っているように、ジュリアンの血筋には倹約家で、慎重な気質が受け継がれたのに対し、オクターヴの血筋にはのん気で、陽気な気質が受け継がれたことも、遺産の相続には関係していたと思われる。George Sand, *Gabriel*, *op.cit.*, p.198.

46　*Ibid.*, p.159.
47　*Ibid.*, p.162.
48　*Ibid.*, p.163.
49　*Ibid.*, p.166.
50　*Ibid.*, pp.171-72.
51　*Ibid.*, p.176.
52　*Ibid.*, p.182.
53　*Ibid.*, p.202.
54　*Ibid.*, p.213.
55　*Ibid.*, p.210.
56　*Ibid.*, p.222.
57　*Ibid.*, p.228.
58　Françoise Massardier-Kenney, *op.cit.*, p.134.
59　George Sand, *Gabriel*, *op.cit.*, p.248.
60　*Ibid.*, pp.248-49.
61　アストルフがガブリエルを愛すれば、愛するほど、彼はフォスティナや母親などの周囲の女性たちを攻撃し、侮蔑して、女性の劣等性について言及するようになる。これに対し、ガブリエルは自分がアストルフのように女性を抱き締め、受け入れることも知らなければ、女性を虐げることも知らないと気づき、男性として育てられた自身の存在が男性とは異なっていることを痛感していく。

62 *Ibid.*, p.249.
63 *Ibid.*, p.261.
64 *Ibid.*, p.273.
65 ガブリエルの名前が女性形の「Gabrielle」と記されるのは、主に第5部3場で、アストルフと家庭教師がガブリエルについて交わす会話の中である。
66 *Ibid.*, p.275.
67 *Ibid.*, p.313.
68 *Ibid.*, p.320.
69 *Ibid.*, p.275.
70 Isabelle Hoog Naginski, *op.cit.*, pp.33-52; Martine Reid, *Signer Sand: l'œuvre et le nom*, Belin, Paris, 2003, p.112.
71 前掲書「第三の性の作家、ジョルジュ・サンド」 122-23頁.
72 前掲書『歴史の沈黙―語られなかった女たちの記録―』 392, 452-53頁. サンドは日常生活において、母親や祖母としての立場で、幸せを感じながら家事労働に専念する反面、女性の文学の凡庸さや女性作家として格下げされる社会的地位を拒み、男性の筆名を完全に受け入れ、1863年の『ある若い娘の告白』で初めて女性として語ったに過ぎないほど、公的文書では自身について常に男性形で語ることを実践していたとペローは指摘している。
73 Françoise Ghillebaert, *op.cit.*, p.123, 137-38, 162-63.

第 II 部

女性サン＝シモン主義者の異性装

第 1 章　サン＝シモン主義と女性解放の思想

サン＝シモン主義

　フランスの社会思想家クロード＝アンリ・ド・ルーヴロワ、コント・ド・サン＝シモンは、名門貴族の長男として、1760 年 10 月 17 日にパリで生まれた。彼の伯父であるルイ・ド・ルーヴロワ、デュク・ド・サン＝シモンは、1691 年から 1723 年にわたる宮廷生活の様子を記した『回想録』の著者として名高い人物である。サン＝シモンは 16 歳の時に軍隊へ入り、1779 年にはアメリカ独立戦争に騎兵として参戦するも、フランスへ帰国後、ほどなくして軍を退役し、フランス革命を目の当たりにした。革命時には国有財産の売却に関する投機を行い、リュクサンブール宮に幽閉されてしまうが、1794 年に釈放されると、彼は社会的な使命感から思索にふけり、40 歳を過ぎた頃から作品を発表し始める[1]。中でも、1823 年から 1824 年にかけて著された『産業者の教理問答』において、サン＝シモンは農業者・製造業者・商人といった「産業者」の主導する社会の必要性を説き、産業主義を提唱した。彼の著作では、「産業者階級は最高の地位を占めるべきである。なぜなら、産業者階級はあらゆる階級のうちで最も重要な階級であり、産業者階級はほかのすべての階級がなくてもすませるが、ほかの階級はいずれもみな産業者階級なしではやっていけないからである。産業者階級は自力で、みずからの働きによって、生活を維持しているからである」[2]と述べられている。さらに彼は、『産業者の教理問答』の中で、フランス革命はブルジョア、つまり貴族でなかった軍人や平民であった法律家、特権者でなかった不労所得者

たちによって引き起こされたものの、ブルジョアは今や産業者を圧迫し、小型の貴族としての社会的存在に成り果てたとブルジョア階級を痛烈に非難した[3]。サン＝シモンにとってブルジョアは、多数者の利益ではなく、個人の利益のために公共財産を利用するといった個人主義的な経済活動を行うばかりか、社会において最も有能で、有用な階級である産業者を統治し、社会に封建制を導入している悪しき存在であった。しかし、1830年代より産業革命の影響を受け始めるフランスにおいて、サン＝シモンの思想は少しばかり時期尚早であったのか、彼が存命中にその思想は当時の社会にそれほど普及しなかった。実際、サン＝シモンは、貧困の辛さと自身の思想が世の中に受け入れられない苦しみから、一命は取り留めたものの、1823年3月にピストル自殺をはかっている。

　けれども、サン＝シモンが1825年5月19日にパリで亡くなり、数年が経過すると、生前には無名であった彼の名前やその思想は、広く知れ渡るようになっていった。というのも、サン＝シモンの弟子たちが、彼の思想を自分たちなりの解釈を加えて受け継ぎ、サン＝シモン主義と呼ばれる社会主義思想を誕生させたからである。サン＝シモン主義の思想は、19世紀を席巻した熱病にたとえられているように[4]、フランスやイギリスをはじめとするヨーロッパ各国に波及していった。そしてリストやユゴー、バルザック、サンド、マクシム・デュ・カンなどの芸術家たち、およびナポレオン三世や社会主義者オーギュスト・ブランキ、ルイ・ブランに加え、イギリスやドイツの経済学者たちに影響を与えたとされている[5]。また医者や弁護士、学者などの知的エリート階級の男性たちと労働者階級の男女とによって、サン＝シモン主義の思想は主に支持されていった。サン＝シモン主義者の友人や知人、親類縁者などが新たに思想の支持者になることが一般的な形であったため、家族や夫婦揃ってサン＝シモン主義に賛同する者たちも存在していた。サン＝シモンの葬儀の翌日に、わずか数人の彼の門弟たちによって開始された活動は、1831年から1832年にかけての絶頂期には、サン＝シモン主義者たちが催した集会への数千人の参加者以外に、中心的な役割を果たしていた人々だけで500人から600人あまりいたとされるほど支持者を集めた[6]。

そもそも、サン=シモンの思想に惹かれ、サン=シモン主義者になっていった人々は、理工科学校École polytechniqueに籍をおく学生や、医学あるいは法律学を学ぶ学生であった[7]。理工科学校とは、技術将校の養成所でもある高等教育の名門校で、そこに在籍する学生は皆一様に軍服を身にまとっていた[8]。とりわけ、この理工科学校の学生や卒業生たちがサン=シモン主義の支持者に多く含まれていたのには、サン=シモン自身が理工科学校の正面に居を構え、授業を聴講していたこと、さらには、彼に経済的な援助を行っていた金融業者のオランド・ロドリーグOlinde Rodrigues (1795-1851)が、もともと理工科学校の数学復習教師であったことも関係していると思われる[9]。結果的に、サン=シモン主義の思想は、サン=シモンの旧友ロドリーグによって先導され、政治的秘密結社カルボナリ党の指導者であったサン=タマン・バザールSaint-Amand Bazard (1791-1832)と、理工科学校出身のバルテルミ=プロスペル・アンファンタンBarthélemy Prosper Enfantin (1796-1864)とによって、形作られていくことになる。

　バザールとアンファンタンは、ともに1825年からサン=シモンの理論誌『プロデュクトゥール』の発行に携わることで、サン=シモン主義者としての活動を開始している。それ以前のバザールは、19世紀初頭にイタリア南部で結社されたカルボナリ党の反体制的な活動を参考にして、1820年にフランスでもカルボナリ党を創設し、その指導的地位にあった。けれども、1822年1月1日のフランス東部ベルフォールでの蜂起をはじめ、カルボナリ党は復古王政を打倒して、共和制を樹立するべく、たびたび蜂起したものの、全て失敗に終わり、党は解散させられ、バザールには有罪の判決が下った。暴動でのたび重なる失敗は、バザールに反省を促し、暴力行為での体制転覆や体制転覆後の社会に何を打ち立てれば良いのかということにまで疑問を抱かせた。その結果、彼の関心はサン=シモンの思想へ向かうことになったとされる[10]。一方のアンファンタンは、1813年に理工科学校へ入学するも、1814年6月には銀行家の父が破産し、学校の寄宿料を支払えなくなったため、理工科学校を退学している。退学した後、彼は、従兄弟とともに葡萄酒商を営むが、ドイツへの旅行後に商売をやめ、銀行家になることを決意

する。1821 年から 1823 年まで、ロシアのサンクト・ペテルブルグにあるフランス人の銀行代理業者の下で働き、ロシアから帰国後は、ロドリーグが創設した不動産担保銀行で出納係としての職を得た。そこで彼は、ロドリーグからサン＝シモンの思想を教えられ、予約申し込みをして購読した『産業者の教理問答』に感銘を受けるのである。サン＝シモンの思想に触れ、サン＝シモン主義の指導者となる彼らは、理性のバザールと感情のアンファンタンと称されているように[11]、バザールは 1831 年 11 月 11 日に結婚制度をめぐる対立が原因で離反するまで、サン＝シモン主義の理論的支柱として存在し続け、彼の脱退以後、アンファンタンによって活動の宗教化が推し進められた。それゆえ、サン＝シモンの死からアンファンタンの死まで、すなわち、1825 年から 1864 年までの 39 年間が、サン＝シモン主義の存続した期間と見なされている。

　では、サン＝シモン主義者たちの活動とは、具体的にどのようなものであったのだろうか。それは、1896 年に刊行されたジョルジュ・ウェイルの著作『サン＝シモン派、その歴史、今日までのその影響』、およびセバスティアン・シャルレティの著作『サン＝シモン主義の歴史』に詳しい[12]。これらの論考によれば、サン＝シモン主義者たちの活動は、理論の準備・確立・発展、そして実践へと向かう四つの段階に大別することができる。ただし、いずれの著作も、サン＝シモン主義の支持者にはまるで女性が存在していなかったかのように、その活動の様子はほぼ男性の行動だけで語られている点に問題があるとされる[13]。またパリ・アルスナル図書館に収蔵されているサン＝シモン主義に関する資料を整理、分類し、目録を作成したアンリ＝ルネ・ダルマーニュが[14]、1930 年に『サン＝シモン主義者たち』を出版し、膨大な手稿と図像資料を用いて、サン＝シモン主義者たちの活動の委細を明らかにしている[15]。期間は 1827 年から 1837 年までと限られてはいるものの、ダルマーニュはこの約 10 年間の活動について、新聞『オルガニザトゥール』の創刊などの初期の活動やモンシニー通りでの説教と思想の普及、メニルモンタンでの隠遁生活、訴訟とアンファンタンの投獄、「女性の友 Compagnons de la femme」の結社、エジプトへの遠征とスエズ運河の開削およびナイル河

のダム建設、フランスへの帰国という七つの項目に重きを置き、詳しく調査をしている。本章では、このような先行研究を参考にして、女性を含むサン＝シモン主義に賛同した人々が、1830 年代に行った活動やその意義について述べるとともに、女性解放の思想こそが、1830 年代前半のサン＝シモン主義者たちの活動を左右していたものであり、彼らの活動における最大の産物であったことを示しておきたい。

　最初に、サン＝シモン主義者たちが取り組んだことは、サン＝シモンが著した未完の書物から彼の主張を明確にして、体系的な思想を生み出すことであった。要するに、理論の準備である。そのため、彼らは『サン＝シモンの学説・解義』の作成に専心し、サン＝シモン主義の思想の拠り所を築き上げた。この著述は、サン＝シモンの思想を糧に、ロドリーグやバザール、アンファンタンが中心となって行った連続講演会を記録したものである。第一年度と第二年度の 2 冊よりなり、第一年度は 1828 年 12 月 17 日から 1829 年 8 月 12 日までの全 17 回[16]、第二年度は 1829 年 11 月 18 日から 1830 年 6 月までの全 13 回の演説を収録している[17]。第一年度は外部への思想の喧伝を目的としており、第二年度はサン＝シモン主義内部に規律を促す狙いがあったとされる[18]。『サン＝シモンの学説・解義』の編集と、雑誌『プロデュクトゥール』や新聞『オルガニザトゥール』の発行を通して、彼らは理論の基盤を着実に準備していった。そして思想が組織的なものになると、サン＝シモン主義者たちは、より多くの一般大衆に向けて本格的に思想の普及を開始した。1830 年 4 月 11 日より、毎週火、木、土曜日にパリのモンシニー通り 6 番地にある邸宅の一室で催されていた定期的な集会は、1830 年 10 月 10 日以降、毎週日曜日の正午からの説教に変わり、テトブー通り 9 番地のテトブー講堂を会場として開かれるようになった。テトブー講堂での説教の様子は、小説『ジェローム・パチュロ』の第 2 章「サン＝シモン主義者パチュロ」の中で、以下のように記されている。なお、『ジェローム・パチュロ』とは、一大ベストセラーとなった小説であり、フランスの経済評論家ルイ・レーボーが、メリヤス製品の販売業者の息子であるジェローム・パチュロを主人公として、1830 年代におけるパリの流行風俗を当て擦った物

語である。作者の弟シャルル・レーボーが、サン＝シモン主義者であったこともあり、『ジェローム・パチュロ』での記述は、弟の実際の行動を下敷きにしたとされている[19]。

　　　聴衆として、労働者やお針子、芸術家、上流階級の人々といったパリのいたるところからやってきた好奇心旺盛な人たちが集まっていた。さまざまな階層の人々が入り交じった集まりではあったが、非常に独創的な雰囲気を醸し出していた。その場で信条の表明がなされ、突如として改宗が起こった。サン＝シモン主義者たちは、平易なことばを用いて多様な論題について話し始め、弁舌の才を競い合っていた[20]。

さらに『ジェローム・パチュロ』には、主人公の恋人である花売り娘のマルヴィナが、テトブー講堂で両性の平等について説き、その場に居合わせた53人もの女工たちがサン＝シモン主義の信奉者となる場面がある[21]。またジョルジュ・サンドが著した小説『オラース』の第8章には、ウジェニーという名前のお針子が男性よりも女性の愛情の優越性を説き、主人公オラースが彼女のことばをテトブー通りの説教に足繁く通った末の発言として受けとめる場面がある[22]。説教以外にも、毎週月曜の午後7時半と水曜の午後1時半は裁判所に面した回廊にあるプラド大講堂で、毎週木曜の午後1時半と日曜にはソルボンヌ広場2番地のアテネ講堂で、毎週土曜の午後7時半はグルネル・サントノレ通り45番地のルドゥット講堂でというように、「教育」の名の下にサン＝シモン主義の思想が説かれた[23]。

1831年には、とくに労働者階級へ思想を普及するため、当時12区であったパリの各地区に男女一名ずつの説教の責任者が割り当てられた。4区と5区を担当した女性説教師は、二月革命より一ヵ月後の1848年3月20日に新聞『女性の声』紙を創刊し、1840年代の女性運動で中心的な役割を担うことになるウージェニー・ニボワイエである。説教の責任者とともに、予防ワクチンの接種などの医療活動をする目的で医師が地区ごとに配置されたこともあり、労働者たちはサン＝シモン主義者たちの活動に共鳴し、「パリ12

区内のサン＝シモン主義への加入者リスト」(表Ⅱ－1)には、251 人の労働者たちがサン＝シモン主義への賛同者として名を連ねた[24]。ただし、一概に労働者と言っても、このリストには非熟練労働者たちよりも、仕立工や帽子工、靴工、時計工、植字工、錠前師、高級家具師、指物師、宝飾品・金銀細工師、金工、大工などの職人熟練労働者たち、いわゆる伝統的な手工業労働者が多く名前を連ねている[25]。そこには、七月王政期の労働運動において、中心的な役割を果たしたとされる仕立工や印刷工、大工、石工といった職能集団も含まれていた[26]。サン＝シモン主義と労働者との関係については、リムーザン地方からの出稼ぎ石工マルタン・ナドが、1895 年の回想録において、「サン＝シモン主義者が評判になっていたのは既に何年も前のことであったが、彼らの理論や宣伝は我々の知識や理解を超えるところがあった。我々はそれに頭をつっ込むことは全くなかった」[27]と述べていることを証左に、労働者階級のごく一部のエリートだけにしか、その思想は受け入れられなかったと

表Ⅱ－1　パリ 12 区内のサン＝シモン主義への加入者リスト

区	中心地区名	医師	説教の責任者（男性）	説教の責任者（女性）	加入者数	削除者数	服飾品の職人数
1	チュイルリー	ジャラ	モローシュ	デュモン夫人	11 人	5 人	0 人
2	ショセダンタン	ジャラ	クルエ	デュモン夫人	27 人	4 人	4 人
3	フォーブル・ポワソニエ	ボナミ	ビアール	ビアール夫人	9 人	2 人	1 人
4	サントノレ	ボナミ	ボティオ	ウージェニー・ニボワイエ	40 人	1 人	16 人
5	ボンヌ・ヌーヴェル	リゴー	ボティオ	ウージェニー・ニボワイエ	35 人	1 人	1 人
6	タンプル	レバゼイユ	プレヴォ	ヴェテュリ・デスパーニュ夫人	42 人	8 人	1 人
7	アルシ	レバゼイユ	レバゼイユ	ヴェテュリ・デスパーニュ夫人	24 人	3 人	1 人
8	キャンズヴァン	レバゼイユ	レーモン・ボヌール	ボヌール夫人	24 人	0 人	2 人
9	シテ	クーリゼ	アシル・ルルー		11 人	5 人	1 人
10	アンヴァリッド	フュステル	デュジュレ	エルボ夫人	14 人	3 人	3 人
11			パラン	マイラヴィル夫人			
12	ジャルダン・デ・プラント	ロンプレ	ドラポルト	エルボ夫人	14 人	1 人	0 人
計					251 人	33 人	30 人

＊上記の表は、著者が手稿「パリ 12 区内のサン＝シモン主義への加入者リスト 1831 Dogme Liste des adhérents à la Religion St-Simonienne dans les douze arrondissements de Paris」から、作成したものである。リストは、加入者と削除者の総計 284 人からなる。服飾品の職人とは、仕立工 tailleur・お針子 couturière・刺繍工 brodeure を指す。

する見方がある[28]。しかしながら、この「パリ 12 区内のサン＝シモン主義への加入者リスト」に掲載された人々は、いささか貧困層ではあるが、パリの平均的な労働者や職人であったと指摘されている[29]。リストに名を連ねるような職人熟練労働者たちがサン＝シモン主義を受け入れた背景には、彼らにとってサン＝シモン主義は、職人組合 compagnonnage、あるいは「信心会・兄弟団」と呼ばれる職業的コンフレリー confrérie の側面が強い相互扶助会 société des secours mutuels などの協同組織、および互助団体と同等なものとして見なされていたことが関係していると考えられる[30]。産業革命によって、熟練労働者たちは、手工業的職人労働者から工場制で働く職人労働者へと次第に変化し、以前ほどの熟練度を必要としなくなっていった上に、技能を介した労働者同士の結び付きや絆が弱まっていくのを感じていた。協同や相互扶助、友愛を唱えつつ産業主義を推し進めるサン＝シモン主義者たちが、職業上の連帯を具現する組織や団体と類縁関係を持つ社会集団であると熟練労働者たちによって受けとめられるのも当然のことのように思われる。1831 年 9 月には、そのうちの約 100 人は女性であったサン＝シモン主義の忠実な信奉者 220 人と、サン＝シモン主義者たちが主催した集会への参加者 300 人から 400 人とを加えた 500 人から 600 人ほどの労働者階級の人々が[31]、さらに同年 10 月には、男性 220 人、女性 110 人、子供 150 人の合計 480 人の信奉者と、1510 人の集会への参加者とを加えた合計 1990 人の労働者階級の人々が存在していた[32]。

　サン＝シモン主義者たちが理論の準備期間を経て、新聞・雑誌、説教、伝道を手段に思想を普及させていく過程で、思想の確立において重要な役割を果たしたのは、1830 年 12 月 27 日にサン＝シモン主義の機関紙となった『グローブ』の存在であった。彼らは、1831 年 9 月 5 日から『グローブ』を無料で配布し始め、1832 年 4 月 20 日に資金が払底するまで刊行を続けた。政治経済や社会生活での諸問題、外国での出来事など、具体的な事例に関してサン＝シモン主義者たちの見解を示す場が『グローブ』であり、彼らは他の新聞や党派の人々と意見を戦わせることで、新聞の読者に思想の委細を提示するのに成功した。さらに『グローブ』によって、産業至上主義、および

人間による人間の搾取を禁じる協同社会の実現、相続財産の廃止、労働者への共感などのサン＝シモン主義の基本姿勢は確固たるものになっていった。ジョルジュ・サンドが小説『アンディヤナ』を書いた頃、「何かと言えばサン＝シモン主義呼ばわりをすることが流行った」と述べ[33]、サン＝シモン主義の名前がパリに知れ渡っていた事実を認めたのは1831年の秋であり、『グローブ』の無料配布が開始された時分であった。

ところで、サン＝シモン主義者たちの間では、1831年11月にサン＝シモン主義の根幹を揺るがす重大な事件が起きた。1829年12月31日より、ロドリーグの宣言でバザールとアンファンタンが「教父 père」と呼ばれる指導者になり[34]、二重の権威が敷かれてきた構造が、1831年11月のバザールと彼を支持する者たちの離反で終わりを迎えたのである。このサン＝シモン主義の分裂の要因は、結婚制度に関する二人の指導者の見解の相違にあった。アンファンタンは、人間には「移り気な人 mobile」と「移り気ではない人 constant」、すなわち、浮気な人と貞節な人が存在するため、一人の相手とだけではなく、次々とよい相手を求めていく結合を受け入れ、離婚制度を認めるべきであると提唱した。そして男女の結合によって子供が産まれた際、子供の父親を最終的に決定する権利は母親が有し、女性の発言や助力が必要となる結婚制度にこそ、女性の劣等状態を改善する可能性が秘められていると彼は考えた。これに対し、バザールは、アンファンタンの考えが雑婚を勧め、結婚の品位を汚すものであると非難し、離婚は例外的措置で、不完全なしるしであると主張した。なぜなら、男性が本能的な性衝動に基づき過度に結婚と離婚とを繰り返すことになれば、女性が肉体的にも、精神的にも搾取される可能性が存続してしまうため、解消できない結婚こそが、女性がいたずらに搾取されるのを防ぐ手段になるとバザールは考えていたからである。婚姻によって女性が不幸で、悲惨な状況に陥らないようにするという基本的な見地に違いはなかったものの、両者の結婚制度についての意見の隔たりは、埋められるものではなかった。

バザールの離脱と内部分裂の結果、サン＝シモン主義はアンファンタン主義と呼ぶにふさわしいほど、アンファンタンが絶大な権力を掌握した。サン

＝シモン主義者たちの活動は宗教化し、その全てにシンボリックな意味が付与され、1832年は彼らの活動の転換点となった。つまり、思想の発展もしくは新たな展開とでも言うべき、アンファンタンの裁量による活動が始まるのである。40人の男性サン＝シモン主義者たちが4月23日に開始したメニルモンタンでの隠遁生活と、そこで挙行された6月6日の制服着用式 Prise d'habit や7月1日の教会起工式が、1832年の主要な活動であった。メニルモンタンでの隠遁生活は、メニルモンタン通り145番地のアンファンタンが所有する建物で行われ、彼らの生活様式における全てが象徴的で、教訓的であった[35]。その生活の様子は、サン＝シモン主義者の画家レーモン・ボヌール Raymond Bonheur (1796-1849) が、1832年7月に制作した石版画《メニルモンタンの修道士、すなわち、サン＝シモン主義者の能力》(図Ⅱ-1)を通して、知ることができる。彼の作品では、男性サン＝シモン主義者たちが自分たちの手で洗濯や裁縫、掃除、料理、食器洗いなどの家事労働を分担して行っている情景が描かれており、このことは、石版画の下に付された次のような文章からもうかがえる。

　　　使徒たち(彼らが自分たちに与えた名前である)は、使用人を持たない。彼らは自分たちで自分たちのことを行い、仕事は各々の能力に応じて振り分けられている。彼らは皆が、職務の遂行者 Fonctionnaires としての資格を持っている。生活は厳格に定められており、角笛の音で朝5時に目を覚まし、笛の音によって食事に呼ばれたり、それぞれの務めに向かったりする。決められた時間になると、彼らは合唱する。最高指導者アンファンタン氏は、しばしば庭で働き、力強く鶴嘴や鋤、熊手を使う。聖歌(の初めの一節)を歌って見せるのは、とりわけアンファンタンで、その聖歌を皆が仕事の間中、繰り返す[36]。

さまざまな家事労働の中でも、とりわけ男性サン＝シモン主義者たちが靴を磨く姿は滑稽であったのか、アルスナル図書館には、《サン＝シモン主義者の能力》(図Ⅱ-2)と題され、版画下の棒を動かすと、男性サン＝シモン

図Ⅱ−1
レーモン・ボヌール ≪メニルモンタンの修道士、すなわち、サン=シモン主義者の能力≫ 1832年
(パリ フランス国立図書館)

主義者が首を上下しながらブーツを磨くという仕組みの興味深い版画も残されている。

　これらの版画以外にも、男性サン=シモン主義者たちが、メニルモンタンにおいて、使用人が存在せず、なおかつ男性が女性を搾取することのない日常生活を体現しようと試みていたことや、自分たちの能力に応じて、各人ができる仕事をそれぞれ行うといった日常生活を送っていたことは、繰り返し描かれている。また書簡や回想録の記述から、メニルモンタンでの隠遁生活において、彼らがいかなる家事労働を担っていたかを調べてみると、市場への買出し・料理・テーブルでの給仕・食器の片付け・献立表の管理・掃除や床のワックスがけ・庭の手入れ・洗濯・靴磨きなど、実にさまざまな家事が行われている。さらに、このような日常の家事や雑務をどのような人物が担

図Ⅱ-2 ≪サン＝シモン主義者の能力≫
(パリ アルスナル図書館)

当していたかについてまとめたものが、表Ⅱ-2「メニルモンタンでの役割分担」である。隠遁生活では、男性サン＝シモン主義者たちの多くが元来の職業に左右されることなく、時には数種類の仕事を兼ね、家事労働をこなしていた。

他方で、サン＝シモン主義者たちの活動の転換点である1832年は、警察によるサン＝シモン主義への弾圧が始まった年でもあった。警視総監のジスケは、1832年1月22日のテトブー講堂とモンシニー通りの邸宅の封鎖、および4月20日のグローブの廃刊によって、サン＝シモン主義者たちは新規の加入者を断念せざるを得ない状況に陥ったため、メニルモンタンでの隠遁生活を開始したと回想録で述べている[37]。半年にもわたる予審の後、5人の男性サン＝シモン主義者たちが、詐欺罪や風俗壊乱罪、集会条例違反で起訴され[38]、1832年8月27日と28日に重罪裁判所への出頭を命ぜられた。同年10月19日に刊行された裁判記録『1832年8月27日と28日の重罪裁判所におけるサン＝シモン主義者の訴訟』には、重罪裁判所へ出廷した5人の肖像画が付されている(図Ⅱ-3)。その5人とは、アンファンタン、ロドリーグ、エミール・バロー Emile Barrault (1802-69)、ミシェル・シュヴァ

第1章 サン=シモン主義と女性解放の思想　113

表Ⅱ-2　メニルモンタンでの役割分担

仕事内容	人物名　（　）内は職業・身分
料理	レオン・シモン（医者）、エドワール・プヤット（学生）、ポール・ロシェット（修辞学の教師）
市場への野菜の買出し	アントワーヌ・オリヴィエ（もと農業学校の学生）、シャルル・ペヌケール（書籍の仲買人）
野菜の皮むき	ジャン・テルソン（カトリックの司祭）
配膳	アレクシス・プティ（弁護士・デッサン画家）、ジュール・トシェ（地主）、ルイ・デセサール（外交員）、ジュール・メルシエ（詩人）、ジャン・テルソン
テーブルでの給仕	ミシェル・シュヴァリエ（鉱山技師）、アドルフ・リゴー（医者）、ルネ・ホルスタン（貿易商）
ソムリエ	ミシェル・デロジェ（肉屋）
食器洗い	シャルル・アントワーヌ・ドゥジェ（弁護士）、ポル・ジュステュス（芸術家）、レオン・タラボ（検事）
食器の片付け、献立表の管理	ジャン・テルソン
蝋燭立ての掃除、ごみ捨て	アレクシス・プティ
床磨きとワックスがけ	ギュスタヴ・デシュタル（著述家）、シャルル・ランベール（鉱山技師）、アドルフ・リゴー、ルネ・ホルスタン、シャルル・デュヴェリエ（弁護士）、シャルル・ペヌケール、プイジャット（学生）、ブロエ（学生）
庭の手入れと掃除	アンリ・フルネル（鉱山技師）、アントワーヌ・オリヴィエ、フランソワ・リベ（医学の教師）、ルネ・アシル・ルソー（大地主の息子）、レーモン・ボヌール（美術教師・風景画家）、タジャン・ロジェ・ドミニク（チェリスト）、ポル・ジュステュス、ジョゼフ・マシュロー（デッサン画家）、ギュスタヴ・デシュタル
土掘り（除土・盛り土を行う）	ギュスタヴ・デシュタル、モーセ・ルトゥレ（ブルジョア）
服装管理	エドモン・タラボ（弁護士・法学者）、ミシェル・ブルノー（参謀長）
洗濯	ミシェル・ブルノー、ジャン・テルソン、デフォルジュ（肉屋）、フランコニー（アメリカから入植した富豪）、ベルトラン（学生）
靴磨き	エミール・バロー（文学の教師）、オーギュスト・シュヴァリエ（物理学の教師）、シャルル・アントワーヌ・ドゥジェ
修理・整備	アドルフ・リゴー
作曲	シャルル・デュヴェリエ
アンファンタンの世話	オーギュスト・シュヴァリエ
秩序の指導	エミール・バロー、アンリ・フルネル、ミシェル・シュヴァリエ
家の見張り	ミシェル・ブルノー

＊上記の表は、著者が以下の説教集に含まれている1832年7月2日のミシェル・シュヴァリエの書簡、および回想録から作成したものである。Le Livre Nouveau des Saint-Simoniens, op.cit., p.55; Gisquest, *Mémoires de M. Gisquet, Ancien Préfet de Police, écrits par lui-même*, t.2, Société Belge de Librairie, Bruxelles, 1841, pp.169-72.
＊メニルモンタンの隠遁生活では、5時に起床して21時半に就寝するまでの間、8時に朝食（脂身のスープ・グラス半分のワイン）、12時にパン一片の昼食、17時に夕食（ポタージュ・肉一片・半リットルのワイン・野菜料理もしくはサラダ・チーズ一片）をとるというタイムテーブルが組まれていた。

リエ、シャルル・デュヴェリエであり、図Ⅱ-3から明らかなように、ロドリーグ以外は、サン＝シモン主義の男性制服を身にまとって出廷したようである。裁判では全被告に有罪の判決が下り、1832年12月15日にはアンファンタンがサント＝ペラジ監獄へ拘禁されてしまった。

しかしながら、サン＝シモン主義者たちの宗教的な熱狂は収まらず、「教母 mère」と称される女性の指導者が1833年に出現するとのアンファンタンの呼びかけに応じて、彼らは女性メシアをオリエントに求めた。1833年1月22日に説教師のエミール・バローが「女性の友」を結社し、トルコやエジプトを目指したのを筆頭に、彼らは男女司祭の発想に基づき、アンファンタンと対を成す女性を探求するため、奔走したのである。そして1833年8月1日にアンファンタンが恩赦により釈放されると、エジプトへの遠征が行われた。けれどもこの頃には、サン＝シモン主義者たちの目的の大半は、産業を生み出す土地であるオリエントをいかに彼らが開発していくかということに移り変わっていた。エジプトでのダム建設やスエズ運河の開削は、履行する前に頓挫し、現実的な成果をあげられなかったものの、彼らがフランスに帰国後、第二帝政下で産業活動に身を投じる契機になった。サン＝シモン主義者たちは、鉄道網の整備や動産銀行 Crédit mobilier の創設と銀行制度の組織化、ガス照明会社・水道会社・海運会社・不動産会社の設立などに尽力し、近代フランスの産業の発展において中心的な役割を果たした。さらに高度な知識と専門的技術に裏付けられた彼らの手腕は政界でも発揮され、テクノクラートとして活躍した。

今日、サン＝シモン主義者たちの活動の中で最も知られているのは、第二帝政期のものである。ただし、この第二帝政期の活動は、サン＝シモンの掲げた産業社会を実現するべく、彼の弟子たちが実際に産業活動を行ったという意味では、サン＝シモン主義者たちの成果であると同時に、彼らの師サン＝シモンの成果であると言えるだろう。繰り返すが、そもそも、彼らが第二帝政期に産業活動を実践した背景には、1830年代に女性指導者を求め、エジプトへ赴いた際の経験が影響している。そこで女性指導者を探求することになったきっかけは、男女司祭の発想に基づき、男性指導者とともに、女性

図Ⅱ-3　1832年8月27日と28日に重罪裁判所へ出廷した5人の肖像画
（上段はアンファンタン、下段は左から、オランド・ロドリーグ、エミール・バロー、
ミシェル・シュヴァリエ、シャルル・デュヴェリエ）

指導者が存在することが、完全なる男女平等の実現に繋がるとアンファンタンが説いたためであり、彼の唱える女性解放の思想に関係していた。この他にも、サン＝シモン主義者たちが、結婚制度をめぐる指導者らの意見の対立から内部分裂したこと、さらには、男性によって女性が搾取されることのない日常生活の実現を目指して、隠遁生活を行ったことなどからも、1830年代前半における彼らの活動の要因として、サン＝シモン主義の女性解放思想は無視できないものであると思われる[39]。

サン＝シモン主義における女性の解放[40]

　サン＝シモン主義者たちの活動における最大の所産は、やはり女性解放の思想であると言えよう。なぜなら、サン＝シモン主義はサン＝シモンの教理であり、学説であることに間違いないが[41]、女性解放の思想だけは、彼の後継者たちが独自に作り出したものだからである。つまり、サン＝シモン主義の女性解放思想は、ロドリーグが述べた「社会的個人、それは男性と女性である」ということばを根拠として展開しており、サン＝シモン自身の直接的な言説に負うものではないと考えられている[42]。ルイ・ブランの回想録には、女性解放の思想がサン＝シモンによるものではなく、サン＝シモン主義者たちの考案したものであったことが、以下のようにほのめかされている。

　　サン＝シモンが女性について綴った唯一の文言は、『同時代人へ宛てたジュネーヴの一住人の手紙』の中での「女性たちも寄付を許されるであろうし、（会議で）指名されることもできるであろう」というものである。それゆえ、サン＝シモンの弟子たちは、彼以上に大変革新的であった[43]。

また師であるサン＝シモンが、女性の果たすべき役割を明示しなかったため、ロドリーグがサン＝シモンの著作を復刻した際、『同時代人へ宛てたジュ

ネーヴの一住人の手紙』における上述の文章を大文字の表記に書き直すなど、故意に強調して、サン=シモン主義の女性解放思想の典拠にしようと試みたとも言われている[44]。

実際、サン=シモンよりも、彼と同時代のフランスの社会思想家フランソワ=マリー=シャルル・フーリエ François Marie Charles Fourier (1772-1837) からの影響を受けて、サン=シモン主義者たちは女性解放の思想を構築することに目を向けるようになったようである[45]。とくにアンファンタンは、フーリエと1829年頃に親交を結び、彼の女性解放思想から強い影響を受けたとされる。フーリエは、彼の著作『四運動の理論』の中で、「一般命題として、社会の進歩および期劃(きかく)の変更は自由への女の進歩に比例して行なわれ、社会秩序の衰徴は女の自由の減少に比例して行なわれる。…要するに、女の特権の伸長はあらゆる社会的進歩の一般原則である」[46]と書き綴り、女性の自由や権利獲得を社会が進歩したしるしとして受けとめていた。さらに離婚ができない結婚制度、および家父長的な家族制度を社会の害悪として痛烈に批判し、女性に隷属を強いる結婚制度や家族制度の廃止を訴えるとともに、女性の性的解放と自由恋愛を彼は提唱した。

サン=シモン主義者たちが女性の隷属状態からの解放を重視するようになった姿勢は、『サン=シモンの学説・解義』の第一年度に所収された1829年2月25日の第6回講演において、鮮明に表れている。第6回の演説「人間による人間の搾取、および所有権の順次的変容」の中で、バザールは次のように説いている。

> 最初は奴隷か、少なくとも隷属に近い状態の女性が、どのようにして少しずつ男性と手を結び、社会秩序の中でより大きい影響力を日々獲得するかを我々は示すだろう。今まで女性の隷従を決定づけてきた諸原因がいかに次々と弱められ、そしてこれらの諸原因とともに依然として女性に強いられており、我々が予見する未来の社会状態とは相容れないであろうこの支配、この監視、この永遠の未成熟が、最終的に消滅し、消え去らなければならないかを我々は示すであろう[47]。

先述したように、サン＝シモン主義における女性解放の思想は、「社会的個人は、もはや男性だけではなく、男性と女性からなり、全ての機能は夫婦によって果たされなければならない L'INDIVU SOCIAL n'est plus l'homme seulement, mais l'homme et la femme, et que TOUTE FONCTION doit être remplie par un COUPLE」[48]というロドリーグの標語に起因するものである。彼のことばは、そもそも男性と女性とは異なるものであり、互いに欠けている部分を補い合う性質を兼ね備えているため、完全なる個人は一組の男女によって成り立つことを意味している。それは、男性も女性も同様で、同等の性質を持ち合わせていることを前提条件として、男女の平等を目指すフーリエの女性解放思想とは異なり、男女の異質性や相補性を認めた上で、男女が平等でなければならないとする女性解放の思想であった。そして男性と女性の対等な関係が、一夫一妻制や一組の男女を基本とする家族制度において培われることを原則としていた。サン＝シモン主義者たちは、家父長的な家族制度の廃止を実現することによって、家庭内での男女平等が社会全体に広まり、発展していくことを目指したのである。1833 年に刊行された説教集『労働者とブルジョア　最初の対話』の中で、自分も、家族もサン＝シモン主義者である職工長のレオは、以下のように述べている。

　　キリスト教徒は、妻を夫の所有物と見なしている。要するに、かつて奴隷が主人の所有物であったように、妻は夫のものとされている。法律の面では、妻は夫の監視下にあり、未成年者である。サン＝シモン主義者は妻に自由を教え、妻が対等であることを宣言し、もはや妻を監督しようなどと思い上がってはいない。サン＝シモン主義者は、もう所有者でも主人でもなく、妻と対等な人物であり、配偶者で恋人であることを望む[49]。

さらにサン＝シモン主義者たちは、男女一対を個人の最小単位とする理論を拠り所として、現行の家族制度を活用し、家庭内での男女平等の確立を推し進める以外にも、女性たちにとって必要不可欠な行為があると考えていた。

その行為とは、女性が自己を認識し、発言する力を備えることであった。というのも、当時の女性たちが独力で隷属状態から抜け出すことができるだけの土壌は生成しておらず、女性の意識改革を促す必要性を彼らが痛感していたためである[50]。1831年1月1日の「女性の解放」と題された説教では、説教師アベル・トランソンが、「現在の我々の努力目標は、女性が恥ずかしげもなく全ての苦悩や欲求を表現するため、女性に自身の力と尊厳を自覚させることである。…我々が女性の解放を達成するようになるにつれ、我々は全ての女性に話す力をもたらす」[51]と説いている。女性サン＝シモン主義者たちは、当初は男性の扇動で発言する意義を教えられたものの、1832年8月15日には、新聞『自由女性 La Femme libre』紙を創刊するまでに至った。この新聞は、女性だけの力で執筆・編集・発行されたフランスで最初の新聞であった。

　それでは、サン＝シモン主義の女性解放思想とは、その活動の中で、どのように位置づけられるのだろうか。思想史家フィリップ・レニエによれば、女性解放思想は権力奪取の手段で、衰退の要因とされている[52]。最終的にアンファンタンだけが指導者の権限を手に入れたことも、サン＝シモン主義という党派から多くの離脱者が生じたことも、根本的な原因は、女性解放思想に存在するとレニエは考えるからである。

　元来、サン＝シモン主義の女性解放思想と、それ以外の思想との間には、矛盾が存在していた。サン＝シモン主義者たちは、女性を隷属状態から解放する上で、夫婦間の男女平等に基づく家族制度の維持を主張する反面、能力を基に個人を区別する社会を標榜し、家族制度に由来する家格や相続財産などの不平等を拒絶したのである。この矛盾点を少なからず解消するためか、アンファンタンは1831年3月9日に、サン＝シモン主義の位階制度へ女性を組み入れることを宣言した。位階制度は、個人の適性や能力によって各人を判断する仕組みとして1829年12月31日に創設され、指導者を頂点に、幹部 collège、第2階級 2e degré、第3階級 3e degré、そして準備階級 degré préparatoire で構成されていた[53]。準備階級については、労働者とブルジョアとでさらに二つに区分されていたようである[54]。第3階級に5人と第2階

級に 4 人の女性が属し、幹部にはセシル・フルネルが据えられ、バザールの妻クレール・バザールは「私的な助言者 conseil privé」と呼ばれて、全ての女性サン＝シモン主義者たちの代弁者と見なされた[55]。1831 年 7 月 8 日には、ロドリーグが次のように宣言している。

> 今日、女性たちは異なる位階の階級に位置を占めている。彼女たちが置かれているどの階級でも、女性たちは男性と平等である。今では、皆が果たすべき職務や達成すべき仕事を持っており、彼女たちの周囲には、彼女たちの仕事に協力することを熱心に望む別の女性たちが、日々押しかけてきている。…我々は、女性の決定的な解放を言明した。そしてあなた方の全員一致の喝采に囲まれて、我々が女性に認める新しい権利に従い、既にあなた方の中に女性の居場所を我々は作り出した[56]。

しかし、バザールの離脱後、アンファンタンは 1831 年 11 月 19 日に「家族の総会」を開き[57]、バザールとの仲違いを生じさせた自説を繰り広げ、11 月 21 日には女性の位階を解体した。11 月 27 日のテトブー講堂での象徴的な儀式を含め、1831 年 11 月のこれらの出来事により、女性解放思想は転機を迎え、女性たちはサン＝シモン主義者として行うべき主要な活動から締め出されていくことになる。まず 11 月 19 日の集会において、女性解放についての四つの見解である「肉体の復権」・「より崇高な愛への切望としての離婚」・「男女司祭」・「家族や国家、教会における男女平等」をアンファンタンは提唱した[58]。肉体の復権とは、キリスト教徒が精神・霊魂・理性を重視し、物質・肉体・感情を軽視してきた状況に、男性を重視し、女性を軽視してきた状況を重ね合わせ、物質・肉体・感情を復権することで、キリスト教が強いてきた女性の劣等状態を改善しようとする考えである。離婚の自由に加え、肉体の復権の二元論に人間の移り気ではない人と移り気な人という気質を結び付け、両者の気質を正当化しようとするアンファンタンに対しても、結婚の神聖化を望むバザールは倫理的な危険性を感じ、反発していた。11

月19日の集会後、バザールを追うように7人の古参のサン＝シモン主義者たちが、アンファンタンと袂を分かった[59]。続く11月27日の儀式では、11月21日に起こった女性の位階制度の解体を理由づけるべく、アンファンタンは男女司祭の発想を機能させた。ロドリーグに伴われ、11月27日の正午にテトブー講堂へ現れたアンファンタンは、サン＝シモン主義者たちの面前で椅子に腰かけた。この時、彼の右隣にはロドリーグが着席したが、アンファンタンの脇には空の肘掛け椅子が一つ置かれていた。その肘掛け椅子は、サン＝シモン主義者たちが女性に向ける呼びかけの象徴とされ[60]、アンファンタンと対をなす女性指導者が座るべき場所であった。男女司祭の発想を視覚化し、「自由女性 femme libre」と称する女性メシアの登場をサン＝シモン主義者たちに彼は予見させたのである。その上で、アンファンタンは以下のように説いた。

　　未来の倫理の法、それは男女の平等である。夫婦は最も親密で、宗教的な結合体となるであろう。自由女性が現れる時まで、どんな女性も我々の行為に参加することはないだろう。我々が暫定的に位階の階級に分類した女性たちは、それぞれが男性と対等になるまで、皆が互いに平等である[61]。

　結局、女性の位階が解体された理由は、女性指導者が新たにサン＝シモン主義に属する女性たちの間に位階制度を設立するためとされた。男女司祭の発想はサン＝シモン主義の思想となり、影響を与えたが、アンファンタンの上述の発言によって、自由女性が出現しない限り、女性たちはサン＝シモン主義者としての活動の中で、積極的な役割を担うことが不可能になってしまった。男女平等や女性の隷属状態からの解放を掲げながら、内部では充分に実践できていないアンファンタンのこの態度は、女性サン＝シモン主義者たちの反発を呼んだ。次第に、彼女たちは、自分たちなりの解放を模索し、行動を起こすようになる。その成果の一つが、新聞『自由女性』紙の発刊であった。

新聞『自由女性』紙は、1832年8月15日に女性サン=シモン主義者たちによって創刊された定期刊行物である[62]。この新聞は、『未来女性 La Femme de l'avenir』・『新女性 La Femme nouvelle』・『新女性 女性の解放 La Femme nouvelle Affranchissement des femmes』・『新女性 女性論壇 La Femme nouvelle Tribune des femmes』・『女性論壇 Tribune des femmes』とたびたび名称を変更しながら、1834年4月まで2年近くにわたり発行された。廃刊の理由は、1834年の結社法によって、出版活動の取り締まりを受けたからである。新聞は、一ヶ月に1回から2回の割合で刊行され、パリでは一部15サンチーム、地方では25サンチームの安さで売られていた[63]。また新聞の設立人は、ジャンヌ=デジレ Jeanne-Désirée の筆名を用いた22歳のお針子デジレ・ゲー Désirée Gay(1810-91)で、編集長は、マリ=レンヌ Marie-Reine の筆名を用いた20歳のお針子レンヌ・ガンドール Reine Guindorf(1812-37)であり、パリのケイル通り17番地にあるデジレの住居で編集作業は行われていた[64]。この二人が1833年8月頃にフーリエの思想に心酔し、新聞の運営から離れた後は、『自由女性』紙の2号から参加していた刺繍工シュザンヌ・ヴォワルカン Suzanne Voilquin(1801-77)が同紙の責任者となり、中心的な役割を果たした。

既に触れたように、『自由女性』紙は、男性サン=シモン主義者たちが女性サン=シモン主義者たちへ影響を与えた末の産物であった。彼らが女性たちに発言することの重要性を説いた結果、女性サン=シモン主義者たちは、アンファンタンの指導が及ばない、独立した新聞を作成するまでに至ったのである。『自由女性』紙の創刊号において、編集主幹のレンヌ・ガンドールは、同紙を創刊した理由について次のように記している。

> この出版物は思弁ではなく、女性の自由と協同を唱道する著作である。私たちの性に課せられた隷属や無能を非常に感じながら、女性たちに私たちとともに歩むことを呼びかけるため、そして教会や国家、家族の中で占めるべき場所を要求するため、声を大にする。…私たちはサン=シモン主義者であるからこそ、サン=シモン主義者ではない

者を全て拒絶するような排他的な精神を持ち合わせてはいない。…先入観や慣例ではなく、自分の心に従って、倫理・政治・産業・文学・流行について話す[65]。

『自由女性』紙に参加した女性たちが、自身の心に応じてことばを紡ぎ、記事を執筆する姿勢は、彼女たちが夫や父親の姓を用いず、ファーストネームだけを記事の最後に署名する行為にも明確に表れている[66]。また図Ⅱ-4は、『自由女性』紙の創刊号の表紙であるが、表題の上には、裸足の女性天使が右手にオリーブの小枝を持ち、左手に本のようなものを抱えて歩く姿が描かれている。この女性天使の姿は、1833年10月に『女性論壇』と新聞名が変わるまで表紙に描かれ続けており、女性の支配者によって世界に平和がもたらされたことを象徴しているとされる[67]。

他方で、『自由女性』紙の創刊は、アンファンタンが女性たちをサン゠シモン主義者としての活動から締め出そうとしたことへの反動でもあった。女性サン゠シモン主義者たちが独自の活動によって女性の解放を導き出そうと試みたことに関しては、アンファンタンが指導者の立場での女性解放しか考えなかった結果、彼女たちはどのような自由や解放を勝ち取るかは自らが決めたいという戦闘的フェミニズムに至ったと指摘されている[68]。さらに『自由女性』紙からは、サン゠シモン主義内部での対立が男女間だけではなく、女性同士の間にも存在していた事実が明らかとなる。『自由女性』紙の執筆者に、クレール・バザールやセシル・フルネル、アンファンタンの旧友アグラエ・サン・ティレールなど、サン゠シモン主義の活動で重責を果たした経験がある女性は、誰も含まれていなかった。この新聞には、設立人と編集長がお針子であったように、刺繍を施したり、肌着類を縫ったりすることで生計を立てる労働者階級の女性サン゠シモン主義者たちが、主に執筆をしていたのである。そして彼女たちが針仕事で得た報酬に支えられて、『自由女性』紙は発行されていた[69]。そのため、1832年11月14日の『両世界評論』誌では、「この新たな女性たちは、熟練の女性労働者である。彼女たちは、自分たちの独立を針の先端で勝ち取った。男性にシャツを縫うことによって、

図Ⅱ-4 『自由女性』紙の創刊号の表紙 1832年8月15日
（パリ アルスナル図書館）

彼女たちは男性の支配から解放されたのである」[70]と執筆者たちが揶揄された。シュザンヌ・ヴォワルカンは、この時評を諧謔とは捉えず、人の感情を傷つけ、不快感を与えるものだと激怒し、『自由女性』紙の8号ですぐさま反論している[71]。またシュザンヌは、彼女の回想録の中で、『自由女性』紙の意義について謙虚な態度で以下のように述べている。

　　実に多くの女性たちが私たちと書簡でのやり取りを交わしているものの、将来を明るく照らすための財産や地位もなく、初等教育も受けていない労働者階級の女性たちによって作り続けられている非常に些細な新聞は、権威がない上に、決して現実的な影響を世の中に与えることはできなかった。けれども私たちの新聞は、サン＝シモン主義者たちの分裂で傷ついた何人かの心を慰め、地方に住む仲間たちの心に教父や未来に対する希望と神聖なる情熱とを保持させていた。結果と

して、私たちの新聞は、上流社会の女性たちが意見を表明することを鼓舞した。少し経った後、彼女たちによるいくつかの出版物が刊行され、そこではちょっとした文学や流行などが主に扱われていた。これらの刊行物は、予約購読者を集めるほど成功を収め、さらには女性の思想の解放に役立っていたと思われる[72]。

『自由女性』紙の刊行が、以後、女性たちの手によって新聞や雑誌が出版される引き金となり、女性の思想の解放に一役買っていたことに加え、サン=シモン主義者たちの心情へ与えた影響に関してもシュザンヌは言及している。しかしながら、『自由女性』紙は、新聞『新しい信仰、行伝書』[73]とは異なり、サン=シモン主義者たちのためだけに存在するような、サン=シモン主義の活動報告のみに終始するような、刊行物ではなかった。なお、『新しい信仰、行伝書』とは、『自由女性』紙に対抗する形で、アンファンタンの指示の下、女性サン=シモン主義者セシル・フルネルが主宰し、1833年6月から1834年3月まで発行された新聞である。**表Ⅱ-3**「『自由女性』紙における記事の内訳」からも明らかなように、『自由女性』紙において、サン=シモン主義に関する記事は、記事総数142本のうちの26本、すなわち、全体の約18％に留まり、活動内容を簡潔に伝える短い記事が多いため、記事の数と分量との間に開きがあり、分量的には全記事の約14％を占めるに留まっている。それに対して、女性の劣等状態を告発し、新たな権利を要求する旨の記事は、記事総数142本のうちの56本、すなわち、全体の約39％に達し、分量的にも全記事の約41％を占めている[74]。また記事の内容が、サン=シモン主義に関連するものであったとしても、単純にサン=シモン主義者たちの活動を称賛し、アンファンタンへ盲目的に迎合するような内容にはなっていなかった。たとえば、サン=シモン主義者たちの重罪裁判所での訴訟については、アンファンタンがセシル・フルネルとアグラエ・サン・ティレールを裁判の証人に立てることを要求したものの、裁判官がこれを拒絶した出来事が記されている。この記事では、訴訟能力が否認されていることは女性の劣等的立場を明示し、女性に自由が存在していないことの表

表Ⅱ-3 『自由女性』紙における記事の内訳

号数	新聞名	発行年月日	記事総数	サン=シモン主義関係	女性の権利関係	時事	新聞	投書	論評
1	『自由女性』	1832.8.15	3 (6.7)		2 (5.4)		1 (1.3)		
2	『自由女性』	1832.8.25	4 (6.9)	1 (1.1)	3 (5.8)				
3	『未来女性』	1832.9	3 (5.9)	3 (5.9)					
4	『新女性』	1832.9.19	3 (5.7)		2 (5.2)	1 (0.5)			
5	『新女性』	1832.10.8	3 (7)		1 (3.3)			1 (0.7)	1 (3.0)
6	『新女性』	1832.10	6 (12.4)		2 (3.9)		1 (1.6)	2 (4.4)	1 (2.5)
7	『新女性』	1832.11	6 (13.3)	1 (1.4)	3 (5.7)		1 (2.3)		1 (3.9)
8	『新女性』	1832.11	9 (12.8)	1 (0.4)	2 (4.2)	2 (3.3)		1 (2.7)	3 (2.2)
9	『新女性』	1832.12	6 (11.9)	2 (3.5)	3 (8.2)		1 (0.2)		
10	『新女性』		5 (12.3)	1 (4.5)	3 (5.9)				1 (1.9)
11	『新女性』	1833.1	5 (12.6)	1 (2.5)	3 (4.8)	1 (5.3)			
12	『新女性』	1833.2	4 (11.6)	1 (4.9)	2 (4.2)			1 (2.5)	
13	『新女性 女性の解放』	1833.3	4 (12.6)		2 (5.6)			1 (3.3)	1 (3.7)
14	『新女性 女性論壇』	1833.	6 (12.7)	2 (1.1)	2 (6.8)	1 (2.2)		1 (2.6)	
15	『新女性 女性論壇』	1833.4	3 (12.6)	1 (8.5)	1 (1.2)				1 (2.9)
16	『新女性 女性論壇』	1833.5	3 (13)		1 (3.6)	1 (3.8)			1 (5.6)
17	『新女性 女性論壇』	1833.6	5 (11.6)	1 (0.3)	1 (6)	1 (2.3)		1 (1.2)	1 (1.8)
18	『新女性 女性論壇』	1833.7	5 (12.2)	2 (3.7)	3 (8.5)				
19	『新女性 女性論壇』	1833.8	5 (13.5)	2 (6.4)	2 (4.8)	1 (2.3)			
20	『新女性 女性論壇』	1833.9	7 (11.9)	2 (3.8)	1 (1.5)	2 (3.4)		2 (3.2)	
21	『女性論壇』	1833.10	6 (13.6)	1 (1.2)	2 (4.9)		1 (2.2)	2 (5.3)	
22	『女性論壇』	1833.10	4 (15)		2 (6.7)			1 (3.5)	1 (4.8)
23	『女性論壇』	1833.11	5 (14.9)	1 (1.2)	2 (4.1)				2 (9.6)
24	『女性論壇』	1833.12	6 (18.3)	1 (0.5)	1 (3.3)	1 (1.7)		2 (7.9)	1 (4.9)
25	『女性論壇』	1833.12	4 (15)		3 (3.2)	1 (5.7)			1 (6.1)
26	『女性論壇』	1834.1	5 (13.2)		4 (7.9)				1 (5.3)
27	『女性論壇』	1834.2	6 (12.7)	1 (1.6)	1 (1.3)	1 (1.3)			3 (8.5)
28	『女性論壇』	1834.2	4 (14.1)	1 (0.1)	1 (5.8)				2 (8.2)
29	『女性論壇』	1834.3	3 (13.5)		1 (8.1)	1 (2)		1 (3.4)	
30	『女性論壇』	1834.4	3 (16)		1 (4.5)	2 (11.5)			
31	『女性論壇』	1834.4	2 (14.2)		1 (10.4)		1 (3.8)		
合計			142 (379.7)	26 (52.6)	56 (154.8)	16 (45.3)	6 (11.4)	16 (40.7)	22 (74.9)

* 号数は、アルスナル図書館のアンファンタン文庫7861に不完全な形で保存されている『自由女性』紙を年代順に並べた番号である。『自由女性』紙は、全部で40号ほど刊行されたと考えられている。
* 内訳の「新聞」欄には、『自由女性』紙そのものに関する記事を分類した。
* 記事数の後にある( )内の数字は、記事の分量を示している。『自由女性』紙は1頁の文字数が一定ではないため、1頁につき32～38行、1行につき55～65文字の平均値にあたる35行×60文字＝2100字を1頁に定め、何頁分に相当するかを計算した。

れであると論じられている[75]。そしてアンファンタンが女性を証人に立てようとした行動をたたえるよりも、当時の民法で妻が単独で裁判上の行為を行えないことや、妻は夫の所有物として定められていることなど、両性の不平等の例が多岐にわたり糾弾されているのである。

『自由女性』紙の記事の中で、サン＝シモン主義に属する女工たちは、男女平等や女性の隷属状態からの解放を訴え、とりわけ物質的な自由が精神的な自由を導くとして、女性が経済的に自立することの重要性を主張し、そのためには、女性が充実した教育を受ける機会を得る必要性があることを繰り返し説いた。さらに4号では売春に、24号では人種差別と奴隷制度に、25号では死刑制度に反対する記事などを著したり[76]、当時の戯曲や小説を批評したりもした。また同紙の執筆者たちは、個人の階級意識と倫理観こそが、女性たちの間に分裂や亀裂を生み出す要因になることを認識していた。このことは、女性だけの力によって刊行されたフランスで最初の新聞であるという事実とともに、『自由女性』紙の意義として指摘されている[77]。女性の階級意識に関しては、創刊号での冒頭の記事において、特権階級の恵まれた境遇の女性たちと庶民階級の女性たちとが自由や平等を手にするという共通の利益で結ばれ、ひとまとまりになり、彼女たちが二つのグループに分かれないようにすべきことが呼びかけられている[78]。けれども、『自由女性』紙の5号と7号に見られる『女性新聞 Journal des femmes』に関する記事には、ブルジョア階級の女性たちが、女工、および妻や母である女性たちが耐えている現実的な社会の苦しみを真に理解していないことへの反発が示されている。1832年5月から1837年5月までの間、月に2回ほど発行された『女性新聞』は、カラー版画付きで四半期につき15フラン(一部あたり250サンチーム)の値段で売られ、弁護士の妻ファニィ・リショームが主宰した新聞であった。文学・科学・美術・流行・音楽などの新聞欄を持つこの定期刊行物は、ブルジョア階級の夫人たちだけを対象とし、彼女たちが家政を切り回すため、さまざまな知識を得る必要性が説かれていた。この『女性新聞』に掲載された9月15日のロール・ベルナールの記事と9月29日のフーコー・ド・パシーの記事が、教育と女性という二つの重大な問題を小話や詩、チョ

コレートの作り方、モードなどのつまらない事柄と同列に、軽薄に扱ったとして、『自由女性』紙7号の冒頭の記事では、ブルジョア階級の恵まれた女性たちに批判の矛先が向けられる結果となったのである[79]。一方、女性の倫理観に関しては、『自由女性』紙の7号に、同紙の記事の中で最も有名で、興味深い二つの記事がある。それらは、「新女性を団結させる規則の要約」という同じ題名の下に著された記事であり、一つはシュザンヌ・ヴォワルカンが、もう一つはジョゼフィーヌ＝フェリシテが執筆したもので、それぞれ次のように記されている。

シュザンヌ・ヴォワルカンの「新女性を団結させる規則の要約」

全ての女性たちが絆を作り上げるため、共通した標章（リボン）を身に着けることを嘆願する。…それからリボンの色の違いにより、各人が自由についてどのように考えているかを示すことができる。たとえば、私たちのような新女性は、献身と期待のシンボルとして、ダリア色 dahlia を採用した。このしるしを身に着ける者は、先に述べたように、キリスト教の規範に従い続けるだろう。力強く、率直さに溢れた他の女性たちは、別の色で自分たちの身の証を立てるつもりである[80]。

ジョゼフィーヌ＝フェリシテの「新女性を団結させる規則の要約」

無秩序や悪徳、虚偽という概念よ、消え失せろ！ 売春や不貞よ、世の中から無くなれ！ これらのものが消え去った時、私は自分がキリスト教徒ではないと口にする。いや、そもそもキリスト教倫理に束縛されてなどこなかったし、その厳格な義務に縛り付けられることなどもなかった。…私たちは全ての女性たちが既に持ち合わせている自由へ、そして現在やとくに未来において獲得すべく残されている自由へ向かって立ち上がることを呼びかける。現実の社会秩序が女性たちに与える避けられない難関において、キリスト教倫理という鉄のくびきが遠くに投げやってしまった自由な運命に取り組むよう、彼女たちに呼びかける。私は女性たちに、絆として、私たちの思想が一致している

しるしとして、ヒナゲシ色(鮮紅色)のリボン ruban ponceau を提示する[81]。

　両者の記事では、女性たちがキリスト教の倫理観や自由をどのように捉えているかによって、異なる色彩のリボンを身に着け、各人の立場を明らかにすることが提案されている。要するに、キリスト教の道徳観を守り、その倫理観に従って行動する女性たちは、ダリア色のリボンを、キリスト教の倫理観に従わず、全く自由に行動する女性たちは、ヒナゲシ色のリボンを採用することが提唱されているのである。これは、ダリア色のリボンを身に着ける女性たちは、キリスト教的な貞潔や貞節を順守し、ヒナゲシ色のリボンを身に着ける女性たちは、自由恋愛を支持することの表明でもあった。リボンの色については、ダリア色は濃い紫色と考えられているが、色相の違いは、赤の濃淡の差ではないかとも言われている[82]。上記のように、装飾品であるリボンを用いて、自分たちの立場および思想を表現する発想は、サン＝シモン主義者としての活動から影響を受けた結果ではないかと推察される。というのも、この発想が、次章で詳述するサン＝シモン主義者たちの服装が彼らの思想を表象していた状況を倣っているからである。

　サン＝シモン主義者たちの活動において、女性解放の思想は、アンファンタンがバザールを脱退させ、ただ一人の指導者として君臨した契機になっている事実だけを考えれば、確かに権力奪取の手段であったと言えるのかもしれない。しかし、離脱者を招き、サン＝シモン主義が衰退していった要因として、安易に位置づけられないように思われる。なぜなら、女性解放の思想に惹かれ、サン＝シモン主義に傾倒していった女性たちが存在していたことは間違いないからであり、新聞『自由女性』紙の刊行に見られるように、女性サン＝シモン主義者たちの独自の活動を新たに引き起こす原動力にもなっていたからである。

　註
1　カール・マルクス、およびフリードリヒ・エンゲルスが、階級闘争を想定せず、資本家と労働者の関係は互いへの愛情や温情を基盤にするとしたサン＝シモンの

思想を「空想的社会主義」と呼んだため、ロバート・オーウェンやシャルル・フーリエとともに、サン=シモンは「空想的社会主義者」として知られている。しかし、サン=シモンの思想が単に未来社会への理想を説いたものではないことから、彼を空想的社会主義者と見なすのは、サン=シモンの研究者の間ではもはや支持されていないとされる。(前掲書『産業者の教理問答 他一篇』339頁.) サン=シモンの生涯と彼の思想については、次の書物に詳しい。Émile Durkheim, *Le socialisme: sa définition, ses débuts, la doctrine saint-simonienne*, Alcan, Paris, 1928 (エミール・デュルケム『社会主義およびサン-シモン』森博訳 恒星社厚生閣 1977年); Frank Manuel, *The new world of Henri Saint-Simon*, Harvard University Press, Cambridge, 1956 (フランク・マニュエル『サン-シモンの新世界』上・下巻 森博訳 恒星社厚生閣 1975年); 中村秀一『産業と倫理—サン=シモンの社会組織思想—』平凡社 1989年.

2　前掲書『産業者の教理問答 他一篇』11頁.

3　前掲書『産業者の教理問答 他一篇』17, 41頁.

4　Sébastien Charléty, *Histoire du Saint-Simonisme (1825-1864)*, Paul Hartmann, Paris, 1931 (セバスティアン・シャルレティ『サン=シモン主義の歴史』沢崎浩平、小杉隆芳訳 法政大学出版局 1986年 489頁); 山田登世子『メディア都市パリ』青土社 1991年 120-21頁.

5　Jean Walch, "Qu'est-ce que le saint-simonisme?", éds.François Perroux, Pierre-Maxime Schuhl, *économies et sociétés saint-simonisme et pari pour l'industrie XIXe-XXe siècles*, t.4, n°.4, Librairie Droz, Genève, 1970, p.5.

6　Antoine Picon, *Les saint-simoniens raison, imaginaire et utopie*, Belin, Paris, 2002, p.77.

7　"De la Doctrine Politique et Religieuse de Saint-Simon.", *Revue de Paris*, t.17, août 1830, p.174.

8　1794年に中央土木学校の名称で創設され、1795年に理工科学校と改称した。1804年にはナポレオンによって軍の管轄下へ一時移されたものの、内務省の管轄下に置かれていた学校である。理工科学校は、今日まで続く高等教育機関の一つであり、現在は国防省所管の理工系の大学である。前掲書『産業者の教理問答 他一篇』332頁; 前掲書『サン=シモン主義の歴史』451頁.

9　ボルドー出身のオランド・ロドリーグは、アンリ四世校で生徒監督官を、理工科学校で数学復習教師を務めるも、復古王政下で、彼の先祖がユダヤ人であるという理由から教師の職を追われたため、金融業に乗り出して、不動産担保銀行 Caisse hypothécaire を創設し、理事となった。ロドリーグは、アンファンタンがアンリ四世校で理工科学校への入学準備をしていた頃より彼のことを知っており、アンファンタンを不動産担保銀行の出納係として雇ったり、サン=シモンと引き合わせたりもしている。サン=シモンのパトロンで、門弟でもあったロドリーグは、1832年2月13日までサン=シモン主義者の中で最も活動的な人物であった。しかし、雑婚を推進するようなアンファンタンの結婚制度についての考え方が、倫理的な問題を生じさせることにロドリーグは危険を感じ、さらに彼の妻が、建築家で、サン=シモン主義者のシャルル=レオポルド=エリ・アンリと浮気をし

ていたことに心を痛め、サン＝シモン主義から脱退したとされる。*Le Livre Nouveau des Saint-Simoniens*, éd.Philippe Régnier, Du Lérot, Charente, 1991, pp.332-33；前掲書『サン＝シモン主義の歴史』 33頁.

10　前掲書『サン＝シモン主義の歴史』 36頁.
11　前掲書『サン＝シモン主義の歴史』 75頁.
12　Georges Weill, *L'école saint-simonienne, son histoire, son influence jusqu'à nos jours*, Felix Alcan Éditeur, Paris, 1896；前掲書『サン＝シモン主義の歴史』.
13　サン＝シモン主義に関する研究では、男性エリートによって担われた活動の理性的な側面ばかりが重視され、パリの女性労働者から支持された側面は長い間、無視され続けてきたことが、次の著作においても指摘されている。高木勇夫『19世紀パリ・オデッセイ―帽子屋パチュロとその時代―』 叢文社 37頁.
14　*Catalogue général des Manuscrits des Bibliothèques publiques en France*, t.XLIII, Supplément, t.IV, Fonds Enfantin (Bibliothèque de l'Arsenal), Plon, Paris, 1904, pp.1-115.
15　Henri-René D'Allemagne, *Les Saint-Simoniens 1827-1837*, Librairie Gründ, Paris, 1930.
16　éds.C.Bouglé, Elie Halévy, *Doctrine de Saint-Simon, Exposition, Première année, 1828-1829*, Nouvelle édition, Marcel Rivière, Paris, 1924.（バザール他『サン＝シモン主義宣言―『サン・シモンの学説・解義』第一年度、1828-1829―』野地洋行訳　木鐸社　1982年.）
17　Henri Fournel, *Bibliographie saint-simonienne Du 1802 au 31 Décembre 1832*, Burt Franklin, New York, 1973, pp.68-76.「第一年度」の初版(1830年8月27日・全327頁)と二版(1830年12月・全431頁)は2千部、三版(1831年8月・全432頁)は3千部出版された。「第二年度」の初版(1830年12月・全172頁)は500部、二版(1831年7月・全324頁)は2千部で印刷を開始したが、1832年2月28日にバザールが著作権を求めて訴訟を起こしたため、「第二年度」の二版は刊行されなかった。
18　小杉隆芳「サン・シモンとサン・シモン主義者―「サン・シモン学説解義・第一年度」の社会思想について―」『駒沢大学外国語部論集』6　駒沢大学　1977年　109頁. 第二年度については、同著者の以下の論文に詳しいが、第一年度よりも重要性が低いとされる。小杉隆芳「サン・シモン主義の宗教への転化―サン・シモン学説解義・第二年度について―」『日本フランス語フランス文学会中部支部研究報告集』4　日本フランス語フランス文学会　1980年　31-36頁.
19　前掲書『19世紀パリ・オデッセイ』 168頁.
20　Louis Reybaud, *Jérome Paturot*, Edition illustrée par J.-J. Grandville, J.-J. Dubochet, Le Chevalier et Cie, Éditeurs, Paris, 1846, pp.14-15.（以下、『ジェローム・パチュロ』における引用部分は、全て筆者の訳出とする。参考 ルイ・レーボー『帽子屋パチュロの冒険』高木勇夫訳　ユニテ　1997年　24-25頁.）
21　*Ibid.*, pp.16-17.（前掲書『帽子屋パチュロの冒険』 27頁.）
22　George Sand, *Horace*, Les Éditions de l'Aurore, Meylan, 1982, p.85.

23 Publiées par les membres du conseil institué par Enfantin, Œuvres de Saint-Simon & d'Enfantin, Notices Historiques, t.3, op.cit., p.86.（以下、Notices Historiques と略記する。）説教は 1828 年にタランヌ街で始まり、1829 年はドーフィヌ街で続けられていたとされる。前掲書『サン＝シモン主義の歴史』 166 頁。

24 1831 Dogme Liste des adhérents à la Religion St-Simonienne dans les douze arrondissements de Paris, Ms.7793, Br.8, Fonds Enfantin, Arsenal.

25 アントワーヌ・ピコによれば、リストにある労働者の職業内訳は、次の通りである。仕立工 22 人が最も多く、高級家具師と印刷工が 14 人ずつ、指物師と靴の修理工が 9 人ずつ、以下、時計工・錠前師・靴工・ハンチング帽子工・飾り紐製造工・宝石細工師・金銀細工師・金工・金めっき工・旋盤工が 8 人ずつと続く。(Antoine Picon, op.cit., p.118.) ただし、リストにある女性の職業欄に関しては、お針子以外には、空白や「妻 femme」とだけしか書かれていないものが目立つ。

26 多数の職人が集まる建築現場で働く大工・石工とともに、仕立工が労働運動で中心的な役割を果たした理由は、労働運動の指導的集団となることで、職人世界での社会的地位の低さを克服しようとしたためとされる。また仕立工は、地方出身で、結婚せずに内縁関係を結ぶものが多く、家族の絆と強く結び付いていないことが、政治的過激さを招くという社会的イメージが、当時の支配層によって付与されていたことも指摘されている。喜安朗『近代の深層を旅する』 平凡社 1996 年 189 頁; 前掲書『家族』 169-72 頁。

27 マルタン・ナド『ある出稼石工の回想』喜安朗訳 岩波書店 1997 年 358 頁。

28 前掲書『権力の座についた大ブルジョアジー』 152 頁。

29 Jacques Rancière, La nuit des prolétaires, Fayard, Paris, 1981, pp.145-72; 喜安朗『近代フランス民衆の＜個と共同性＞』 平凡社 1994 年 239-42 頁。

30 Antoine Picon, op.cit., pp.120-21. 19 世紀フランスの職人組合および相互扶助会に関しては、以下の書物に詳しい。谷川稔『フランス社会運動史―アソシアシオンとサンディカリスム―』 山川出版社 1983 年; 二宮宏之他編集委員『シリーズ世界史への問い 4 社会的結合』 岩波書店 1989 年; 前掲書『近代フランス民衆の＜個と共同性＞』。

31 1831 年 9 月時点で、労働者階級に属する 220 人の支持者たちは、54 種もの職業に従事しており、仕立屋の主人および仕立工 19 人が最も多く、続いて印刷工と植字工 16 人、高級家具師 14 人、靴工 10 人が人数の多い職業であった。"Religion saint-simonienne.", Le Globe, Journal de la religion saint-simonienne, 3 septembre 1831, p.981 (Rep. Slatkine, Genève, 1978).

32 Ibid., 13 octobre 1831, p.1141. サン＝シモン主義の支持者の中に、子供が含まれていた理由は、労働者たちが自分たちの子供に知的エリート階級の男性サン＝シモン主義者たちからより高い教養を授けてもらう目的があったのではないかと考えられている。Antoine Picon, op.cit., p.124.

33 前掲書『アンヂアナ』上巻 「小序」 4 頁。

34 指導者であるバザールとアンファンタンを指し示す際には、「最高指導者(至高の父)père suprême」および「教父père」という呼称がどちらも用いられた。
35 Charles Pellarin, *Souvenirs anecdotiques*, Librairie des Sciences sociales, Paris, 1868, p.132.
36 Raymond Bonheur,《Les moines de Ménilmontant ou Les capacités saint-simoniennes.》, 1832.
37 Gisquet, *op.cit.*, t.2, pp.168-69.
38 1810年の刑法典291条では、結社・団結の自由が禁止されており、1834年4月10日の法律以降、それはより厳格なものになっていった。どのような目的であれ、政府の許可なく20人以上の集まりを定期的に持つことは禁じられ、違反への処罰は代表者(指導者)のみならず、構成員にも及び、軽罪裁判所へ付託された。フランスにおいて、結社の自由が認められるようになるのは、1901年のアソシアシオン法の制定によってである。Baron Marc de Villiers, *Histoire des clubs de femmes et des légions d'amazones: 1793-1848-1871*, Plan-Nourrit, Paris, 1910, p.285; 前掲書『権力の座についた大ブルジョアジー』113頁; 前掲書『近代フランスの歴史―国民国家形成の彼方に―』265頁.
39 小説『ジェローム・パチュロ』の中で、主人公がサン=シモン主義者になった際、サン=シモン主義の思想について受けた説明は、「人間による人間の搾取をやめること」、そして「男性による女性の搾取に終止符を打つこと」の二つだけであり、女性の解放が1830年代のサン=シモン主義者たちにとって重要な要素であったことがうかがえる。Louis Reybaud, *op.cit.*, p.14. (前掲書『帽子屋パチュロの冒険』23-24頁.)
40 サン=シモン主義の女性解放思想に関する現在までの研究動向は、以下の論考に詳しい。Philippe Régnier, "De l'état présent des études saint-simoniennes", *Regards sur le saint-simonisme et les saint-simoniens*, Presses Universitaires de Lyon, Lyon, 1986, pp.173-75; Michèle Riot-Sarcey, *La démocratie à l'épreuve des femmes Trois figures critiques du pouvoir 1830-1848*, Albin Michel, Paris, 1994, pp.296-97, note 47.
41 Pierre Larousse, *op.cit.*, t.XIV, p.84.
42 Marguerite Thibert, *La féminisme dans le socialisme français de 1830 à 1850*, Marcel Giard, Paris, 1926, p.8.
43 Louis Blanc, *Histoire de dix ans*, t.2, Velhagen, Bielefeld, 1844, p.335. (参考 サン=シモン『ジュネーヴ人の手紙』大塚幸男訳 日本評論社 1945年 87頁; サン=シモン『サン-シモン著作集』1巻 森博編訳 恒星社厚生閣 1987年 68頁.)
44 前掲書『サン-シモン著作集』1巻 350頁 註44.
45 フーリエの思想を信奉したフーリエ主義者の中には、性・結婚・家族に厳格な態度を取るカトリックの信者が多く、彼らが自由恋愛論を含め、家父長的な家族制度や結婚制度を破壊するフーリエの女性解放思想を積極的に推し進めることはなかったとされる。(志村明子「19世紀前半フランス空想社会主義における女性解放思想―シャルル・フーリエからサン・シモン主義者へ―」『花園大学研

究紀要』11　花園大学　1980 年　54, 62 頁; 前掲書『アソシアシオンで読み解くフランス史』109 頁; ブノワット・グルー『フェミニズムの歴史』山口昌子訳　白水社　1982 年　196 頁.) フーリエの女性解放思想については、以下の書物にも詳しい。Marguerite Thibert, *op.cit.*, pp.99-146; 水田珠枝『女性解放思想の歩み』岩波書店　1973 年; 水田珠枝『女性解放思想史』筑摩書房　1979 年; ジョナサン・ビーチャー『シャルル・フーリエ伝―幻視者とその世界―』福島知己訳　作品社　2001 年.

46　シャルル・フーリエ『四運動の理論』上巻　巖谷國士訳　現代思潮社　1970 年　221 頁.

47　*Doctrine de Saint-Simon, Exposition, Première année, 1828-1829, op.cit.*, p.243.（引用部分は、筆者の訳出。参考 前掲書『サン―シモン主義宣言』97 頁.)

48　*Notices Historiques*, t.3, *op.cit.*, pp.185-86.

49　*Enseignement Populaire. Premier Dialogue. Le Prolétaire et Le Bourgeois.*, Imprimerie de P. Coudert, Bordeaux, 1833, pp.5-6.

50　前掲書『女性解放思想史』268-69 頁.

51　Abel Transon, *Affranchissement des femmes. Prédication du 1er Janvier 1832*, Imprimerie d'Éverat, 1832, p.9.「女性の解放」ということばは、多義的で、実に曖昧な表現ではあるが、サン＝シモン主義者たちは émancipation と、多くの場合 affranchissement を用いて、しばしば「女性の解放」ということばを使用している。

52　Philippe Régnier, "De l'androgenèse du féminisme: Les saint-simoniens", *Cahiers du Centre d'enseignement, de documentation, de recherches pour les études féministes (CEDREF)*, Université de Paris VII, Paris, 1989, p.70.

53　パリでは 1831 年 6 月の時点で、第 2・第 3 階級を併せた人数は 60 人以上であり、リヨンやメッス、モンペリエ、トゥールーズなどの地方都市でも、指導者や幹部の庇護の下、サン＝シモン主義の支持者たちの間には位階制が敷かれていたとされる。(Antoine Picon, *op.cit.*, p.78.) また位階制度に関しては、師の思想の解釈を独占する神秘的権威者を頂点とし、その他の人々を権威者に服従する集団にしてしまったため、サン＝シモン主義者たちの結社が、平等な人間の自由な結合ではなくなっていったと指摘されている。(前掲書『アソシアシオンで読み解くフランス史』114-15 頁.)

54　Édouard Charton, *Mémoire d'un Prédicateur saint-simonien*, au bureau de la Revue Encyclopédique, Paris, 1832, p.15.

55　*Notices Historiques*, t.3, *op.cit.*, pp.109-12. クレール・バザールは、1830 年 10 月 26 日に行われた第 2 階級の儀式を取り仕切る責任者であったり、テトブー講堂での説教で高座に位置したりと、1831 年 3 月 9 日以前に位階制度へ組み込まれていた唯一の女性であった。

56　*Ibid.*, pp.180-85.

57　*Calendrier*, Primerie de Carpentier Méricourt, Paris, 1833.

58　Louis Blanc, *op.cit.*, t.2, p.338.

59　7 人の古参のサン＝シモン主義者とは、ピエール・ルルー、ジャン・レー

第1章　サン＝シモン主義と女性解放の思想　135

60　*Notices Historiques*, t.4, *op.cit.*, p.204.
61　*Ibid.*, p.207.
62　『自由女性』紙に関しては、次の論考に詳しい。Laure Adler, *À l'aube du féminisme: Les premières journalistes (1830-1850)*, Payot, Paris, 1979, pp.19-73（ロール・アドレール『黎明期のフェミニズム―フランスの女性ジャーナリスト（1830-1850）―』加藤節子、杉村和子訳　人文書院　1981年　17-96頁）; Lydia Elhadad, "Femmes prénommées: les prolétaires Saint-Simoniennes rédactrices de《La Femme Libre》1832-1834", *Les Révoltes logiques*, Centre de Recherches sur les Idéologies de la Révolte, Paris, 1977, n°.4, pp.62-88 et n°.15, pp.29-60; Claire Goldberg Moses, *French feminism in the nineteenth century*, State University of New York, Albany, 1984, pp.41-87; Christine Planté, "Les Féministes saint-simoniennes Possibilités et limites d'un mouvement féministe en France au lendemain de 1830", *Regards sur le saint-simonisme et les saint-simoniens*, Presses Universitaires de Lyon, Lyon, 1986, pp.73-102; Evelyne Sullerot, *Histoire de la Presse Féminine en France, Des origines à 1848*, Librairie Armand Colin, Paris, 1966, pp.143-63; Marguerite Thibert, *op.cit.*, pp.195-264; 加藤節子『1848年の女性群像』法政大学出版局　1995年　282-98頁; 佐藤浩子「ルイ・フィリップ統治下の「フェミニスト新聞」にみる＜女＞とは」『女性空間』25　日仏女性資料センター　2008年　35-46頁.
63　1830年代から1840年代にかけて、お針子を含む手工業の女性労働者は、平均日給が125～150サンチームであり、『自由女性』紙の一部は、お針子が一日の半分以上を働いたと仮定して、二時間ほど働けば購入可能であった。なお、パン1キロ（現在、売られているバゲット4本分）の値段については、1828年以降、47.5サンチームと高騰していたものの、1832年10月に33.75サンチームに低下した後、1832年11月の王令によって28.75サンチームと定められた。1キロにつき30～32.5サンチームの範囲を超えると、人々の間に飢えが生じたとされる。(前掲書『馬車が買いたい！―19世紀パリ・イマジネール―』167頁; ルイ・シュヴァリエ『労働者階級と危険な階級―19世紀前半のパリ―』喜安朗、木下賢一、相良匡俊共訳　みすず書房　1993年　252-53頁; 前掲書『家族』179-83頁; 前掲書『娼婦の肖像―ロマン主義的クルチザンヌの系譜―』263, 300頁.) また当時の新聞は、バラ売りではなく、年間購読予約制であり、大新聞の平均年間購読料が8千サンチーム（日刊紙であれば、一日あたり約22サンチーム）だと、平均日給が300サンチーム足らずの男性労働者が新聞を読むには、一ヶ月分の給料が必要な計算になる。(前掲書『メディア都市パリ』57頁.)
64　ジャンヌ＝デジレはジャンヌ・ダルクを、マリ＝レンヌは聖母マリアをなぞらえた筆名ではないかとされる。前掲書『黎明期のフェミニズム』51頁.
65　*La Femme libre*, 1ᵉʳ numéro, 15 août 1832, pp.6-8.
66　*La Femme nouvelle*, 8ᵉ numéro, novembre 1832, pp.86-87.
67　Leon Abensour, *Le féminisme sous le règne de Louis-Philippe et en 1848*, Plon, Paris,

1913, p.12.

68　前掲書『1848 年の女性群像』 296-97 頁.

69　"À nos Lecteurs.", *La Femme nouvelle*, 6ᵉ numéro, octobre 1832, p.41.

70　"Chronique de la quinzaine", *Revue des Deux Mondes*, 14 novembre 1832, p.492.

71　"Variétés.", *La Femme nouvelle*, 8ᵉ numéro, novembre 1832, p.81.『自由女性』紙の同号には、『両世界評論』誌の他に、労働者階級の女性たちが結社して記事を執筆していることを揶揄した『ル・フィガロ』紙と『アンデュストリエル』紙へのシュザンヌの反論も見られる。(*Ibid.*, pp.86-88.) また『自由女性』紙の 13 号には、作家シャルル・ノディエが 1833 年 3 月の『文学のヨーロッパ』誌に執筆した記事「自由女性、すなわち、女性たちの解放について」の中で、フランスでは労働者は老女と同義で、性別がないなどと侮蔑したことへのシュザンヌの批判も掲載されている。("Variétés.", *La Femme nouvelle Affranchissement des femmes*, 13ᵉ numéro, mars 1833, pp.164-68.)

72　Suzanne Voilquin, *op.cit.*, pp.124-25.

73　Publié par les femmes, *Foi Nouvelle. Livre des actes*, Alexandre Johanneau, Paris, 1833-34.

74　文学作品および『自由女性』紙に関する批評を行った新聞・雑誌記事への論評は約 15%(分量は約 20%)、時事問題を扱った記事は約 11%(分量は約 12%)、読者からの投書は約 11%(分量は約 11%)、『自由女性』紙の発行と運営に関するものは約 4%(分量は約 3%)という、記事の内訳になっている。

75　"Réponse À quelques questions qui nous ont été faites.", *La Femme nouvelle*, 10ᵉ numéro, p.113.

76　"De la prostitution.", *La Femme nouvelle*, 4ᵉ numéro, septembre 1832, pp.2-4; *Tribune des femmes*, 24ᵉ numéro, décembre 1833, pp.57-58; "De la peine de mort.", *Tribune des femmes*, 25ᵉ numéro, décembre 1833, pp.79-84.

77　Evelyne Sullerot, *op.cit.*, p.158.

78　"Appel aux femmes.", *La Femme libre*, 1ᵉʳ numéro, 15 août 1832, p.2.

79　"À Mmes Laure Bernard et Fouqueau de Passy, En réponse à leurs articles insérés dans le Journal des Femmes, le 15 et le 29 septembre.", *La Femme nouvelle*, 7ᵉ numéro, novembre 1832, pp.57-58.『女性新聞』は、合資会社ファニィ・リショーム＆カンパニーによって発行されていたが、1835 年 10 月に『女性新聞、ファッションの雑誌』に名称を変更すると、ガストン J. de Gaston という男性が新聞を主宰し、ファニーを監督するようになり、服飾流行や料理法、女性についての噂話などを扱う記事だけに、ますますなっていったとされる。前掲書『黎明期のフェミニズム』116-17 頁.

80　"Extrait du règlement qui unit les femmes nouvelles.", *La Femme nouvelle*, 7ᵉ numéro, novembre 1832, p.63.

81　*Ibid.*, pp.64-66.

82　Claire Goldberg Moses, *op.cit.*, p.75; 前掲書『1848 年の女性群像』 288 頁.

第2章　サン＝シモン主義の制服制度

男性制服の着用経緯と象徴性

　ルイ・ブランが、「サン＝シモン主義は思想の革新よりも服装の改革により、大衆に衝撃を与えるのに成功した」[1]と述べているように、サン＝シモン主義者たちが着用した服装は、その思想以上に、サン＝シモン主義の名を世間へ知らしめることに貢献した。小説『ジェローム・パチュロ』に目を向けてみても、主人公パチュロがサン＝シモン主義者になった際、最初に述べたその印象は、「鮮やかな青色の制服 l'habit bleu-barbeau」であった[2]。ただし、サン＝シモン主義がスキャンダラスな思想と見なされ、彼らが風俗壊乱罪で起訴されることになった原因もまた、制服制度に求めることができる。というのも、制服自体がサン＝シモン主義の思想の旗印であり、制服にはシンボリックな意味が付与されていたからである。とりわけサン＝シモン主義の男性制服は、平等・永遠・愛・禁欲的な生活・平和的な政治の道具・自分の仕事で地位が決まるという階級章・労働者と女性の解放など、実にさまざまな象徴的なことばと共存していた[3]。このような男性制服に関しては、マクシム・デュ・カンが『文学的回想』において、次のように記している。

　　一人で着ることができないチョッキ gilet は、友愛の象徴であった。…白いズボン pantalon blanc、赤いチョッキ gilet rouge、青紫の上着 tunique d'un bleu violet を制服とし、白色は愛情、赤色は労働、青紫色は信仰を示していた。制服は、愛に立脚するサン＝シモン主義が労働

によって心を鍛え、信仰に包まれていることを意味していた。髪型と襟巻 écharpe は個人に任されていたが、この世でも、後の世でも各人が自分の生活に責任を持ち続けるため、サン＝シモン主義者の名前が胸に大きな文字で記されていなければならなかった[4]。

では、サン＝シモン主義の男性制服は、どのような過程を経て、多くのシンボリックな意味を担うまでになり、いかにしてその思想を反映していたのであろうか。男性サン＝シモン主義者の制服については、1830年に自分たちの制服を所持したいという願望を抱き、色の濃淡によって位階制度の階級を表現する制服を考案したことに加えて、1832年6月6日の制服着用式に至るまでの経緯をダルマーニュが既に明らかにしている[5]。彼によれば、レーモン・ボヌールのデザインに基づき、アンファンタンが修正を行った結果、男性制服は、襟の折り返しがなく、胸前が開いた淡青色の上着、夏は白ズックで、冬は青いラシャ地のズボン、首の周りは赤く縁取られ、襟がなく、胸上に赤い大きな文字で着用者の名前が入り、背中にホックのある白地のチョッキ、銅のバックル付き黒革ベルト、赤いベレー帽、襟巻と定められていった。さらにダルマーニュは、制服が位階制度の階級章としての役割を果たしただけでなく、世俗からの離脱の表現であった点を指摘している。つまり、男性制服は、位階制に属しているという階級意識を強化すると同時に、サン＝シモン主義者たちの間に友愛の感情を育てる方法であり、外部の人々へは自身がサン＝シモン主義者であることを表明する手段になっていたと言われている[6]。従来の研究では、制服の象徴性に関して、このように階級意識と帰属意識が論じられているものの、あくまで、それのみが論じられるに留まっている。ここでは、女性サン＝シモン主義者の服装について言及する前に、そもそも、サン＝シモン主義の制服制度とは、どのようなものであったかを述べておきたい。そして男性サン＝シモン主義者たちが、1832年を中心に約3年間使用した制服の着用経緯を示すとともに、男性制服が階級意識と帰属意識のみに基づくものではないことを明らかにしておきたい。

1. 制服の始まり

　元来、サン＝シモン主義の制服制度は、1830年10月の男性制服の構想に始まり、メニルモンタンでの隠遁生活の開始から六週間が過ぎた1832年6月6日に、大々的に催された制服着用式で確立したものである。ただし、6月6日の制服着用式の前後に12人がメニルモンタンを離れ、1832年11月4日から14日にかけて、アンファンタンの側近として彼の身近にいた人物6人を含む計8人が、制服を放棄して元の生活に復帰したというように[7]、制服制度の綻びは1832年11月には否定できないものになっていた。結局、1833年8月27日と28日にサン＝シモン主義者たちがリヨンへ思想を普及しに行った際、リヨンの人々との親密な関係の妨げになるとして、彼らは自ら制服を脱ぐ行為に至った[8]。さらにアンファンタンが、「信念の妨げになるようならば、制服を脱ぐことを許可する」[9]と述べたため、1833年9月末には、制服を着用する者が少なくなっていった。この他にも、彼らが制服を放棄した理由として、1833年2月から新たに首飾りを身に着けるようになったことや[10]、1832年12月から1833年8月まで刑務所に拘禁されていたアンファンタンが、1833年4月頃にサン＝シモン主義の指揮権を放棄し、サン＝シモン主義者たちと距離を置くと宣言したことなどが挙げられる[11]。中でも、アルスナル図書館に収蔵されている首飾りは、その環と金属にシンボリックな意味が込められており、制服に取って代わるものであったと推測できる（図Ⅱ-5）。1833年1月14日のミシェル・シュヴァリエの書簡では、首飾りの象徴性に関して、以下のように説明されている[12]。

　　まず、サン＝シモンを鋼鉄の長方形で表現する。ビュシェとマルジュランは青銅の二つの環。ウージェヌは青い鋼の正三角形。ローランは褐色の鋼。バザールは褐色の鋼の棒で、そこには、四つの小さな鋼の環と四つの真鍮の環とがぶら下がっている。小さな鋼の環はカルノ、デュジェ、ルルー、レーノーを、真鍮の環はレセギエ、トランソン、カゾー、ジュールを表す。ロドリーグは赤銅の塊で、角は尖り、直線と円を組み合わせたような形である。フルネルとブファールとフ

ラシャは赤銅の環。ランベールとデシュタルとデュヴェリエは褐色の鋼の環。タラボは青い鋼の環。オアールは鋼鉄の環。バローは大きな鋼鉄の環。ミシェルは大きな真鍮の環。教父(アンファンタン)は真鍮の半円球である[13]。

　要するに、この首飾りは、環や金属の一つひとつがサン＝シモン主義に貢献した主要な人物たちをそれぞれ表しており、彼らの功績をたたえるためのものであった。首飾りの環と金属を結び合わせる部分には、小さな18個の環があり、新たな環と金属を追加することが可能な仕組みになっていた。アルスナル図書館では、首飾りの他に、そこに追加されたであろうメダルもいくつか収蔵しており、いずれのメダルにも1833年に女性指導者である教母の到来を告げることばが記されている。しかし、たとえ彼らの首飾りが制服に取って代わるものであったとしても、首飾りは男性制服ほどの多様な象徴性を持ち合わせていなかった。

図Ⅱ-5　サン＝シモン主義者の首飾り　1833年
(パリ　アルスナル図書館)

1830年10月の制服制度の始まりは、青色をサン＝シモン主義の色として定めたことに端を発するものであった。即座に位階の整理が行われた事実からも、制服は青色の濃淡によって位階の階級章の役割を果たすことが期待されていた。男性制服は、青色の上着 habit とズボン pantalon に加え、白色のジレ gilet により成り立っていた。一般に「ジレ gilet」とは、上着の下に着用するいわゆるチョッキのことである。すなわち、現在の三つ揃いの原型となった当時の上着・チョッキ・ズボンの組み合わせの内、チョッキを指している。ただし、以下の引用文に言及のあるジレは、当時のチョッキとは形を異にしたサン＝シモン主義独自の形状をしたチョッキのことであると思われる。

　　　新たな指示があるまでは、青がサン＝シモン主義の色である。バザールとアンファンタンは、「青フローラ色 bleu-Flore」と呼ばれる非常に明るい青のズボンと上着に、白のジレを身に着けている。幹部はそれほど明るくない青というように、フランス王家の青に至るまで段階がある。バザールとアンファンタンは、このような装いで既に2回説教に現れた。すぐに制服を持ちたいという望みを確認するためだけのものだが、非常に効果があった[14]。

　また同じ頃、「教義の成員の制服についての規約」[15]（表Ⅱ-4）が制定され、各階級の制服における色彩・素材・数量・値段が細かく定められた。そこでは、紫色を全階級の儀式用ジレに使用するとされたが、サン＝シモン主義の色である青色への崇拝は揺るぎないものであった。指導者は「明るい青フローラ色 couleur flore claire」、幹部は「青フローラ色 couleur flore」、第2階級は「通常の青 couleur ordinaire」、第3階級は「暗い青 couleur foncé」というように、位階の上下に青色の明暗が対応していた。
　そして制服の構想開始から一年が経過すると、位階制度に属する人々の制服が変更されたようである[16]。この状況を把握するには、1831年11月1日から1832年2月2日までの仕立屋フリソンへの洋服の注文や修繕の会計

表II-4　教義の成員の制服についての規約

制服の種類	指導者 色	数量	値段	幹部 色	数量	値段	第2階級 色	数量	値段	第3階級 色	数量	値段
儀式用上着 habit de cérémonie	明るい青フローラ色 couleur flore claire	2	221	青フローラ色 couleur flore	1	83.50	通常の青 couleur ordinaire	1	66	暗い青 couleur foncé	1	55
通常の上着 habit ordinaire	明るい青フローラ色 couleur flore claire	2	167	青フローラ色 couleur flore	2	132	通常の青 couleur ordinaire	1	55	暗い青 couleur foncé	1	55
シングルのフロックコート redingote droite	明るい青フローラ色 couleur flore claire	1	99.50	青フローラ色 couleur flore	1	71.50	通常の青 couleur ordinaire	1	55	暗い青 couleur foncé	1	54.75
ダブルのフロックコート redingote croisée	明るい青フローラ色 couleur flore claire	1	100.50	青フローラ色 couleur flore	1	71.50	通常の青 couleur ordinaire	1	59	暗い青 couleur foncé	1	59
儀式用ズボン pantalon de cérémonie	明るい青フローラ色 couleur flore claire	2	109	青フローラ色 couleur flore	1	39.50	通常の青 couleur ordinaire	1	29.50	暗い青 couleur foncé	3	73.50
通常のズボン pantalon ordinaire	明るい青フローラ色 couleur flore claire	2	79	青フローラ色 couleur flore	2	59	通常の青 couleur ordinaire	2	49	暗い青 couleur foncé	3	73.50
儀式用ジレ gilet de cérémonie	白地に紫のビロード velours violet fond blanc	2	53	赤地に紫のビロード velours violet fond rouge	1	21	紫のビロード velours violet	1	17	花模様入りの紫の絹 soie violette à fleurs	1	12.50
通常のジレ gilet ordinaire	赤地に紫のビロード velours violet fond rouge	2	42	花模様入りの紫の絹 soie violette à fleurs	2	25	明るい灰色のカシミア casimir gris claire	2	22	灰色のカシミア casimir gris	2	22
儀式用の夏のズボン pantalon d'été cérémonie	白ピケ piqué blanc	2	71	花模様入りの紫の絹 soie violette à fleurs	2	25	明るい灰色のカシミア casimir gris claire	2	22	灰色のカシミア casimir gris	2	22
白ズックの夏用ズボン pantalon d'été en coutil blanc	白の亜麻糸 fil	12	198	白の亜麻糸 fil	6	99	白の綿 coton	4	41	白の綿 coton	3	31.50
ベージュのズックの夏用ズボン pantalon d'été écru en coutil	ベージュの亜麻糸 fil	12	198	ベージュの亜麻糸 fil	2	29	ベージュの綿 coton	2	29	ベージュのズック toile	2	21
儀式用の白いジレ gilet blanc de cérémonie	白山羊の毛 poil de chèvre	2	35	白の亜麻糸 fil	2	29	白の綿 coton	2	29	白ズック toile	2	21
白ピケのジレ gilet blanc en piqué	白ピケ	12	168	白ピケ	6	84	白ピケ	4	46	白ピケ	2	23
色つきピケのジレ gilet en couleur et en piqué	色つきピケ	12	168	色つきピケ	6	84	色つきピケ	2	22	色つきピケ	2	22
襞入りマント manteau drapé		1	335		1	217		1	169		1	105
合計		67	1678		36	860.50		27	604.50		27	479.25

＊表中の33％のものが、日常生活で用いる衣服とされている。値段の単位はフランである。

記録が役立つ[17]。ダルマーニュは総額7900フラン50サンチームの会計記録としているが[18]、明細までわかるのは総額7005フラン50サンチーム、総数119件分である[19]。アンファンタンのものが2件あり、幹部5件、第2階級16件、第3階級17件の制服に関するものも含まれている。金額は位階が上位の者ほど、多少上がっている。アンファンタンは、1831年11月1日に紫の上着(110F：以下フランをFと略記)や、黒カシミアのズボン(45F)、白山羊の毛のジレ(20F)、黒絹ビロードのジレ(24F)を作り、12月10日には袖に絹の裏地が付いた青いフロックコートを修繕している(16F)[20]。幹部は、綾織の青いフロックコートや上着(90F)と、黒カシミアのジレ(15F)を基本に、ズボン(30F程度)は青・黒・灰色など自由な色を穿いている[21]。第2階級は、青のフロックコートや上着(85F)と、黒カシミアやサテンのジレ(15F)、青のズボン(32F)を基本にしていた。ピケ織の白いジレ(15F)を着る場合もあった[22]。第3階級は、青のフロックコートや上着(80F)と、ピケ織の白いジレ(14F)、青のズボン(30F)を基本にしていた[23]。ただし、ズボンに関しては、第2・第3階級に属する者も、青色ではなく、個人の判断で好きな色のものを穿くことが可能であった。フリソンの会計記録には、制服以外の注文も多く、多様な色相のフロックコートをサン＝シモン主義者たちが着用していた事実も確認できる。制服は、その構想が上半身の衣服から進んだようだが、思想を体現するまでには至っていなかった。

2. 制服着用式

　男性制服が思想の旗印になったのは、アンファンタンの主導による。つまり、アンファンタンの指導の下、サン＝シモン主義の服装関係の総責任者であり、どんな仕立屋の納品にも彼の点検や承認が必要とされたと評されるエドモン・タラボ Edmond Talabot(1804-32)と[24]、制服をデザインしたレーモン・ボヌールとによって[25]、サン＝シモン主義の思想は男性制服という形で結実したのである。実際、1832年6月6日の水曜日にメニルモンタンで催行された制服着用式も、サン＝シモン主義者自身が女性や労働者の解放ができる人間であること、そして忍耐や勇気、誇りや献身を必要とする仕事や危

険への準備ができている人間であることを示すための儀式であった[26]。アンファンタンは、着用式を厳粛なものにするため、「私たちは必ずや女性解放の使徒の服を身に着けることになるだろう」[27]と宣言して、式の三日前に姿を消し、エドモン・タラボが制服の責任者になった。制服のズボンを作り直して、洗濯する労働者たちをタラボが監督し、彼もベルトの修繕を徹夜で行った[28]。6月6日の午後二時からの制服着用式は、途中から雨が降り、雷鳴が轟く中、さらには、パリで起きた暴動によってサン＝メリー修道院から大砲や一斉射撃の音が聞こえる中で挙行された。式の内容は、アンファンタンがサン＝シモン主義者たちの前で新たな制服を身に着け、制服の象徴性を説き、彼らの意思を確認して制服を授与し、着用させるものであった。ダルマーニュによれば、全部で28人がその場で制服を着用したとされる[29]。

制服着用式の冒頭で、アンファンタンが古い社会の衣服を脱ぎ捨て、「使徒の服 habit apostolique」と呼ばれる男性制服を着用したように、制服は当時の社会からサン＝シモン主義者たちを永続的に区別するためのしるしであった[30]。言い換えるならば、男性制服は、同時代の社会秩序や慣習からの離脱を表象していたと思われる。当初は、隠遁生活を行っていたメニルモンタンの住居の壁が社会からの離別を表現するしるしであったものの、それだけでは決して充分ではなかったため、彼らは当時の社会秩序や慣習といった枠組みの中では生きていかないという強い決意を常に表現する方法として、日常的に身体にまとう衣服、すなわち、制服を望んだのである。またアンファンタンは、制服制度の根源的な存在理由とされる位階制度と男性制服との関係について、制服着用式で次のように説いている。

　　今後は、もはや予測や期待によってではなく、行動や行為によってあなた方の階級は示されるだろう。そういうわけで、私があなた方に手渡す衣服は、今日、あなた方の間に打ち立てることを望む平等のしるしである。…あなた方が得るであろう階級章は、大衆の手によってあなた方の衣服につなぎとめられるだろう[31]。

男性制服は、位階制度の階級章として個人を区分する役割を果たすと同時に、平等のしるしでもあった。相反する要素を、制服は兼ね備えていたのである。というのも、アンファンタンの目指す平等が、個人の能力に基づく行動、および実際の行為によって階級や階層が決定されることを意味していたからである。到達点は成果による違いが存在したとしても、出発点は相続財産や家柄などに左右されずに誰もが同じである状態こそ、彼の主唱する平等であった。制服を平等のシンボルとするがゆえに、制服着用式でアンファンタンはタラボが特別に用意した指導者用のビロードのベルトではなく、他の男性サン＝シモン主義者たちが着用する革ベルトと同様のものを身に着けることを望んだ[32]。何より彼らは、制服を着用した際、白いズボンや赤い文字入りのジレ、青い上着などの外形が同一で、身体に密着する衣服を共通して身にまとっていたのである。

　制服着用式で定められた男性制服は、白いズボン・赤い文字入りのジレ（図Ⅱ－6 口絵参照）・青い上着・銅のバックル付き黒革ベルト（図Ⅱ－7）・赤または白の襟巻・ビロードの赤いトック帽（縁なし帽子）から構成されていた。この頃から、長い髭と長髪の巻き毛も、サン＝シモン主義者には不可欠なものになっていった。18世紀後半から19世紀前半までのフランスの服装を＜ルイ16世時代の服装＞・＜共和制の服装＞・＜帝政の服装＞・＜サン＝シモン主義者の服装＞と四つに区分し、それぞれにつき三つの場面を描いた銅版画《服装》（図Ⅱ－8）を通して、着用式で制定された男性サン＝シモン主義者の制服と19世紀前半の流行りの服装との間には、隔たりがあったことを確かめられる。ただし、制服のジレや上着を着用せず、当時の人々が一般に着ていた服装に革ベルトだけを締めたサン＝シモン主義者も存在していた。それは、新規にサン＝シモン主義へ加入した者の恰好である。制服として定められた服飾をどの程度身に着けているかで、位階の差が自明となる原理であった。また帽子については、バスク地方のような、赤色の大きなベレー帽という記述によって[33]、サン＝シモン主義者たちが、頭から垂れ下がるほど大きな赤いベレー帽を被っていたことが指摘されている[34]。けれども1832年7月17日のタラボの葬式では、棺の中に上着やベルト、トック帽

図Ⅱ−6　アンファンタンのジレ（表）
（パリ　アルスナル図書館）

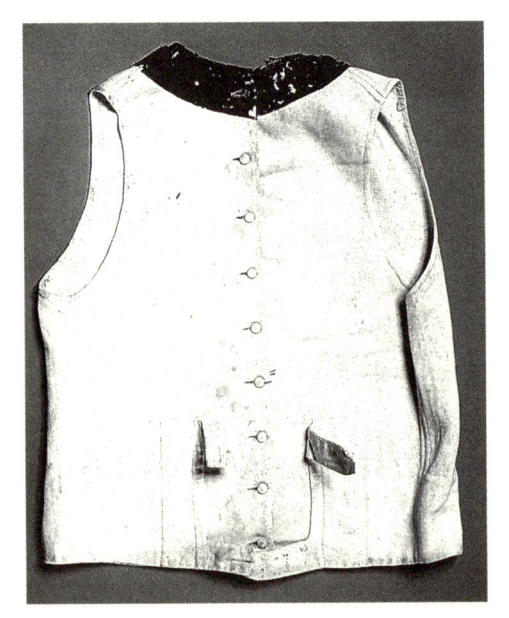

図Ⅱ−6　アンファンタンのジレ（裏）
（パリ　アルスナル図書館）

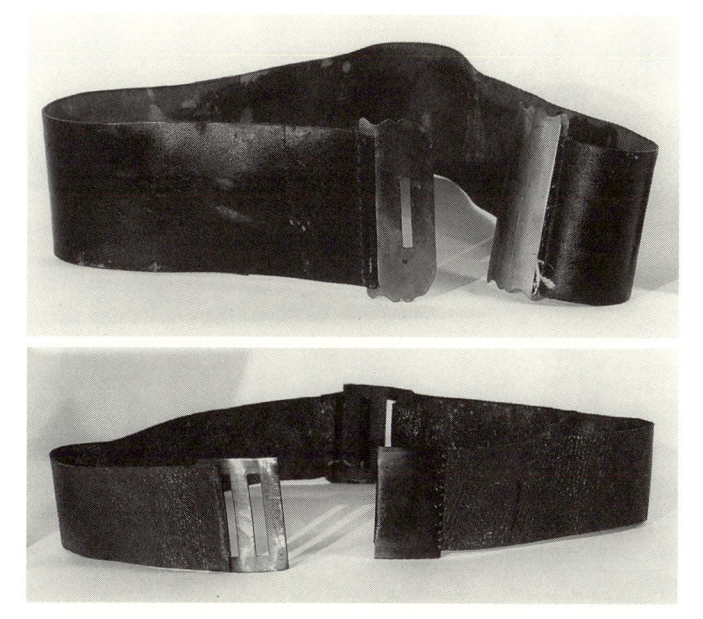

図Ⅱ-7　サン＝シモン主義者の銅のバックル付き黒革ベルト（2種類）1832年
（パリ　アルスナル図書館）

が納められており[35]、彼らは制服着用式から数ヶ月の間はトック帽を被り、1832年11月頃からベレー帽を被り始めたようである。

　では、このような男性制服において、サン＝シモン主義者たちが繰り返し象徴性を言及するのは、どの部分なのであろうか。それは、間違いなく、サン＝シモン主義独自の形状をしたジレである。制服着用式でも、アンファンタンが、「ジレは友愛のシンボルで、提携や協力の感情を着る度に思い起こさせるという利点がある」[36]と述べている。ジレは白地に襟刳りが赤で、胸上にはサン＝シモン主義の中で果たす役割や人物を一言で表す名が赤色で刺繍されていた。たとえば、アンファンタンの場合は「教父Père」、シャルル・デュヴェリエの場合は「シャルル、神の詩人 Charles, Poète de Dieu」と赤字で記されていた[37]。胸上の名前は、品行や道徳性の保証であり、各々の仕事の責任を明確化するための方法であった[38]。図Ⅱ-6のジレは、背中をボタンで留める形式になっており、制服着用式の様子を綴った『メニルモンタンの隠遁生活』の中でも、「オーギュストが着たジレの一つ目のボタンが、ア

図Ⅱ-8 ≪服装≫
(パリ フランス国立図書館)

＊上段から、＜ルイ16世時代の服装＞・＜共和制の服装＞・＜帝政の服装＞で、最下段が＜サン＝シモン主義者の服装＞になっている。1830年代のパリにおける服装は、三段目の＜帝政の服装＞に近い。

ンファンタンの手によって留められた」[39]と記されている。ただし、1832 年 8 月 28 日の『デバ』紙には、サン＝シモン主義者たちがボタンではなく、紐でジレを着用していたことを示す、以下のような記事がある。

> だが、彼らの衣服の中で、本当に宗教的で、倫理的で、政治的な部分は、ジレである。なぜなら、象徴的なジレだからである。ボタンで留めるのではない、というよりむしろ紐で締めている。これは、サン＝シモン主義者が常にもう一人のサン＝シモン主義者を必要としていることを意味する[40]。

また 1832 年に、思想を普及させる目的で制作された色刷り版画《メニルモンタンにおける男性サン＝シモン主義者の日々の仕事》(図Ⅱ－9 口絵参照)には、メニルモンタンでの日常生活が 12 の場面より描かれており、最下段の右端にある版画＜男性サン＝シモン主義者の身支度＞は、紐でジレを締めている様子を描いているようにも見える。初期の段階では紐締めも用いられていたのかもしれないが、ボタンと紐、いずれにしても一人では身に着けられないものである。

一方で、ジレを着用しない際に身に着けるシャツ、つまり全身にプリーツの入った「シュミーズ chemise」の構想を知ることができるアンファンタンの 2 通の書簡が、アルスナル図書館には残されている。この 2 通の書簡は、どちらも 1832 年 6 月末に友人のアグラエ・サン・ティレールへ宛てたもので、それぞれアンファンタンによって制服のイラストが描かれており、実に興味深いものである。シュミーズの全体像が描かれている方の書簡では(**資料Ⅱ－1**)、白いズボンや青い上着、ベルトとともに、白地に少し太めの赤い縞が入ったシュミーズを着用するため、型紙に合わせてシュミーズの見本を新たに作製する旨が記されている[41]。もう 1 通の制服を着用した状態を三つの図で示した書簡には(**資料Ⅱ－2**)、首を通す位置にはじまり、肩線が直角になることや背中が膨らんで折り目がよらないようにすることなどの注意点がいくつも綴られている[42]。とくに襟とシュミーズの胸上に施される名前

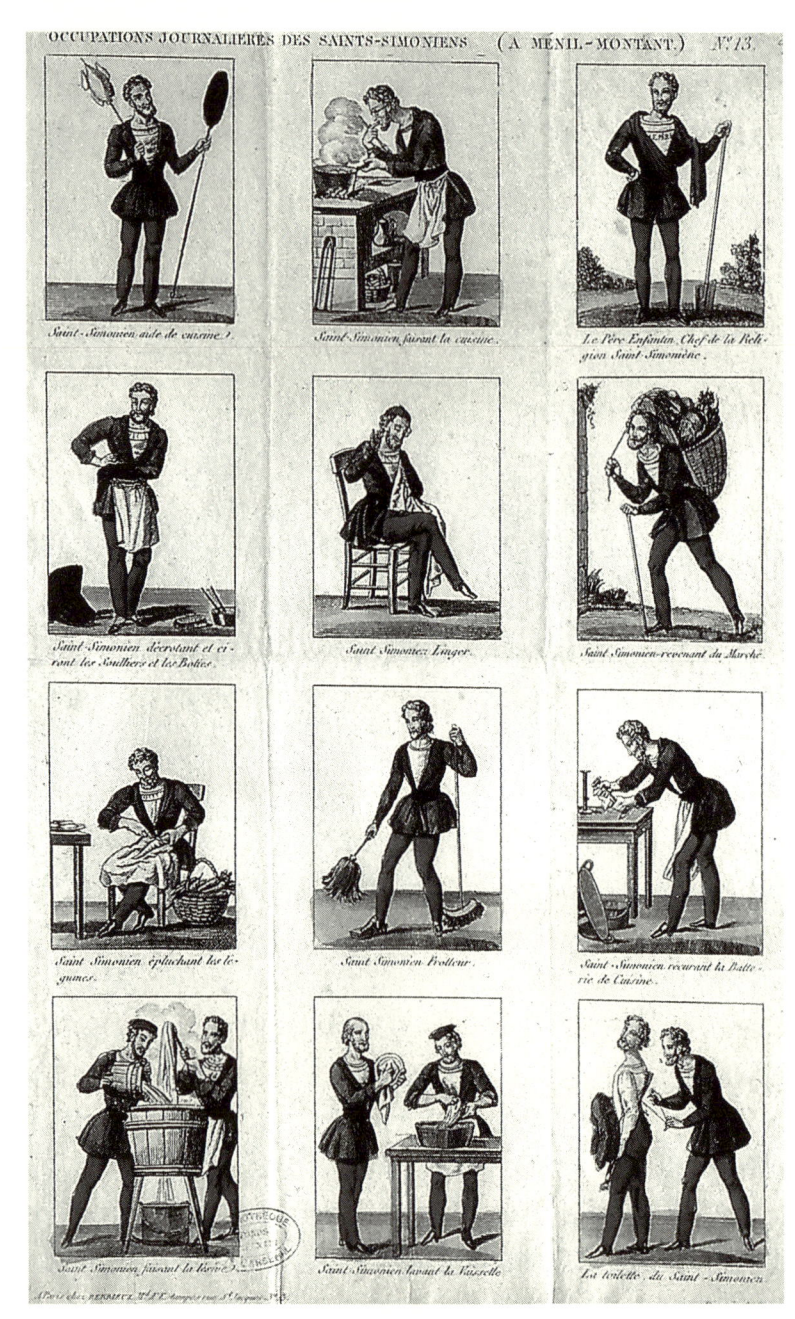

図Ⅱ-9　《メニルモンタンにおける男性サン=シモン主義者の日々の仕事》1832年
(パリ　アルスナル図書館)

入りのバンドには、アンファンタンのこだわりが細部にまで及んでいる。襟は綿ではなく、糊がきいた裏地付きの布地で、前面に二つのボタンを付けて折り返しは小さくする。名前入りのバンドは白地に赤い刺繍で文字以外の飾りはなく、各々の端に二つのボタン穴があり、赤色の絹の裏地でパイピングされている。アンファンタンのバンドに関しては、LE と PÈRE の間は一文字分の空間を取り、P の文字が中心にくるようにする。男性制服において、胸上の名前が担う役割は重要であったことをシュミーズに付いた名前入りのバンドからも確かめられる。さらにこれらの書簡を通して、制服そのものの形状や色彩、素材などは勿論、制服を身に着けた際、どのような姿で人目に映るのかという点にまでアンファンタンが非常に気を配っていた事実を知ることができる。

3. その後の制服

　制服着用式の後、1832 年 8 月 27 日と 28 日の重罪裁判所での裁判において、男性制服は嘲笑され、制服着用式は罪と見なされた[43]。サン＝シモン主義者の制服姿を題材にした諷刺画が 1832 年から 1833 年にかけて描かれるようになったきっかけが、この裁判にあったとダルマーニュは指摘している[44]。また当時の新聞が、サン＝シモン主義者の制服に関して揶揄を込めて書き立てた結果、皮肉にも、制服の象徴性を伝播させるのに少なからず貢献をした。1832 年 8 月 30 日の『ル・タン』紙の記事「重罪裁判所での制服研究」では、「メニルモンタンの制服は、サン＝シモンとアンファンタンのミ・パルティで、滑稽なものである。論理のない服装は、醜悪なものでしかない」[45]と制服を非難しながらも、ジレがコルセットと同じ役目を担っていたことや、銅のバックル付き黒革ベルトが上着のボタン代わりであったことなど、制服の細部にまで考察が及んでいる。さらに記事には、個人の判断で着用される襟巻が、その大きさと色彩により位階を明示していたと記されている。たとえば、アンファンタンは赤色の長い襟巻、ミシェル・シュヴァリエは赤く縁取られた白色の長い襟巻、バローは緑葉の刺繍入りの白色の襟巻というように、丈が長く、赤色の分量が多い襟巻ほど位階の高さを物語っていたようである。

資料Ⅱ－1　アンファンタンからアグラエ・サン・ティレールへの書簡　1832年6月末
(パリ　アルスナル図書館)

資料Ⅱ－1　アンファンタンからアグラエ・サン・ティレールへの書簡の原文

Je vous envoie, ma chère Aglaé, le patron très exact du cadre de la chemise. C'est le cadre plat qui doit être entouré d'une bordure de 6 lignes de large sur laquelle seront montés les plis plate devant, de derrière et des manches. Les plis du devant et du derrière seront gros et plats (un pouce de large) plaqués et non froncés, enfin d'éviter les froncis ou fronces; ceci est très important. Les plis du devant seront également montés en bas sur une bande de six lignes de manière à faciliter le repassage. Ce sera ainsi.

　Les plis auront, par devant, la longueur de ce papier, moins un pouce environ.
　D'après ce que vous m'avez dit sur la beauté de la toile d'Holstein, je crois que pour le travail, vous feriez bien de nous avoir de l'étoffe de toile de marin, rayée rouge ou bleu, droit ou à carreaux, cette chemise de couleur bien fait serait même un véritable habit lorsque nous mettrions pantalon blanc et ceinture. Ce serait très joli, j'en suis sûr, et même sous notre habit bleu, si c'etait rouge à raies un peu larges laissant voir du blanc.
　L'important au reste est d'avoir un premier patron très bien fait.
　Songez que l'entièreté de mon épaule est à trois grands pouces de distances de la partie du cadre qui forme épaulette depuis a jusqu'à b.
　Je vous dis cela pour que les meureurs [sic] de l'épaule soient leur libres si ne tirent pas la chemise.
　Dans le cas où vous feriez la chemise blanche, ne pourriez-vous pas faire le cadre en ètoffe de couleur. Jugez cela de votre œil de femme, ou du moins mettre un feston autour du cou.

資料Ⅱ-2　アンファンタンからアグラエ・サン・ティレールへの書簡　1832年6月末
(パリ　アルスナル図書館)

資料Ⅱ－2　アンファンタンからアグラエ・サン・ティレールへの書簡の原文

Le Père à Aglaé

（sans date）fin juin 1832

Ma chére Aglaé, voilà la chemise j'ai fait une marque pour bien indiquer le cadre par lequel le cou passe, cadre apparent lorsque je n'ai pas mon gilet d'uniforme et par conséquent qui ne doit pas présenter de ce gros plis bouffants qui font des paquets. Voici la forme:

C'est aussi comme cela que doit être taillé le faux col en forme de rabat qui se met par dessus et qui est une réptition [sic] de ce cadre. Seulement par devant il est moins long que ce cadre moins tombant, pour laisser voir la bande sur laquelle sera le nom d'apôtre, quant a [sic] cette bande je serai bien aise que l'une de vous en commences une pour essai, fond blanc, brodé en rouge sans autre chose que les lettres; pas d'ornements; deux boutonnières de chaque côté, monté sur soie rouge, cette doublure de soie formerat [sic] un léger passepoil: ainsi

Les cols devront être en toile et non en coton, toile doublée, de manière à être très fortement empesé avec la place de deux boutons par devant: il ne doit pas être plus large que cela par devant demanière à ne pas avoir l'air d'un rabat ancien.

Si vous avez du linge pour commencer à faire quelques chemises nous ne vous donnerions pas de drap sinon Holstein a de très jolis draps qui nous d'excellentes et belles chemises, et il y a rue Monsigny des gros draps qui nous fesaient quelques unes pour le travail. Ce que je vous recommande surtout c'est que, autour du cadre les plis soient plaqués et non bouffants; Il faut qu'ils soient rabattus large [sic] sur l'ourlet qui formera garniture, laquelle garniture doit avoir un demi pouce de large à peu près pour former un joli encadrement qui, à la rigueur pour nos beaux jours, pourrait être brodé. Quoique notre gilet cuirasse cache ce cadre, comme nous sommes quelquefois et souvent même sans gilet, il faut que cela soit joli à l'œil. Pour cela l'épaulette doit tomber très carrément sur la ligne de devant, et les deux coutures qui partent qui partent de l'épaulette sur l'épaule devront être également assez large [sic] et bien piquées pour dessiner la pointe de l'épaule; ainsi:

L'important, je le répète c'est que les plis du dos soient bien plaqués.
Voilà une dissertation de lingerie, très distinguée ce me semble.
Le devant du corps sans gilet sera ainsi (voir pl.1. 2. 3. *
Le bande portant le nom sera placé de manière qu'en formant l'habit on la voie bien encore entre l'habit et le rabat. La bande du nom doit avoir deux fois cette longueur pour moi.

et cette largeur y compris le passepail indiqué, il faut que le nom soit bien au milieu, c'est le P qui est ce centre, parceque quoiqu'il n'y ait que six lettres la distance entre LE et PERE [sic] occupe la place d'une lettre. Bonjour, bonjour

---

＊１枚目の書簡下に描かれた制服の着用図は、左から、図１「ジレを着用していない場合 sans gilet」・図２「ジレを着用している場合 avec le gilet」・図３「ボタン付きの服を着用している場合 l'habit boutonné」となっている。

このような新聞記事に加え、被告人や証人の立場で出廷したサン＝シモン主義者たちが、制服のシンボリックな意味を裁判の間中繰り返し説き続けたため、重罪裁判所での裁判はパリ市民にサン＝シモン主義の制服を印象づける絶好の機会となった[46]。制服は全ての者が付き従うべき世界的協調のしるしであり、平定・進歩・忍耐・勇気のシンボルである。そして男性サン＝シモン主義者たちの現在の性格や仕事、簡素さ、絶えざる危惧を示すべきであり、実際それを示しているとされた[47]。裁判の終わりには、アンファンタンが、「栄光と名誉の軍服を着る兵士、および聖なる衣服で身を飾る司祭と同様に、法服を着用する裁判官は、制服に結び付けられる教訓を与える力がどのようなものであるかを認識しなければならない」[48]と説いている。

メニルモンタンにおける隠遁生活の開始から半年後の1832年10月23日に、ブルジョアの服装がメニルモンタンから一掃されたという記述があり[49]、1832年10月は男性制服の着用者が最多の時期であったと推測できる。1832年10月2日のアンファンタンの書簡にも、二週間以内に、約200人が新たに制服を着用することを期待する旨が綴られている[50]。またこの頃、男性サン＝シモン主義者たちは、制服の色の変更と冬服についても考え始めたようである。

ところで、10月2日のアンファンタンの書簡には、「既に一度、楽師の中からかなりの人数の器楽奏者たちが、私たちの歌の伴奏をしに来ました。画家や彫刻家のアトリエでは、私たち数人の絵を描くことや造形することを望んでおり、何人かの芸術家たちは、衣服の出費に貢献しようと申し出てくれています」[51]という注目すべき文章がある。当時の芸術家たちの中には、費用を賄う提案をするほど、サン＝シモン主義の男性制服に共鳴していた者も存在したのである。さらにアンファンタンによれば、この芸術家たちは詩情のない当時の衣服に革命を起こす試みが必要と訴えており[52]、ロマン主義の芸術家たちが当時、流行りの服装をブルジョア服として嫌悪し、中世趣味の異装を行っていた事実に思い至らせる。彼らは、黒い燕尾服や長ズボン、白いシャツなどから成るモノトーンの装いをブルジョア服として嫌う反面、色彩豊かな中世の服装に関心を抱き、それを模した恰好をしていた。ロマン主

義の芸術家たちの異装に関しては、歴史劇や絵画作品に取材し、知的遊戯性を兼ね備えていたこと、そして凡庸で、低俗なブルジョアによって先導される社会への不満と文明化への批判が込められていたことが知られている[53]。他方で、サン゠シモン主義者たちは、サン゠シモン主義の男性制服を「使徒の服 l'habit apostolique」と称する反面、流行りの服装を「ブルジョア服 l'habit bourgeois」と呼び、自分たちの服装と明確に区別していた。当時の服装と相対する恰好として存在している点は、ロマン主義の芸術家の異装とサン゠シモン主義者の制服には通じるものがある。加えて、現実拒否の姿勢から異装を実践したロマン主義の芸術家と、平和や平等、労働者や女性の解放など、時代に欠乏していた思考を象徴する男性制服をまとったサン゠シモン主義者とは、文明・社会批判の意味を自らの衣服に託していた点においても共通している。

　けれども、知的遊戯性を備える芸術家の異装と比較して、サン゠シモン主義の男性制服からは一様で、均質な印象を受ける場合がある。サン゠シモン主義者たちが通常は costume や habit と呼ぶ制服を、時折 uniforme や habit uniforme で置き換え、そこに連帯・団結を意味する語句「solidarité」を付す実情が、男性制服に軍服の要素を想起させるからである。彼らはサン゠シモン主義そのものを軍隊と見なして、「私たちの現在の制服は、軽装備の部隊によって、人々が望むだろう色彩と標章の多様性を全て保持したまま大衆へと導入されていくであろう」[54]とも述べている。さらにアンファンタンは、制服をパリに住む人々へ披露しに行くことを提案し、1832年6月10日の日曜日にヴァンセンヌへ赴く計画を立てている。ヴァンセンヌは、1814年にアンファンタンが理工科学校の制服を着て、砲兵隊の一員として活躍した思い出の地である。理工科学校の制服とは、三角帽と剣、それに上着が青色の軍服 habit bleu d'uniforme であった[55]。「理工科学校の学生は、階級章にも関わらず、完全なる平等の中で生きている」[56]ということばは、サン゠シモン主義者たちにも当てはまるものであり、制服制度の理念でもある。サン゠シモン主義の支持者に理工科学校の学生と出身者が多く含まれている以上、男性制服が理工科学校の青い軍服と全く無関係であったとは考えにくい。これ

らの点を考慮に入れれば、サン＝シモン主義の男性制服は、いかなる事態に陥っても決して暴力に訴えることがなかった、サン＝シモン主義という思想が持った軍服であると言えるのかもしれない。

　ただし、男性制服に連帯・団結を意味する語句が付与されるのは、そこにホモソーシャリティ、すなわち、男同士の社会的な絆（連帯）が存在しているからであるとも思われる[57]。サン＝シモン主義への賛同者を多く輩出し、軍服の着用が義務づけられていた理工科学校では、学校生活を送る中で男同士の固い友情や絆が育まれ、その様子は理工科学校よりも強固な結束を誇る団体はないと評されるほどであった[58]。また19世紀フランスでは、男性の裸体は存在しないものとして隠され、人々の視界から消え去っていく一方で、服装の簡素さと画一性が男らしさを体現し、戦う兵士の軍服姿や制服姿にこそ男の身体が表象されていったと言われている[59]。そもそも、メニルモンタンにおいて男性だけが集まって隠遁生活を送っていたことや、制服のジレを着用するため、他の男性によって背中のボタンを留められる行為が公然と行われていたことなどから、男性サン＝シモン主義者たちの間には、ホモセクシャルな関係が存在していたと考えられている[60]。しかしながら、彼らの多くが婚姻によって女性の配偶者を得たり、恋愛において異性愛の実践をしている事実から、彼らの間に存在するのは、むしろホモソーシャルな関係であると見るべきであろう。男性サン＝シモン主義者にとって、視覚的に男同士の社会的な絆（連帯）を呼び起こす装置となっていたのが、男性制服であったと思われる。というのも、女性解放の思想を掲げ、男女平等を謳いながらも、男性サン＝シモン主義者たちは、女性サン＝シモン主義者たちの服装を男性制服ほど重要視してはいなかったからである。そのことは、男性サン＝シモン主義者たちが彼らの思想を象徴する体系的な制服を所有していたのに対し、次節で述べる女性サン＝シモン主義者たちの服装には、男性制服ほどのシンボリックな意味が込められていなかったことからも明らかである。またアグラエ・サン・ティレールは、1832年6月6日の制服着用式の最後に、男性サン＝シモン主義者たちが制服を身に着けて行進する姿を眺め、「男性によって女性の自立が始まるものの、女性たちは本当に自由であるとは言えな

い」[61]と嘆いている。アグラエは制服着用式で発言した唯一の女性であり、女性たちは見るという行為でしか着用式に携わることができなかったばかりか、式への出席を許可された女性サン=シモン主義者は、女性の位階制度が解体するより以前に、位階制度へ組み込まれていたわずか数人の女性たちだけであった[62]。男性サン=シモン主義者たちが女性を周縁化し、排除しようとする行為は、女性の位階制度の解体、およびメニルモンタンの隠遁生活だけに見られることではなく、理工科学校の軍服からの影響を考えられる男性制服の着用にも充分に表れていると言える。このような行為は、ホモソーシャリティが女性蔑視や女性嫌悪に基づくとされていることを反映している。

　サン=シモン主義の制服制度は1833年9月末に衰退するものの、11月になっても制服を手放さない者も存在していた。サン=シモン主義者のアドルフ・リゴーは、1833年11月7日のマルセイユ港での出来事を、「かなりの数の女性や男性、子供たちが河岸に沿って続いており、女性たちが旅立つのを見て、驚いているようであった。既に有名な制服を着用した周囲の人々によって、彼女たちもまた宗教的な信念から生き生きと旅立っていくのがよくわかっていた」[63]と綴っている。また1833年には、アンファンタンの主導する制服制度とは別に、特別な男性の服装が二つ誕生した。一つは、12人のサン=シモン主義者たちと「女性の友」を結団したエミール・バローが、女性メシアを求め、オリエントへ旅立つ際に着用していたものである。赤色を基調とし、青色が皆無であったバローの姿は、《オリエントでのバローの伝道の衣裳》(図Ⅱ-10 口絵参照)と題され、女性の友に加わった画家ジョゼフ・マシュローによって描かれている。彼の恰好は、女性の救世主が見つかるまではサン=シモン主義の色である青色を身に着ける意思がないことを示していた。それは、1832年12月15日にアンファンタンが拘禁されてしまった上に、女性の指導者も見つからなければ、指導者が不在の状態となり、そのような状況下で、自らがサン=シモン主義者であることを名乗りたくないというバローの決意に関係していたとされる[64]。さらにデュ・カンの回想録によれば、白色の上着は、サン=シモン主義者たちがパリを離れる折に表明した貞潔の誓いの証であった[65]。

図Ⅱ－10 ジョゼフ・マシュロー《オリエントでのバローの伝道の衣装》1833年
(パリ アルスナル図書館)

　もう一つは、オペラ-コミック座のチェリストであったタジャン-ロジェ-ドミニクが、1833年5月1日に結社した「芸術家たち artistes」と呼ばれるグループによって着用された服装である(図Ⅱ－11 口絵参照)。この服装は、サン＝シモン主義者たちのオリエントへの伝道を南フランスで広く知らしめる活動のために使用されたものであり、上着の襟刳りの黒い縁取りや袖の膨らみ、黒革の手袋の他に、サン＝シモン主義への忠誠のしるしとして上着に青色が用いられていたことが特徴とされる[66]。新聞『新しい信仰、行伝書』には、1833年5月16日にパリを出発する9人の芸術家たちの装いについて、「明るい青色で、袖が膨らんだ新しい衣服と白いジレ、白いゲートルを彼らは身に着けていた。残りの衣装は、私たちが以前に与えられた制服と同じようなものであった」[67]と記されている。
　サン＝シモン主義者たちが採用した制服制度は、彼らの約40年にわたる活動の中で3年間しか機能していなかったものの、わずか3年あまりの出来事と看過することは、できないように思われる。なぜなら、男性制服の一

図Ⅱ-11　ジョゼフ・マシュロー ≪芸術家たちの服装≫ 1833年
(パリ　アルスナル図書館)

つひとつの形状や色彩、着用の仕方などにシンボリックな意味があり、男性制服は思想を体現し、普及させるための有効な手段として存在していたからである。このようなサン=シモン主義の制服制度は、制服そのものが兼ね備えている倫理観や道徳規範を形成する機能を利用した事例の一つであると思われる。サン=シモン主義者たちは、神聖な使命のしるしとして制服を公然と身に着け、彼らのことばと行動の責任を制服の着用により負おうとしていたのである。

サン=シモン主義とズボン

　小説『ジェローム・パチュロ』には、男性制服を着用した主人公パチュロの傍らで、サン=シモン主義者としての新しい責務に駆り立てられ、いきりたつ恋人のマルヴィナが、ズボンを穿こうと試みる次のような場面がある。

162　第Ⅱ部　女性サン＝シモン主義者の異性装

　私(パチュロ)は、この芸術家によって仕立てられたズボンを否応もなく身に着けさせられた。そしてマルヴィナが、私と同じようにズボンを穿こうとするのを食い止めるのにひどく苦労した。私の愛しい花売り娘は、彼女の新しい義務を過剰なまでに意識していた。つまり、大昔から自分の性別(女性)が被ってきた抑圧の仕返しを、私という人間(男性)に対してしなければならないと彼女は信じていたのであった[68]。

　また、フランスの版画家ピエール・マルーヴルの息子であるルイ・マルーヴルによって制作されたと思われる《若きサン＝シモン主義の女性》(図Ⅱ-12 口絵参照)には、ズボン状のペチコートを穿いた女性サン＝シモン主義者の立ち姿が描かれている。この版画は、男性サン＝シモン主義者の立ち姿を描いた《サン＝シモン主義者(教父アンファンタン)》(図Ⅱ-13 口絵参照)とともに、1832年初めにマルティネ書店から刊行され、女性サン＝シモン主義者を描いた作品の中では、つとに知られるものである。そして描かれた女性

図Ⅱ-12　ルイ・マルーヴル　《若きサン＝シモン主義の女性》　1832年初め
(パリ　アルスナル図書館)

図Ⅱ-13　ルイ・マルーヴル ≪サン=シモン主義者(教父アンファンタン)≫ 1832年初め
(パリ アルスナル図書館)

　サン=シモン主義者が、ズボン状の下着を穿いている理由は、男性と同等の権利を主張しているからであると言われている[69]。さらに根拠は示されていないものの、女性のズボン着用の一般化を、女性解放へ至る一つの段階とサン=シモンが見なしていたとする説も存在している[70]。この場合のズボンとは、ドロワーズやカルソン、すなわち、ズボン状の下着を指し、女性サン=シモン主義者が青いドレスの下に着用した衣類のことであると思われる。

　女性サン=シモン主義者の姿は、マルーヴルの版画に見られるように、ズボン状のペチコート・青い簡素な膝丈のドレス・赤または白の襟巻・赤い大きな帽子・ベルトを身に着けた特有な恰好で描かれることが常であった。それゆえ、当時の版画を通して、女性サン=シモン主義者がどのような恰好をしていたかを、うかがい知ることは可能である。けれども、その服装については、未だ不明瞭な点が数多く残されている。そもそも、なぜズボン状のペチコートや青いドレスなどを女性サン=シモン主義者たちは着用していたのかという疑問が解決していないからである。また彼女たちの服装を男性サン

＝シモン主義者たちが制定した男性制服と比較した際、どのような共通点や相違点があるのか、さらには、彼女たちの服装は、彼女たち自身の手によって定められたサン＝シモン主義の女性制服として捉えてよいのかどうかという問題も存在している。

サン＝シモン主義を支持する女性たちの服装に関しては、異性装およびフェミニズムにまつわる論考の中で、若干の考察がなされている。中世から20世紀初頭までの女性とズボンのかかわりを調査したロール＝ポール・フロベールは、その著書『女性と男性の服装』の中で、サン＝シモン主義者たちは費用と健康面での理由から衣服改革を試みたものの、考案した服装は諷刺画の題材として扱われるに留まり、女性たちがそれを実際に着用するまでには至らなかったと主張している[71]。他方で、女性新聞を通して、近代フランスにおける女性運動の歩みを明らかにしたロール・アドレールは、『黎明期のフェミニズム』の第1章で女性サン＝シモン主義者たちに言及し、狂信的な支持者であるクレール・デマールが、数人の女性たちにサン＝シモン主義の女性制服を着せることに成功したと述べている[72]。またフィリップ・レニエによれば、男女平等を誇張するため、女性がズボン状のペチコートを身に着けなければならなかった行為をアンファンタンは誇りに思っていたとされる[73]。上記の論考からも明白なように、サン＝シモン主義の女性たちが当時の版画に見られるような恰好を実際にしていたのかどうかという点ですら、意見は分かれ、明確になっていない。ここでは、女性サン＝シモン主義者たちの服装とサン＝シモン主義の制服制度との関係をはじめ、彼女たちがどのような目的で、ズボン状のペチコートや青い簡素な膝丈のドレスなどを身に着けていたかについて明らかにしておきたい。

1. 帰属意識

先に述べたように、男性サン＝シモン主義者たちが1832年6月6日に盛大な制服着用式を催したのに対し、女性たちにはいかなる儀式も存在しなかった。さらに1831年11月21日に、アンファンタンが女性の位階制度を解体した結果、位階と服装とを結び付ける制服制度の根源的な存在理由が

女性サン＝シモン主義者たちからは欠落してしまった。ゆえに、彼女たちは男性同様の状態で自分たちの制服を保持していたとは言えず、この点こそが、サン＝シモン主義の女性たちが女性制服を有していなかったとされる所以である。確かに、位階制度に基づく階級意識を備える制服ではなかったかもしれないが、彼女たちは、サン＝シモン主義への帰属意識を備える特有な恰好で、1830年代初頭のパリに実在していたと思われる。

女性サン＝シモン主義者たちが帰属意識を備える装飾品を初めて身に着けたのは、1831年の初めに、モンシニー通り6番地にあるサン＝シモン主義者の邸宅の一室で催された夜会でのこととされる[74]。その装飾品とは、飾緒付きの白いリボンであった。また同じ頃、テトブー通りにあるガラス張りの屋根が付いた集会所において、毎週日曜日の正午から行われていたテトブー講堂での説教に関して、1831年11月20日までサン＝シモン主義の説教師であったエドワール・シャルトンは、次のように述べている。

> 三列に並んだ青い服装をした若い人々が、演壇の上で交互に大衆と向き合っていた。その中には、紫の襟巻 écharpe violette に、白いドレス robe blanche を着用した数人の女性たちも混ざっていた[75]。

そしてルイ・ブランも、この集会の情景ほど興味深いものはないとして、テトブー講堂での説教の様子を以下のように記している。

> 毎週日曜日の正午をまわると、熱心な人々が押し寄せ、赤色の座席を埋め尽くす階段桟敷を前にして、若くて真面目な青い服装をした男性たちが、三列になって並んでいた。彼らの間には、白いドレス robe blanche と紫の襟巻 écharpe violette を着用した何人かの女性たちも姿を見せていた[76]。

1830年10月の男性制服の構想において、新たな指示があるまでは、青がサン＝シモン主義の色であるとされたものの、シャルトンとルイ・ブラン

の回想録では、女性サン＝シモン主義者の服装は、白色のドレスと紫色の襟巻と綴られている。女性サン＝シモン主義者たちが飾緒付きの白いリボンや白いドレスを身に着けていたことを考慮に入れれば、彼女たちは白色をサン＝シモン主義の色として崇拝していたのであろうか。しかしながら、1831年2月4日にジョルジュ・サンドが夫へ宛てた書簡では、女性サン＝シモン主義者の説教の情景について、「青空色のビロードのドレス robe de velours bleu de ciel と白鳥の羽毛の襟巻 boa de cygne を見せるため、そこには女教皇がいるだけで、相変わらずの茶番です」[77]と揶揄されている。つまり、女性説教師の服装が、青色のドレスと白色の襟巻とによって構成されているのである。さらに裁判訴訟を専門に扱う『ガゼット・デ・トリビュノー』紙の1831年12月25日の記事は、「審問に出席している多くの傍聴人の中では、数人の青い服装 vêtue en bleu の女性たちが注目を集めており、彼女たちはサン＝シモン主義に属する女性たちである」[78]と伝えており、1832年1月23日の同紙は、「青いドレス robe bleue で注目を集めていたサン＝シモン主義の女性たち」[79]と報じている。また1832年8月28日の『デバ』紙の記事には、重罪裁判所におけるサン＝シモン主義者たちの裁判の様子が記録されており、次のような記述がある。

　　青いドレス robe bleue で注目されていた女性サン＝シモン主義者たちを招き入れるため、使徒たちは部屋と玄関とを往来していた。…アンファンタンの後ろには、青い首飾り sautoir bleu を身に着けたアグラエ・サン・ティレール嬢とセシル・フルネル夫人の女性二人が、サン＝シモン主義の女性説教師の名目で座っていた[80]。

テトブー講堂での説教の際、時季も関係してか、女性サン＝シモン主義者たちは白いドレスを用いていたのかもしれないが、1831年末から1832年にかけては確実に青いドレスを身に着けており、彼女たちの間でも青色への崇拝が男性制服と同様であったのは間違いない。青いドレス以外にも、『ガゼット・デ・トリビュノー』紙の1832年8月27日・28日の合併号では、

ベールについての記述が存在している[81]。1832年の同紙上には、1月22日に口火を切った警察によるサン＝シモン主義への弾圧の結果、サン＝シモン主義者たちが詐欺罪や風俗壊乱罪、集会条例違反で起訴されたため、1月23日から12月19日までの期間に、一日の全紙面を充てたものやトップ記事で扱ったものを含め、合計で31回サン＝シモン主義者たちが登場した。

このように、青色のドレスでサン＝シモン主義に帰属していることを表現する一方で、『自由女性』紙の3号には、彼女たちの服装が、当時の女性の倫理観と関係していたことを示す興味深い記事がある。その記事は、1832年8月27日と28日に重罪裁判所で行われた5人のサン＝シモン主義者たちの裁判の後、同紙の主な執筆者であるジョゼフィーヌ＝フェリシテが著したものである。「使徒の訴訟」と題した記事の中で、彼女は以下のように述べている。

> 間違いなく彼らが待ち侘びていること、それは新しい法を作成するために女性が男性と結束すること、そして使徒のドレス robe de l'apostolat を着るために、女性が針やボビンの裁縫仕事をやめることである[82]。

また女性サン＝シモン主義者の服装に関しては、とりわけクレール・デマールが専心していたようである。1832年11月17日のクレールの書簡からは、サン＝シモン主義者たちが催す集会で女性の服装を普及させるためには、どのようにすればよいかを彼女が思案していた様子がうかがえる[83]。さらに1833年5月18日にルイーズ・クルザがクレールへ宛てた書簡の中で、ルイーズは別の機会に自分が考える制服について話す約束をクレールにしており、女性の服装を変更しようとする試みが二人の間であったことを推測させる[84]。

サン＝シモン主義を支持する女性たちは、青いドレスや襟巻などを着用した姿で、1830年代初めに活動していた。その「使徒のドレス robe de l'apostolat」は、位階制度に根ざした男性制服とは異なるものの、男性制服

と同様に青色でサン＝シモン主義への帰属意識を体現していた。そして着用要件として、裁縫仕事から離れなければ身に着けることができない服装であった。

2. 着用要件としての裁縫仕事の放棄

では、裁縫仕事から離れなければ身に着けられない服装とは、何を意味しているのであろうか。女性がなすべき仕事と見なされていた裁縫仕事を放棄する行為は、女性の隷属状態からの解放、および男性支配からの脱却に通じるものであり、それは、女性サン＝シモン主義者たちが青いドレスの下にズボン状のペチコートを身に着けていたことに、よく表れていると思われる。

そもそも、彼女たちがズボン状のペチコートを着用した目的は、女性にも男性と同等に家庭を治める権利が存在することを示すためであったようである。1832年に、パリのグルネル＝サントノレ通り29番地にあるセティエ印刷所によって刊行された『サン＝シモン主義の信仰と自由女性についてのサン＝シモン主義者の対話、そしてサン＝シモンの信仰の難点と魅力についての大論争、女性の大勝利!!!』という長い表題を持つサン＝シモン主義の説教集には、夫（男性）が無能ならば、彼に代わって妻（女性）が有能さを示し、家庭を治めるべきであると説かれている。この説教集は、サン＝シモン主義者とカトリック教徒との対談形式になっており、カトリック教徒から「悪魔の使徒」と非難されたのを受けて、サン＝シモン主義者は以下のように反論している。

> あなた方が私たちを打倒するため、結束しているのを知っています。あなた方の努力は全て無駄になるでしょう。私たちは、あなた方が称賛する過誤や悪習の敵です。あなた方は妻に夫への従属を強いています。妻は権利を有してなければならないし、夫に充分な特質がなければ、妻が自分の家を治めるのは当然のことです。…女性たちがその舵取りを負わなかったら、パリや他の場所にある多くの施設は失われているでしょう。真のサン＝シモン主義者として、私たちはこの法を作

成しました。夫が用件に対処できない際、妻がその聡明さを示すことを認めます[85]。

この説教集には全部で九つの曲節 air が存在しているが、上述したサン＝シモン主義者の反論の間にも次のような曲節が挿入され、ズボンと家庭を治める権利とが結び付けられている。

　　これぞ世界で最も素晴らしい男
　　心正しきこの女性は、夫のキャリアを飾り立て、
　　夫のもとではすっかり退化してしまっている理性によって彼を導く
　　ご存知の通り、船にはいつだってよい船頭が必要だ
　　夫に知性が欠けているなら、妻にはズボン culotte が必要だ[86]

ズボンの象徴性に関しては、中世から近代に至るまで、ズボンを男性の権威の表象や家長権と見なす社会意識が脈々と存在し続けていたことが既に明らかとなっている[87]。また、夫と妻のどちらが家庭の主人になるかを決定するため、夫婦がズボンの所有をかけて闘う「ズボンをめぐる争い」を主題にした笑話や戯曲、版画などは、繰り返し登場している。とくに13世紀の笑話『アンの旦那と女房アニューズ』と、ルーアン大聖堂の聖職者席の座板持送り miséricorde に施されたとされる15世紀の彫刻≪ズボンをめぐる争い≫は、つとに知られる作品である[88]。先述したサン＝シモン主義の説教集に与えられた長いタイトルには、最後の部分に「女性の大勝利!!!」と記されており、ズボンをめぐる争いを意識しているかのようである。ここで、ズボンをめぐる争いを題材にした版画に注目してみると、男女の子供たち、および犬と猫が夫婦の争いを止めに入る姿が描かれたり、隣人の男性もしくは女性が夫婦の争いを見るために駆けつけた姿を窓の外に配する場合はあるものの、夫（男性）と妻（女性）がズボンの脚をそれぞれ自分の方へ引っ張っている様子を描くのが基本的な構図であったと言える[89]（図Ⅱ－14）。ただし、15世紀後半には、ズボンをめぐる争いのその後、すなわち、1480年に制作されたイス

ラエル・ファン・メクネムの版画のように、争いに勝利した妻が戦利品であるズボンを穿きながら、夫に糸紡ぎを強いる構図も現れている[90]。たとえ、ズボンをめぐる争いの後の情景を描いた作品でなくても、メクネムが同時代に制作した版画(図Ⅱ-15)に見られるように、夫を殴打しようとする妻は、糸紡ぎの棒を手に握った姿でしばしば描かれた。

　ズボンをめぐる争いのように、衣服の奪い合いを主題にした作品では、ズボンが力・支配・自由を、スカートおよびスカート状のペチコートが弱さ・服従・束縛を象徴していた。その象徴性は、1832年に出版されたジョルジュ・サンドの小説『アンディヤナ』において、女主人公アンディヤナとその夫デルマールとが、以下のような激しい口論を交わす場面にも見受けられる。

　　　デルマール：あなたと私のどちらがここでは主人なのかね。どちら

図Ⅱ-14 《夫婦の大喧嘩》 1843年
(パリ フランス国立図書館)

図Ⅱ-15　イスラエル・ファン・メクネム《ズボンをめぐる争い》15世紀末
（パリ　フランス国立図書館）

がスカート jupe を穿いて、糸紡ぎをしなければならないんだね。私に顎ひげを剃れとあなたは言うのかい。そいつはあなたになかなか似合っているぞ、か弱い女の癖に！

　アンディヤナ：私が奴隷で、あなたが主人であることはよく存じております。この国の法律があなたを私の主人に致しました。あなたは私の身体に縄をかけることや、私の両手を縛り上げることができ、私の行動を支配することもできるのです[91]。

　女性サン＝シモン主義者が、裁縫仕事の放棄を使徒のドレスの着用要件として挙げた理由は、ズボン状のペチコートをドレスの下に身に着けるからである。そこには、ズボンを穿く者、すなわち、家庭を治める権利を掌握した者は、糸紡ぎなどしないという中世から通底する意識がある。縦8.4cm、横4.4cmのアーチ型の形状で、箱や瓶のラベルにするために制作されたと思われる1832年の版画《サン＝シモン主義者、自由女性》（図Ⅱ-16　口絵参照）に

は、右手に棍棒を握り、青いドレスを身に着けた女性サン＝シモン主義者の立ち姿が描かれている。この版画は、4枚シリーズの中の1枚で、同じシリーズの他の3枚の版画は、メニルモンタンにおける男性サン＝シモン主義者の隠遁生活の様子を描いたものである。具体的には、邸宅の前で説教をする≪教父≫や背負い籠で、食料となるアーティチョークを運ぶ≪調達者≫、土の入った手押し車を押す≪庭師≫の姿が描かれている。唯一、女性サン＝シモン主義者の姿を描いた版画である図Ⅱ－16において、彼女の足元では、法典(民法典)とともに、糸紡ぎの棒が踏みつけられている。また、図Ⅱ－9の≪メニルモンタンにおける男性サン＝シモン主義者の日々の仕事≫と対になっており、1832年に制作された色刷り版画≪女性サン＝シモン主義者の仕事≫(図Ⅱ－17 口絵参照)では、女性サン＝シモン主義者がなすべき12の仕事が例示されている。それは、庭いじり・靴の修理・狩猟・金属の鍛造・

図Ⅱ－16 ≪サン＝シモン主義者、自由女性≫ 1832年
(パリ フランス国立図書館)

第２章　サン＝シモン主義の制服制度　173

図Ⅱ－17　≪女性サン＝シモン主義者の仕事≫　1832年
(パリ　アルスナル図書館)

屋根ふき・法律や医学の勉強・説教など、つまり男性の仕事とされるものである。他方で、図II－9の男性サン＝シモン主義者がなすべき仕事には、料理・靴磨き・裁縫・市場への買出し・掃除・皿洗い・洗濯など、つまり女性の仕事とされるものが挙げられている。

　前章で触れたように、サン＝シモン主義の女性解放思想は、夫が妻を自分の隷従者と見なして搾取することを禁じ、妻に有する権利を夫が保証することなど、夫婦間での男女平等を基本としていた。このようなサン＝シモン主義の女性解放思想と、それに影響を与えたとされるシャルル・フーリエのものとを比較考察した志村明子は、両者の女性解放思想が家父長的な家族制度に批判的であった点は共通しているものの、当時の社会により大きな影響力を与えたのは、現状改良主義的なサン＝シモン主義の思想であったと指摘している[92]。フーリエは家族制度の廃止が女性の隷属状態からの解放を導くとしたのに対し、サン＝シモン主義者たちは現行の家族制度を活用し、家庭内での男女平等の確立を掲げていた。いずれにせよ、フーリエとサン＝シモン主義者たちが女性の解放と家族制度との問題を結び付けたことにより、女性解放の思想はフランスの大衆に身近な問題となった。そして女性サン＝シモン主義者たちがズボン状のペチコートを身に着けるという行為は、家庭内での男女平等を基盤とするサン＝シモン主義の女性解放思想を表現し、普及させる手段として何より相応しかったのである。

3. 逆しまの世界

　ところで、女性サン＝シモン主義者の姿を描いた版画や水彩画は、管見の限りでは14点現存している。その内訳は、諷刺画もしくはサン＝シモン主義者が自身の思想を普及させる目的で制作したものが10点、図II－12のマルーヴルの版画のように、そのどちらにも該当しないものが4点となっている。また14点のうち6点には、「自由女性 femme libre」の標語が添えられている。これらの作品の中で、1832年10月6日にパリの印刷業者ギャルソンによって版行された木版画《女性の新しい軍隊、機動部隊を組織した女性サン＝シモン主義者》(図II－18)は、とりわけ興味深い諷刺版画である[93]。

なぜなら、1833年12月5日にアンビギュ-コミック劇場で初演された幻想的戯曲『女性の王国、すなわち、逆しまの世界』[94]に性の逆転のテーマを授けたとされているからである[95]。この諷刺版画には、「打ち勝つか、死ぬかVAINCRE OU MOURIR」という旗印の下、右手に剣、左手に盾で武装した女性サン＝シモン主義者たちが、将官の号令で集結する姿が描かれている。服装から判別できるように、将官も女性サン＝シモン主義者であるが、女性兵士の方は空想が入り混じった軍服を着用しているとされる[96]。さらに諷刺画の下には、向かって左半分に「出発の前日、将官から女性サン＝シモン主義者の軍隊に向けられた声明文」が、右半分に「女性サン＝シモン主義者の戦争の歌」の文句が、次のような内容で付されている。

図Ⅱ－18 《女性の新しい軍隊、機動部隊を組織した女性サン＝シモン主義者》 1832年10月6日
（パリ フランス国立図書館）

「出発の前日、将官から女性サン＝シモン主義者の軍隊に向けられた声明文」

　勇敢なる同国人たちよ、男たちは大変長い間、彼らの個人的な思い上がり以外の特別な理由もなく、女性たちを非難してきた。私たちの品位を非常に失墜させるこの抑圧を打ち砕く時が来ている。自由への時は告げられた。私たちは女性が有能だという多数の証拠を手にしている。たとえば、オルレアンの処女ジャンヌ・ダルクは王を王位に復帰させ、エリザベス女王はイギリスを統治した。不妊の公爵夫人は、フランスへ幼い国王を差し出すために大変な努力をした。結局、女性が有能な例を列挙しようとするならば、枚挙にいとまがないだろう。それゆえ、親愛なる仲間たちよ、敵に立ち向かい、大半は酒飲みで、嫉妬深く、貪欲で、しばしば軟弱な男どもに目にものを見せてやれ。私たちは、自分たちの権利回復を望んでいる。そして私たちが勝利を収めたら、戦いでの疲れを癒し、その後、別の戦いを再び始めるため、九ヶ月間は家庭に留まるであろう[97]。

「女性サン＝シモン主義者の戦争の歌」

　前へ進め、女性サン＝シモン主義者よ、敵に立ち向かえ

　見せてやろうではないか、勇敢なるパリの女性たちよ、私たちが復讐を望んでいることを

　私たちに平手打ちを食らわせにここへやってくるコサック人（粗暴な人）を許すことがあろうか？

　前へ進め、敵に立ち向かえ、そして顔を上げろ、ニコラウスに対して大隊を終結せよ、死ぬか勝利するかだ！

　私たちは女性であるが、より狡知にたけているため、悪魔に魂を引き渡すこともできるのだと敵に見せてやるだろう

　もし槍を携えたコサック人が私たちのもとへ辿り着いたならば、ダンスをするに違いない

　前へ進め、敵に立ち向かえ

　男たちは女性を非難する、この男たちの大多数は非常に軟弱だ

第2章　サン=シモン主義の制服制度　177

　　自分たちの激情をしばしば明言しながらも、彼らは私たちの面前で
　うなだれている
　　私たちが戦いに臨む時、男たちは常に後方へ下がっていよ
　前へ進め、敵に立ち向かえ[98]

　上記の諷刺版画から生まれた戯曲『女性の王国、すなわち、逆しまの世界』は、劇作家と同時に役者としても活躍したルイ＝フランソワ＝シャルル・デスノワイエと、医者から劇作家に転向し、非常に多くの戯曲を残したコニアール兄弟との合作である。全二幕の構成で、それぞれ 12 の場面からなっている[99]。物語は、気球で旅するフランスの若き芸術家ロドルフと奇術師のベルナールが、未だ発見されたことのない国に不時着陸するところから始まる。その国ではフランス語が話されているが、男性が法を作成し、武器を携帯し、不貞を働く主人となれるフランスとは正反対の国家で、ネローラという名前の女王が国を治め、法律を作成し、女性の軍隊や男性たちを囲った女王のハーレムが存在している。第 1 幕で、ロドルフとネローラ、ベルナールと王室親衛隊の准尉トロンボリナ、男性住民レーヨンスと大臣ヘレッサの恋愛の駆け引きが繰り広げられた後、第 2 幕では、ハーレムで暮らしていた男性たちが、ついにフランス行きをロドルフとベルナールに懇願する。けれども、彼ら全員が気球でフランスへ渡るのは不可能なため、女性の王国に対して蜂起することをロドルフは提唱する。「(スカート状の)ペチコート jupon の王国よ、さようなら！」[100]と叫びながら男性たちは行進し、女性の軍隊から武器を取り上げ、ハーレムの恒久的廃止や法の下の男女平等、夫婦が互いに不貞を働かないこと、今後、男性が戦争をし、女性は食事を作ることの四つの条件をネローラに突き付け、降伏させる。物語の最後で、王冠を手にしたロドルフは「フランスにいるようだ」と感慨深げに語り、崩壊した女性の王国には「ロドルフ一世ばんざい！」の声が響き渡る。

　この戯曲の中で合唱される「ペチコートの王国よ、さようなら！」、および「あなた方の慣習は大変愚かだ、すぐに私たちはそれを変更する、ズボン culotte を穿いているあなた方女性は、再び(スカート状の)ペチコート jupon を

着用するのだ」[101]という歌詞とともに、女性の王国で暮らす登場人物の舞台衣裳は、特筆すべきものである。男性住民の舞台衣裳は女性的で、子供っぽい恰好とされ、彼らは編み上げ靴に裾が紐ですぼめられたズボン pantalon を穿き、刺繍を施した飾り襟に金属ボタンの付いた上着 veste を着て、バラの王冠を被っている[102]。一方、ギリシアの三日月刃や火色の旗付きの槍、同色の羽根を飾冠に付けた鉄兜で武装した女性兵士や女王は、脚が剥き出しの状態でサンダルを履き、銀のベルトに、青空色の毛織物でできた非常に裾丈の短いフロックコート redingote très-courte en drap bleu de ciel のようなものを着て、フリジア帽のような小さな帽子を被っている[103]。合唱曲におけるペチコートへの言及に加え、青空色の上着と剥き出しの脚が、女性サン＝シモン主義者の服装を題材にしていたことは間違いないであろう。また幻想的と称する戯曲や、女性の国家を男性が転覆させるという戯曲の顛末によって、女性が男性を支配する状況は非日常的な事態であり、永続しないことが示されている。それと同時に、サン＝シモン主義者たちが唱える女性解放の思想が、家庭内の問題から社会全体ひいては国家の問題に発展することはありえないと嘲弄されている。当時の男性たちは、女性サン＝シモン主義者たちの活動を目の当たりにした結果、彼女たちを虚構の世界に閉じ込め、揶揄することで、ある種の安心感を得ていたのかもしれない。

　ただし、性別や年齢、地位の逆転というように、人と人との関係を転倒させる「逆しまの世界」をテーマにした版画や小説、戯曲などは、二面的な価値を持っているとされる。要するに、それらを目にする者が、現在の体制や伝統的な社会秩序に対して満足しているか、不満を抱いているかで作品の見え方が異なってくるということである[104]。満ち足りている者は、権力と支配の関係が転倒した構図を混沌・混乱・無秩序・不自然・非日常の象徴と見なし、変革の理念を嘲笑するものと捉える。反対に、不満を抱える者は、逆転の構図が不満を正当化し、現況から生じた歪みを嘲笑するものに見える。さらに逆しまの世界が、社会の慣習や階層秩序をひっくり返す方法をコード化して示したものであり、新たな社会関係を構築するための手立てになると考えるのである。また逆しまの世界には、主人に命令する召使・金持ちに施

しを与える貧乏人・ミサを行ったり聖職者に説教する俗人・馬に乗る農民と徒歩で行く王様・父を打つ息子・先生を打つ生徒・母親に食事を食べさせる娘・父親を揺りかごであやす息子など、さまざまなモチーフがあるものの、性別の逆転は、最も一般的なモチーフとされている[105]。中でも、妻が立って武器を持ち、夫は座って赤ん坊を抱き、糸を紡ぐ・妻が夫を組み敷いて、殴打する・女性が戦争へ行くなどの構図が、性別の逆転によく見られるものである。先述の女性サン＝シモン主義者を題材にした諷刺版画と戯曲においても、女性が男性に代わって軍隊を編成し、戦争をしている。

　幻想的戯曲『女性の王国、すなわち、逆しまの世界』では、最終的に女性の治める国家は男性の反乱によって崩壊した上、男性が戦争をして、女性が食事を作るために家庭に留まるという男女の性別役割分担がなされている。その一方で、法の下の男女平等と、夫婦が互いに不貞を働かないことを両性の間で取り決めてもいる。それゆえ、女性サン＝シモン主義者の姿に着想を得た戯曲『女性の王国、すなわち、逆しまの世界』には、間違いなく既存の人間関係を嘲り、新たな男女の関係を意識させるための機能も備わっていたと言えるのではないだろうか。さらに言うならば、両性の平等を取り決めながら、性別役割分担を推し進めることになる戯曲の結末からは、理論に活動が完全には伴わない男性サン＝シモン主義者たちの矛盾した態度を想起させ、サン＝シモン主義の女性解放思想の限界を暗示しているとも考えられる。

　確かに、男性サン＝シモン主義者たちは、女性解放の思想を普及させる段階で、家庭内での男女平等しか許容せず、とりわけアンファンタンは、女性たちの自発的な活動を快く思わず、彼女たちを監督し、コントロールしていたことが知られている[106]。けれども、フランスの女性たちに向けて女性解放の思想を構築し、思想を普及させた行為だけでも、サン＝シモン主義は充分に評価されるべきものであると思われる[107]。『自由女性』紙の28号には、イギリスの大衆紙『マン』紙の1833年12月16日の記事が掲載されており、サン＝シモン主義者たちの男女平等に関する取り組みについて、「提案した方法は誤ったものであるかもしれないが、その目的は偉大で、高潔なものである」[108]と評されている。女性サン＝シモン主義者たちは、1830年代に街

頭での演説、および新聞の執筆・編集・発行、女性クラブの結成を経験した結果、1840年代の女性運動を先導していくことになる[109]。たとえば、ウージェニー・ニボワイエは1848年3月20日に新聞『女性の声』紙を創刊し、『自由女性』紙の編集に携わっていた女性サン＝シモン主義者たちを執筆者に招き入れ、女性の参政権と女子教育の充実の必要性を訴えた。ジャンヌ・ドロワンは『女性の声』紙に協力した後、1848年8月に労働者へ向けた新聞『女性の意見』紙を創刊して、1849年には立法議会選挙に立候補した。デジレ・ゲーは男女の雇用機会均等、および託児所付き共同作業場の必要性を『女性の声』紙で訴えるとともに、女性が働くことのできる場所を確保するために奔走し、1848年には国立作業場の代表者に名を連ね、同年6月から女工協会が発行した新聞『女性の政治』紙の編集長になった。エリザ・ルモニエは、二月革命後に失業した女性労働者たちを救済するべく縫製作業場を設立し、1856年にフランス初の女子職業学校を創設する礎を築いた。このように、女性の参政権をはじめとする権利の要求や、より具体的で、実践的な活動を繰り広げたこともあり、フランスにおける女性運動は1830年代よりも1840年代のものの方が有名である。ただし、1840年代の女性運動を支える基盤は、1830年代の女性サン＝シモン主義者たちの活動によって培われたものであることを忘れてはならない。

　本章の前半で述べた男性制服と比較して、女性サン＝シモン主義者の服装は、多様な象徴性が込められているとは言えないものの、男性制服よりもサン＝シモン主義の女性解放思想を如実に表象していたと思われる。たとえ、男性制服の着用意識や着用の仕方、ジレの胸上の名前に、女性と労働者のことを念頭に置き、彼らを隷属状態から解放しようとする意思や理念が投影されていたとしても[110]、男性サン＝シモン主義者の服装には、ホモソーシャルな側面、つまり女性を自分たちの活動へ取り込んでおきながら、排除しようとする姿勢が少なからず反映されている。それに対し、女性サン＝シモン主義者のズボン状のペチコートが、家庭の支配権は女性にも男性と対等に存在することを示し、サン＝シモン主義の女性解放思想を身近な問題へと置き換え、両性の平等を具体的なイメージとしてフランスの大衆に受容させた功

績を見過ごしてはならないだろう。

註

1 Louis Blanc, *op.cit.*, t.2, p.343.
2 Louis Reybaud, *op.cit.*, p.13.（参考 前掲書『帽子屋パチュロの冒険』 22頁.）
3 これらの象徴的なことばは、『サン゠シモン、アンファンタン全集』の中で、男性制服について述べられる際に付随する語句である。
4 Maxime du Camp, *Souvenirs littéraires*, Aubier, Paris, 1994, pp.412-13.
5 Henri-René D'Allemagne, *op.cit.*, p.117, 279-85.
6 Claire Démar, *L'affranchissement des femmes (1832-1833)*, éd.Valentin Pelosse, Payot, Paris, 1976, pp.97-99.
7 *Mouvement de la Famille à Ménilmontant du 23 Avril au 15 Décembre 1832*, Ms.7646, Br.603-4, Fonds Enfantin, Arsenal.
8 *Notices Historiques*, t.9, *op.cit.*, pp.70-71. サン゠シモン主義者のヴァンサールは、1832年12月に行った伝道において、制服がトラブルの原因であったと述べている。Vinçard aîné, *Mémoires épisodiques d'un vieux chansonnier saint-simonien*, E.Dentu, Paris, 1878, p.80.
9 *Foi Nouvelle. Livre des actes, op.cit.*, n°.6, p.102.
10 1833年2月10日には首飾りの奉納が、2月17日には首飾りの分配がリヨンで行われた。*Calendrier, op.cit.*.
11 *Notices Historiques*, t.9, *op.cit.*, p.2.
12 首飾りの象徴性については、以下の論考に詳しい。Henri-René D'Allemagne, *op.cit.*, pp.347-49; Claire Démar, *op.cit.*, pp.99-101.
13 *Notices Historiques*, t.8, *op.cit.*, pp.215.
14 *Notices Historiques*, t.3, *op.cit.*, p.52.
15 *Règlement du costume des membres de la doctrine*, Ms.7814, Br.28, Fonds Enfantin, Arsenal.
16 Henri-René D'Allemagne, *op.cit.*, p.118.
17 *Montant des ouvrages fournis par Frison, tailleur*, Ms.7819, Br.188, Fonds Enfantin, Arsenal. フリソンは、クルエとポーリスという二人の仕立工によって運営され、彼らは1831年5月からサン゠シモン主義者の衣服を仕立てていたとされる。
18 Henri-René D'Allemagne, *op.cit.*, p.118.
19 *Montant des ouvrages fournis par Frison, tailleur, op.cit.*. 11月から2月までの四ヶ月間の金額と件数の内訳は、それぞれ次の通りである（単位：F.フラン、c.サンチーム）。11月は1681F.50c.で28件、12月は2648F.50c.で39件、1月は1684F.で28件、2月は991F.50c.で24件。
20 *Ibid.*:《1月1日: un habit violet, un pantalon de casimir noir, un gilet de poil de chèvre blanc, un gilet de velours de soie noir. 12月10日: réparée une redingote bleue fourrée doublure de manches en soies…》
21 *Ibid.*:《une redingote bleue croisée du collège, un habit bleu, un gilet de casimir noir.》

22 *Ibid.*:《une redingote bleue 2ᵉ degré, un habit bleu 2ᵉ degré, un gilet de casimir noir, un gilet de satin, un pantalon bleu 2ᵉ degré, un gilet de piqué blanc.》

23 *Ibid.*:《une redingote bleue 3ᵉ degré, un habit bleu 3ᵉ degré, un gilet de piqué blanc, un pantalon bleu 3ᵉ degré.》

24 Charles Pellarin, *op.cit.*, p.121.

25 彼は動物画家として有名なローザ・ボヌールの父であり、毎週日曜日になると、大きな房飾りが付いたサン=シモン主義の帽子を被った娘を連れて、メニルモンタンにいるアンファンタンを訪ねたとされる。Frank Hird, *Rosa Bonheur*, George Bell & Sons, London, 1904, p.12.

26 *Notices Historiques*, t.7, *op.cit.*, pp.79-80. 1832年6月6日の制服着用式は、サン=シモン主義の示威行動であった。なぜなら、同年1月に説教場所であるテトブー講堂の封鎖を、4月に機関紙『グローブ』の廃刊を経験した結果、彼らが、説教や新聞に取って代わる思想を伝える有効な手段を模索し、何かしらの示威行動を起こそうとするのは当然の帰結と考えられるからである。

27 *Retraite de Ménilmontant. 6 juin 1832. Parole du Père.*, Ms.7861, Br.34, p.4, Fonds Enfantin, Arsenal.

28 *Notices Historiques*, t.7, *op.cit.*, p.90.

29 Henri-René D'Allemagne, *op.cit.*, pp.281-82.

30 *Retraite de Ménilmontant. 6 juin 1832. Parole du Père.*, *op.cit.*, p.8, 12.

31 *Ibid.*, p.12.

32 *Ibid.*.

33 *Notices Historiques*, t.8, *op.cit.*, p.169.

34 Henri-René D'Allemagne, *op.cit.*, p.283, 319.

35 *Ménilmontant. Mort de Talabot, Apôtre.*, Ms.7861, Br.9, p.8, Fonds Enfantin, Arsenal.

36 *Retraite de Ménilmontant.*, Ms.7861, Br.36, p.12, Fonds Enfantin, Arsenal.

37 Maxime du Camp, *op.cit.*, p.413.

38 *Notices Historiques*, t.8, *op.cit.*, p.128, 226.

39 *Retraite de Ménilmontant.*, *op.cit.*, p.12.

40 *Journal des débats*, 28 août 1832.

41 *1832 3 Lettres écrites par le Père Enfantin à Aglaé St-Hilaire*, Ms.7814, Br.37, Fonds Enfantin, Arsenal. この書簡の一部は、Henri-René D'Allemagne, *op.cit.*, p.284 に抜粋されている。

42 *Réglement du costume des saint-simoniens*, Ms.7814, Br.30, Fonds Enfantin, Arsenal. この書簡の一部は、Henri-René D'Allemagne, *op.cit.*, pp.283-84 に抜粋されている。

43 *Œuvres de Saint-Simon & d'Enfantin*, t.47, *op.cit.*, p.211.

44 Henri-René D'Allemagne, *op.cit.*, p.301.

45 "Études de costume à la cour d'assises.", *Le Temps*, 30 août 1832. ミ・パルティ mi-parti とは、衣服の前後を中央で垂直に左右に分け、その左右を色や素材によって違えたデザインを指し、中世には道化服の典型であった。

46 *Notices Historiques*, t.8, *op.cit.*, p.33.

47　*Œuvres de Saint-Simon & d'Enfantin*, t.47, *op.cit.*, p.213, 256-57, 494.
48　*Ibid.*, p.495.
49　*Notices Historiques*, t.8, *op.cit.*, p.123.
50　*Ibid.*, p.116.
51　*Ibid.*, p.117.
52　*Ibid.*.
53　徳井淑子『服飾の中世』　勁草書房　1995 年　191-269 頁.
54　*Notices Historiques*, t.8, *op.cit.*, p.128. 労働者たちがサン＝シモン主義から離脱した一因として、制服を着用しなければならないことで、サン＝シモン主義が軍隊の様相を呈し、彼らの恐怖感を煽ったことが指摘されている。Antoine Picon, *op.cit.*, p.118.
55　Alexandre Dumas, *Mes mémoires*, t.2, Robert Laffont, Paris, 1989, pp.71-73.
56　E. de La Bedollierre, "Les écoles militaires.", *Les Français peints par eux-mêmes*, t.5, L. Curmer éditeur, Paris, 1842, p.117（Rep. 本の友社　1999 年）.
57　主にイギリスの事例ではあるが、同性愛嫌悪・女性嫌悪に支えられたホモソーシャリティの仕組みについては、以下の書物に詳しい。イヴ・コゾフスキー・セジウィック『男同士の絆―イギリス文学とホモソーシャルな欲望―』上原早苗、亀澤美由紀訳　名古屋大学出版会　2001 年; イヴ・コゾフスキー・セジウィック『クローゼットの認識論―セクシュアリティの 20 世紀―』外岡尚美訳　青土社　1999 年.
58　E. de La Bedollierre, *op.cit.*, p.117. 理工科学校の学生と卒業生たちは、医者や法律家、教師などの職業の人々よりも、強固な人的ネットワークを誇っていたとされる。Antoine Picon, *op.cit.*, p.104.
59　前掲書『近代フランスの歴史―国民国家形成の彼方に―』261 頁. 古代ギリシア・ローマへの回帰を基調とした新古典主義では、ギリシアの彫像のような男性の裸体像が少なからず制作されたが、次第に裸体や裸体像は女性のものになっていった。
60　セバスティアン・シャルレティやアンリ＝ルネ・ダルマーニュなど、サン＝シモン主義研究の大家である歴史家たちが沈黙してきたものの、思想が発展を遂げた重要な側面として、男性サン＝シモン主義者たちのホモセクシャルな関係が指摘されている。Antoine Picon, *op.cit.*, p.99.
61　*Retraite de Ménilmontant.*, *op.cit.*, p.16.
62　女性が制服着用式で何かしらの役割を担い、制服制度に携わっている状態を作り出し、より直接的に女性の自由や解放を制服に投影させようと思案するサン＝シモン主義者が現れるのは、1832 年 6 月 6 日の制服着用式から半年近くが経過した頃のことである。シュザンヌ・ヴォワルカンが、『自由女性』紙の 9 号に書いた記事「12 月 2 日の総会でパリの使徒に献げる演説」では、制服着用式で女性が男性サン＝シモン主義者に襟巻を手渡すことが提唱されている。"Discours adressé le 2 décembre à la famille de Paris, réunie en assemblée générale.", *La Femme nouvelle*, 9e numéro, 20 décembre 1832.

63 *Foi Nouvelle. Livre des actes, op.cit.*, n°.8, p.143.
64 Philippe Régnier, *Les Saint-Simoniens en Egypte (1833-1851)*, Le Caire, Banque de l'Union européenne, 1989, p.17.
65 Maxime du Camp, *op.cit.*, p.416.
66 Philippe Régnier, *Les Saint-Simoniens en Egypte (1833-1851), op.cit.*, p.20.
67 *Foi Nouvelle. Livre des actes, op.cit.*, n°.3, p.40.
68 Louis Reybaud, *op.cit.*, p.13.（参考 前掲書『帽子屋パチュロの冒険』 22頁.）
69 éds.Georges Duby, Michelle Perrot, *Histoire des femmes en Occident 4, Le XIXe siècle*, Plon, Paris, 1991, pp.293-94.（前掲書『女の歴史IV―19世紀前半(1)―』 460頁.）
70 Philippe Perrot, *Les dessus et les dessous de la bourgeoisie, op.cit.*, p.264（前掲書『衣服のアルケオロジー―服装からみた19世紀フランス社会の差異構造―』 207頁）；前掲書『女の下着の歴史』 115頁.
71 Laure-Paul Flobert, *op.cit.*, p.15. フロベールの著作は、1899年にジョン・グラン＝カルトレが刊行した『ズボンを穿いた女性』を参考にしたものであり、彼の著作の中でも、女性サン＝シモン主義者が特有な服装をしていた事実について、簡単ではあるが、言及されている。(John Grand-Carteret, *La Femme en culotte*, Ernest Flammarion, Paris, 1899, pp.170-76.) またフロベールの説を支持する主張として、いくつかの試みにも関わらず、結局、女性サン＝シモン主義者たちは女性制服を所持していなかったとも言われている。(Claire Démar, *op.cit.*, p.98.)
72 前掲書『黎明期のフェミニズム―フランスの女性ジャーナリスト(1830-1850)―』 72頁.
73 Philippe Régnier, "De l'androgenèse du féminisme: Les saint-simoniens", *op.cit.*, p.75.
74 Henri-René D'Allemagne, *op.cit.*, p.118.
75 Édouard Charton, *op.cit.*, p.21.
76 Louis Blanc, *op.cit.*, t.2, p.326.
77 George Sand, *Correspondance*, t.1, *op.cit.*, p.796.
78 *Gazette des Tribunaux*, 25 décembre 1831.
79 *Ibid.*, 23 janvier 1832.
80 *Journal des débats*, 28 août 1832.
81 *Gazette des Tribunaux*, 27 et 28 août 1832.
82 *La Femme de l'avenir*, 3ᵉ numéro, p.5.
83 Claire Démar, *op.cit.*, p.27.
84 *Ibid.*, p.140.
85 Neveux, *Dialogues d'un saint-simonien sur la religion saint-simonienne, les femmes libres saint-simoniennes, et grande dispute sur les inconvénients et les agréments de la religion de Saint-Simon; Triomphe de la femme!!!*, Imprimerie de Sétier, Paris, 1832, p.6.
86 *Ibid.*.
87 John Grand-Carteret, *op.cit.*, pp.1-20.
88 13世紀から16世紀までのズボンをめぐる争いを主題にした作品については、以下の論考に詳しい。ピエール・ビュロー「《ズボンをめぐる争い》―ある世俗

的主題の文学と図像のヴァリエーション(13-16世紀)—」『中世衣生活誌—日常風景から想像世界まで—』徳井淑子編訳　勁草書房　2000年　143-79頁.
89　ズボンをめぐる争いには、夫婦(男女)間での争い以外にも、多数の女性たちが一つのズボンをめぐって争う構図もあり、男性自身の象徴でもあるズボンを女性が力ずくでライバルから奪う様子は、恋人の奪い合いを描いているとされる。Laure Beaumont-Maillet, *La guerre des sexes XVe-XIXe siècles*, Albin Michel, Paris, 1984, p.14.
90　前掲書『中世衣生活誌—日常風景から想像世界まで—』　164-65頁.
91　George Sand, *Indiana*, *op.cit.*, p.121.（参考　前掲書『アンヂアナ』下巻　76頁.）
92　前掲書「19世紀前半フランス空想社会主義における女性解放思想—シャルル・フーリエからサン・シモン主義者へ—」　53-69頁.
93　この木版画を制作したギャルソンは、パリのカルチエ・ラタンのユシェット通り25番地に工房を持ち、片面刷りの印刷物「カナール canard」に掲載されるイラストを描いた人物として有名である。本文では、《女性の新しい軍隊、機動部隊を組織した女性サン＝シモン主義者》を諷刺版画としたが、見出し・図像(木版画)・記事・歌詞から構成されているという点から、正確には、カナールに載った諷刺的な木版画であると思われる。カナールについては、以下の書物に詳しい。宮下志朗『本を読むデモクラシー—"読者大衆"の出現—』　刀水書房　2008年.
94　Charles Desnoyer, Cogniard, *Le Royaume des femmes ou le monde à l'envers*, Magasin Théatral, Paris, 1833. この戯曲は、1833年に1フラン50サンチームで売られた.
95　Philippe Régnier, "Le saint-simonisme à travers la lettre et l'image: le discours positif de la caricature", *La Caricature entre République et censure. L'imagerie satirique en France de 1830 à 1880: un discours de résistance?*, Presses Universitaires de Lyon, Lyon, 1996, p.170.
96　*Ibid.*, pp.162-63.
97　《Nouvelle Armée de Femmes Saint-Simoniennes, organisée en Corps mobile; Proclamation adressée par le Général de ce nouveau Régiment à ses compatriotes.—Marche guerrière sur ce sujet.》, Garson, Paris, 1832.
98　*Ibid.*.
99　戯曲の最後は、スペイン語の歌曲で終えられているが、アンビギュ-コミック劇場での上演時には、ロドルフ役のフォース氏の台詞に変更された。
100　Charles Desnoyer, Cogniard, *op.cit.*, p.39, 41, 45.
101　*Ibid.*, p.34.「ズボンを穿く porter la culotte」ということばには、「家を取り仕切る・亭主を尻に敷く」という意味があり、女性に国家の主権があることと絡めている。
102　*Ibid.*, p.13.
103　*Ibid.*, pp.7-8. フリジア帽とは、フランス革命時に自由の象徴として愛用された赤い縁なし帽子のことである。
104　バーバラ・A・バブコック編『さかさまの世界』岩崎宗治、井上兼行訳　岩波書店　1984年　35, 91頁.「逆しまの世界」については、以下の書物にも詳し

い。ピーター・バーク『ヨーロッパの民衆文化』中村賢二郎、谷泰訳　人文書院 1988 年; ピーター・ストリブラス、アロン・ホワイト『境界侵犯―その詩学と政治学―』本橋哲也訳　ありな書房　1995 年; 前掲書『兵士になった女性たち―近世ヨーロッパにおける異性装の伝統―』166-82 頁。

105　前掲書『さかさまの世界』38 頁. 性別の逆転のモチーフがもてはやされた理由は、主人に命令する召使や馬に乗る農民と徒歩で行く王様などのモチーフによって、男性同士の階級間の違いや差別が際立つことを避ける狙いがあったのではないかと考えられている。

106　C. Bougle, "Le féminisme saint-simonien", *Chez les prophètes socialistes*, Felix Alcan, Paris, 1918, p.379; 前掲書『黎明期のフェミニズム―フランスの女性ジャーナリスト(1830-1850)―』30 頁. たとえば、サン=シモン主義の首飾りが男性だけに存在した事実に反発して、1833 年 5 月にリヨンの女性サン=シモン主義者たちを中心に、友愛や男女平等の象徴である指輪が考案されたものの、アンファンタンはこの指輪を決して承認しなかった。指輪には、「教父、1833 年、教母 au PÈRE, 1833, à la MÈRE」という文字が記され、男女平等のシンボルとして二つの星が刻印されていた。(*Foi Nouvelle. Livre des actes, op.cit.*, n°.7, pp.136-37.) またサン=シモン主義の指輪については、次の書物に詳しい。Henri-René D'Allemagne, *op.cit.*, p.349; Claire Démar, *op.cit.*, pp.99-101.

107　サン=シモン主義者が、女性解放の理論づくりとその普及に大きく寄与した点は、フェミニズムの歴史の中で特筆すべき事柄であると言われている。前掲書『黎明期のフェミニズム―フランスの女性ジャーナリスト(1830-1850)―』315 頁。

108　*Tribune des femmes*, 28ᵉ numéro, février 1834, p.135.

109　1840 年代における女性運動については、以下の書物に詳しい。前掲書『黎明期のフェミニズム―フランスの女性ジャーナリスト(1830-1850)―』; 前掲書『1848 年の女性群像』; 佐藤浩子「二月革命と「フェミニスト新聞」―〈女〉たちの熱き闘い」『女性空間』27　日仏女性資料センター　2010 年　20-33 頁。

110　*Notices Historiques*, t.8, *op.cit.*, p.36; *Œuvres de Saint-Simon & d'Enfantin*, t.47, *op.cit.*, p.212.

結　論

　本書は、ジョルジュ・サンドと女性サン＝シモン主義者とを事例に、女性の異性装が家族制度および結婚制度が内包している女性性や性差にまつわる問題を視覚的に訴える装置としてあることを論じたものである。彼女たちの服装を語る上で、離婚が認められていない結婚制度に加え、家父長的な家族制度を支持する民法典によって、妻の夫への服従義務と妻の従属的地位、さらには妻の無能力者としての立場が法的根拠を持って決定づけられていたことなど、当時の社会的な背景を無視することはできない。他の時代、とりわけ女性の異性装の事例が多い17・18世紀と比較してみると、サンドが行った男装も、女性サン＝シモン主義者がズボン状のペチコートを着用する行為も、経済的で物理的な背景以上に、社会的で政治的な、なおかつより精神的な背景が存在しているように思われる。つまり、彼女たちの服装は、兵士や船員などの男性のものと見なされている職業に就き、男性として長期間、生活することを望んだ末の行為ではなく、女性、より正確に表現するならば、妻である女性が、性別に基づく社会的な制約を拒否しながら、生きていくための手段であったと言える。

　第1部で扱ったジョルジュ・サンドの男装は、単に女性であることを否定して、男性であるための行為ではなく、実に多様な役割を果たすものであった。実生活におけるサンドの男装は、健康面での理由や趣味である乗馬のため、経済的および機能的な理由、職業作家として生きていくためなど、さまざまな事由によって促されてきたものであり、そこには、家庭教師・異母兄弟・母親・友人といった周囲の人々の働きかけが存在していた事実が知られている。中でも、家庭教師がサンドに若くして亡くなった彼女の父親の

姿を重ね、男性と同等の教育を施していたことと、結婚生活が破綻を来たし、サンドが夫のもとを離れ、パリへと赴き、経済的な自立を余儀なくされたことは、彼女が男装を行う根本的な原因になっていた。しかし、サンドの男装は、個人の生活の範囲だけで語り尽くせるものでもなければ、彼女が日常生活で頻繁に行っていた全ての男装を同列に論じられるものでもない。1835年にサンドが政治活動を開始すると、男性の服装を着用する行為は、周囲の人々の助言や忠告によらない、自発的なものへと変化するとともに、共和主義者としての政治的立場とも結び付いた。その結果、男装は、女性は政治訴訟の公判廷に出席できないなどの社会的な背景によっても促されていたのである。1840年代後半から1850年代初めにかけて、彼女が政治活動での挫折を経験し、パリからノアンへと生活の比重を移した事実と、彼女が男物の衣類を身に着けなくなった1850年の秋頃という時期とを考慮に入れれば、サンドにとって政治活動での男装は、約40年に及ぶ彼女の男装の中で、最も社会的な意味を持ったものであったと言える。

　このような実生活での男装は、少なからず便宜的な印象を与えるものの、サンドにとっての異性装が単なる便宜上のものではないことを、彼女の作品における女主人公の異性装が教えてくれる。小説『アンディヤナ』と『モープラ』では、女性用乗馬服が女主人公に美しさと果敢さを付与する役目を担い、『レリヤ』では、女主人公の男装が両性の側面を備えた理想的な完璧さを示す一方で、愛情という感情を持ち合わせない女性としての不完全さを顕在化させる役割を果たしていた。これらの小説における服飾描写は、女主人公の固有な美しさや性質などの個人的な特徴を反映するに留まっていたが、『ガブリエル』において、女主人公の男装は、当時の結婚制度および家族制度に由来する女性の隷属状態を告発する役割を担っていた。物語の前半では、男性による制約の中で暮らす女性の劣等的な立場を、後半では、夫から虐げられ、束縛を受ける悲惨な結婚生活や家庭の雑事だけに専心する妻の立場を離れ、なおかつ一族の長である祖父による抑圧からも逃れようとする女性の生き方を、女主人公ガブリエルの男装が表象していた。ただし、物語の後半部分におけるガブリエルの男装は、幼少期から思春期にかけての男性として

の日常生活に戻り、男性のまま一生を終えるための行為ではなく、女性という性別に課される役割分担を拒絶して、自身を「女性以上の存在」として保つための方法であった。

　第2部で取り上げた女性サン＝シモン主義者の服装は、そのズボン状のペチコートが、サン＝シモン主義の女性解放思想を象徴するものであった。そもそも、サン＝シモン主義者たちは支持する思想を体現するため、1830年代初めに制服制度を確立して、制服の形状や色彩、着用の仕方などにシンボリックな意味を込めていた。ただし、男性制服が帰属意識と階級意識以外にも、多種多様な象徴性を有しているにもかかわらず、女性サン＝シモン主義者たちの服装は、男性制服ほどの象徴性を有してはいなかった。また彼女たちの服装における象徴性とその意義に関しては、これまでほとんど知られていなかった。本書では、先に触れたように、男物の衣類ではないけれども、男性的なものとして見なされていたズボン状のペチコートを女性サン＝シモン主義者が着用した行為から、異性装を広義に解釈して、彼女たちの服装を異性装として捉え、論じている。ズボン状のペチコートが半男性や男性的と見なされる社会的な背景には、中世から近代に至るまで、ズボンが男性の権威および家長の権利を連綿と表象し続けてきた事実が関係している。このような社会的な背景が存在する中で、女性サン＝シモン主義者のズボン状のペチコートは着用され、夫が無能ならば、彼に代わって妻が有能さを示し、家庭を治めるべきであることを、妻(女性)にも夫(男性)と同様に家庭を治める権利が存在するといった夫婦の間での男女平等を、訴えるものであった。要するに、サン＝シモン主義者たちは、夫婦の間での男女平等を基本にするサン＝シモン主義の女性解放思想を、女性がズボン状のペチコートを身に着けるという具体的な行為に変換していたのである。サン＝シモン主義の女性解放思想とは、男性と女性の対等な関係が、一夫一妻制および一組の男女を基本とする家族制度の中で培われることを原則とし、当時の民法に対抗して、家庭内での男女平等の確立を推し進め、家父長的な家族制度の廃止を標榜するものであった。女性サン＝シモン主義者たちの服装は、このサン＝シモン主義の女性解放思想をより単純化し、「女性解放の使徒の服」と称された男

性制服とは異なる方法で、サン＝シモン主義の女性解放思想を如実に示していた。勿論、サン＝シモン主義の思想に共鳴する複数の女性たちが同一の恰好をすることにより、女性の隷属状態からの解放や両性の平等を目指す女性同士の繋がりを視覚的に訴える効果も彼女たちの服装にはあったと思われる。

　序論で述べたように、異性装の史的研究における大家であるマージョリー・ガーバーとブーロー兄弟は、古代から20世紀までの男女の異性装を総括して、それぞれ、次のように定義している。ガーバーは、異性装が男性と女性、男らしさと女らしさという性別を二つに分類する方法だけでなく、文化の構造を二極対立的に捉えようとする考え方までをも危機に陥らせるための手段であると説いている。またブーロー兄弟は、服装が性の相違のシンボルで、男性性と女性性という社会的な概念を強調するものであると主張した上で、異性装をジェンダーで境界の線引きをされた領域への象徴的な侵略と述べている。両者の定義は、異性装が性による境界線を揺るがすと考える点では一致しているものの、ガーバーのそれは、そもそも性別を二極対立的に捉えて良いのかどうかといった性別二元論の問題をも含んだものになっている。

　では、ジョルジュ・サンドの男装と女性サン＝シモン主義者の服装とは、どのように位置づけられるのであろうか。サンドの男装は両者の定義を、女性サン＝シモン主義者の服装はブーロー兄弟の定義を象徴していると考えられる。というのも、サンドの場合は、社会や慣習によって強制される女性らしさと女性性の役割を否認するだけでなく、小説『ガブリエル』における女主人公の行動や物語の結末を通して、問題の所在が性別二元論にも及んでいると読み取れるからである。それに対し、女性サン＝シモン主義者の場合は、主に家庭を治める権利に関係しており、性別役割分担の問題のみに留まるものだからである。ただし、両者の事例が、女性全般というよりも、妻に強いられた社会的な制約について示している点は共通している。このことは、民法典によって、夫婦や家族の間に生ずる問題が個人の次元ではなく、社会全体に関わる次元の問題として扱われ始めた事実、そして男性と女性という二極対立的な関係や、男らしさと女らしさという性別による領域を規定する概

念は、男女一対を基本とする結婚制度および家族制度の中で明確に線引きされ、強固に構築されるものであることを浮き彫りにしている。

図版一覧

序論
図序−1　ポール・ガヴァルニ　《速く行こう》　1835 年　『アルティスト』誌

第1部　ジョルジュ・サンドの異性装
図Ⅰ−1　ジョゼフ・ダンハウザー　《パリの友人に囲まれたフランツ・リスト》　1840 年　ベルリン　ベルリン美術館
図Ⅰ−2　ジェラール・フォンタラール　《男女の文学会議》　1839 年 10 月 15 日　『現代諷刺新聞』
図Ⅰ−3　アルシッド・ロレンツ　《滑稽な鏡》　1842 年　パリ　フランス国立図書館　SNR-3 (Lorentz, Alcide-Joseph) Numéro 1842-3913
図Ⅰ−4　オノレ・ドーミエ　《夫婦百態 6》　1839 年 6 月 30 日　『シャリヴァリ』紙
図Ⅰ−5　ジョルジュ・サンド著、モーリス・サンド画、ジュール・エッツェル編『挿絵入りジョルジュ・サンド全集 Œuvres illustrées de George Sand』7 巻　1854 年　16 頁　パリ　フランス国立図書館　Z-5449
図Ⅰ−6　『挿絵入りジョルジュ・サンド全集』7 巻　17 頁
図Ⅰ−7　『挿絵入りジョルジュ・サンド全集』7 巻　33 頁
図Ⅰ−8　『挿絵入りジョルジュ・サンド全集』7 巻　41 頁
図Ⅰ−9　『挿絵入りジョルジュ・サンド全集』7 巻　45 頁

第2部　女性サン＝シモン主義者の異性装
図Ⅱ−1　レーモン・ボヌール　《メニルモンタンの修道士、すなわち、サン＝シモン主義者の能力》　1832 年 7 月　パリ　フランス国立図書館　ヴァンクコレクション 12215
図Ⅱ−2　《サン＝シモン主義者の能力》　パリ　アルスナル図書館　FE-Icono-48 (3)-90
図Ⅱ−3　1832 年 8 月 27 日と 28 日に重罪裁判所へ出廷した 5 人の肖像画　1832 年 10 月 19 日　『1832 年 8 月 27 日と 28 日の重罪裁判所におけるサン＝シモン主義者の訴訟 (完全版)』
図Ⅱ−4　『自由女性』紙の創刊号の表紙　1832 年 8 月 15 日　パリ　アルスナル図書館　FE7861

図II-5　サン＝シモン主義者の首飾り　1833年　パリ　アルスナル図書館　FE-Icono-35

図II-6　アンファンタンのジレ（表・裏）　パリ　アルスナル図書館　FE-Icono-44

図II-7　サン＝シモン主義者の銅のバックル付き黒革ベルト（2種類）　1832年　パリ　アルスナル図書館　FE-Icono-37

図II-8　《服装》　パリ　フランス国立図書館　ヴァンクコレクション 12213

図II-9　《メニルモンタンにおける男性サン＝シモン主義者の日々の仕事》　1832年　パリ　アルスナル図書館　FE-Icono-48-92

図II-10　ジョゼフ・マシュロー　《オリエントでのバローの伝道の衣装》　1833年　パリ　アルスナル図書館　FE-Icono-48-75

図II-11　ジョゼフ・マシュロー　《芸術家たちの服装》　1833年　パリ　アルスナル図書館　FE-Icono-48-74

図II-12　ルイ・マルーヴル　《若きサン＝シモン主義の女性》　1832年初め　パリ　アルスナル図書館　FE-Icono-48-98

図II-13　ルイ・マルーヴル　《サン＝シモン主義者（教父アンファンタン）》　1832年初め　パリ　アルスナル図書館　FE-Icono-48-99

図II-14　《夫婦の大喧嘩》　1843年　パリ　フランス国立図書館　EST-TE90(1)-Fol

図II-15　イスラエル・ファン・メクネム　《ズボンをめぐる争い》　15世紀末　パリ　フランス国立図書館　EST-RES EA 48B-Fol

図II-16　《サン＝シモン主義者、自由女性》　1832年　パリ　フランス国立図書館　ヴァンクコレクション 12239

図II-17　《女性サン＝シモン主義者の仕事》　1832年　パリ　アルスナル図書館　FE-Icono-48-94

図II-18　《女性の新しい軍隊、機動部隊を組織した女性サン＝シモン主義者》　1832年10月6日　パリ　フランス国立図書館　ヴァンクコレクション 12242

資料II-1　アンファンタンからアグラエ・サン・ティレールへの書簡　1832年6月末　パリ　アルスナル図書館　FE-MS-7814(37)

資料II-2　アンファンタンからアグラエ・サン・ティレールへの書簡　1832年6月末　パリ　アルスナル図書館　FE-MS-7814(30)

参考書誌（資料）

1　ジョルジュ・サンド

（自伝・小説）

Sand, George, *Œuvres autobiographiques Histoire de ma vie*, t.1-2, Gallimard, Paris, 1970-71. （ジョルジュ・サンド『我が生涯の記』1-3 巻　加藤節子訳　水声社　2005 年.）

―――, *Gabriel*, *Œuvres illustrées de George Sand*, t.7, Édition J.Hetzel, Paris, 1854.

―――, *Gabriel*, *Œuvres complètes*, t.19, Slatkine, Genève, 1980, pp.151-321.

―――, *Gabriel*, Éditions des femmes, Paris, 1988.

―――, Manifold, Gay trans., *George Sand's Gabriel*, Greenwood Press, Westport, 1992.

―――, *Gabriel*, Elytis Édition, Cestas, 2004.

―――, *Gabriel*, Elibron Classics, USA, 2005.

―――, *Gabriel: Roman Dialogue*, DoDo Press, UK, 2008.

―――, *Indiana*, Garnier, Paris, 1962. （ジョルジュ・サンド『アンヂアナ』上・下巻　杉捷夫訳　岩波書店　1990 年.）

―――, *La Petite Fadette*, Garnier, Paris, 1981. （ジョルジュ・サンド『愛の妖精』宮崎嶺雄訳　岩波書店　2001 年.）

―――, *Horace*, Les Éditions de l'Aurore, Meylan, 1982.

―――, *Romans 1830*, Presses de la Cité, Paris, 1991.

ジョルジュ・サンド『モープラ』大村雄治訳　改造社　1931 年.

―――『モープラ―男を変えた至上の愛―』小倉和子訳　藤原書店　2005 年.

―――『彼女と彼』川崎竹一訳　岩波書店　2004 年.

（書簡・手帳）

Sand, George, *Correspondance*, t.1-25, éd.Lubin, Georges, Classiques Garnier, Paris, 1964-91.

―――, *George Sand Correspondance Suppléments 1821-1876*, t.26, éd.Lubin, Georges, Du Lérot, Tusson, 1995.

―――, *Agendas*, t.1-5, éd.Chevereau, Anne, Jean Touzot, Paris, 1990.

ジョルジュ・サンド『ジョルジュ・サンドからの手紙―スペイン・マヨルカ島、ショパンとの旅と生活―』持田明子編訳　藤原書店　1996 年.

―――『往復書簡サンド＝フロベール』持田明子編訳　藤原書店　1998 年.

（新聞・雑誌）

L'Artiste, 1835. (Rep. *L'Artiste 1831-1838*, t.9, Slatkine, Genève, 1972.)

Aujourd'hui Journal des ridicules, 15 octobre 1839.

Le Charivari, 17 janvier 1838, 10 juin 1839, 30 juin 1839.

L'Illustration, Journal Universel, 1844. (Rep. *L'Illustration: histoire d'un siècle 1843-1944*, Le Livre de Paris, Paris, 1984.)

Journal de Rouen, 11 mai 1835.

La Phalange, 10 août 1836.

2　サン＝シモン主義

(手稿)

Comptes des recettes et des dépenses faites par Duguet dans le cours de la mission qu'il a remplie en France, Depuis le 6 juin 1834, jusqu'au 29 novembre 1835 (18 mois)., Ms.14697, Br.35, Fonds Enfantin, Arsenal.

Des Saint-Simoniens. Enfantin rétribué suivant sa capacité et selon ses œuvres, Paris, Ms.7814, Br.37, Fonds Enfantin, Arsenal.

Dogme Compte rendu d'une cérémonie saint-simonienne à Ménilmontant, Ms.7814, Br.31-32, Fonds Enfantin, Arsenal.

1831 Dogme Conférence saint-simonienne fait dans la salle de l'Athènes, Ms.7814, Br.27, Fonds Enfantin, Arsenal.

1831 Dogme Liste des adhérents à la Religion St-Simonienne dans les douze arrondissements de Paris, Ms.7793, Br.8, Fonds Enfantin, Arsenal.

Emprunt saint-simonien., Ms.7819, Br.187, Fonds Enfantin, Arsenal.

La Crise religieuse au XIXe siècle, Ms.14697, Br.92, Fonds Enfantin, Arsenal.

Lambert au Père, 22 septembre 1835., Ms.7739, Br.43-45, Fonds Enfantin, Arsenal.

Le 28 juillet 1844, Monsieur Enfantin Prosper doit à Flory Cadet, M.Cailleur pour payer dans Lyon, Ms.7814, Br.29, Fonds Enfantin, Arsenal.

Les Marchands de nouveautés, 1832, Ms.7861, Br.9, Fonds Enfantin, Arsenal.

Le Socialisme. II Le Saint-Simonisme., Ms.7861, Br.315, Fonds Enfantin, Arsenal.

Les Saint-Simoniens à Ménilmontant, Ms.14697, Br.91, Fonds Enfantin, Arsenal.

1832 3 Lettres écrites par le Pere Enfantin à Aglaé St-Hilaire, Ms.7814, Br.37, Fonds Enfantin, Arsenal.

L'Influence politique du Saint-Simonisme, Ms.14697, Br.88, Fonds Enfantin, Arsenal.

Ménilmontant. Mort de Talabot, Apôtre., Ms.7861, Br.9, Fonds Enfantin, Arsenal.

Montant des ouvrages fournis par Frison, tailleur, Ms.7819, Br.188, Fonds Enfantin, Arsenal.

Mouvement de la Famille à Ménilmontant du 23 Avril au 15 Décembre 1832, Ms.7646, Br.603-4, Fonds Enfantin, Arsenal.

Œuvres de Saint-Simon et d'Enfantin, Ms.14697, Br.89, Fonds Enfantin, Arsenal.

Règlement du costume des membres de la doctrine, Ms.7814, Br.28, Fonds Enfantin, Arsenal.

Règlement du costume des saint-simoniens, Ms.7814, Br.30, Fonds Enfantin, Arsenal.

Religion saint-simonienne, Ms.7814, Br.23, Fonds Enfantin, Arsenal.

Retraite de Ménilmontant. 6 juin 1832. Parole du Père., Ms.7861, Br.34, Fonds Enfantin, Arsenal.

Retraite de Ménilmontant., Ms.7861, Br.36, Fonds Enfantin, Arsenal.

Retraite de Ménilmontant. Ouverture des Travaux du Temple., Ms.7861, Br.37, Fonds Enfantin, Arsenal.

(説教集・回想録・書簡)

Arnaud, Angélique, Simon, Caroline, *Une correspondance saint-simonienne (1833-1838)*, éd.Louis, Bernadette, côté-femmes éditions, Paris, 1990.

Auger, Hippolyte, *Mémoires d'Auger 1810-1859*, éd.Cottin, Paul, aux bureaux de la "Revue rétrospective", Paris, 1891.

Barrault, Emile, *E.Barrault, apôtre, À Mr Naudin, Conseiller à la cour royale de Paris*, Paris, 1832.

Bazard, *Doctrine de Saint-Simon, Exposition, Première année, 1828-1829*, Nouvelle édition, éds.Bouglé, C., Halévy, Elie, Marcel Rivière, Paris, 1924. (バザール他『サン－シモン主義宣言―『サン－シモンの学説・解義』第一年度、1828-1829―』野地洋行訳 木鐸社　1982年.)

Blanc, Louis, *Histoire de dix ans*, t.1-5, Velhagen, Bielefeld, 1844-45.

Charton, Édouard, *Mémoire d'un Prédicateur saint-simonien*, au bureau de la Revue Encyclopédique, Paris, 1832.

Delord, Taxile, *Les Troisièmes Pages du Journal le Siècle Portraits Modernes*, Poulet-Malassis et de Broise, Paris, 1861.

Démar, Claire, *L'affranchissement des femmes (1832-1833)*, éd.Pelosse, Valentin, Payot, Paris, 1976.

Deroin, Jeanne, *Almanach des Femmes (Women's Almanack)*, James Watson, London, Universal Printing Establishment, Jersey, 1852-54.

Fournel, Henri, *Bibliographie saint-simonienne Du 1802 au 31 Décembre 1832*, Burt Franklin, New York, 1973.

Gay, Désirée, *Lettre au roi, écrite sous l'impression des évènements 5 et 6 juin 1832*, Imprimerie de Aug, 1832.

Gisquet, *Mémoires de M. Gisquet, Ancien Préfet de Police, écrits par lui-même*, t.1-2, Société Belge de Librairie, Bruxelles, 1841.

Lemonier, Charles, *Les Saint-Simoniens !!!*, Imprimerie de Éverat, Paris, 1832.

Publiées par les membres du conseil institué par Enfantin, *Œuvres de Saint-Simon & d'Enfantin*, E.Dentu, Paris, 1865-78.

Neveux, *Dialogues d'un saint-simonien sur la religion saint-simonienne, les femmes libres saint-simoniennes, et grande dispute sur les inconvénients et les agréments de la religion de Saint-Simon; Triomphe de la femme!!!*, Imprimerie de Sétier, Paris, 1832.

Pellarin, Charles, *Souvenirs anecdotiques*, Librairie des Sciences sociales, Paris, 1868.

Père Enfantin, *Lettres sur la vie éternelle*, Le corridor bleu, Paris, 2004.

Reybaud, Louis, *Études sur les réformateurs contemporains ou socialistes modernes. Saint-Simon, Charles Fourier, Robert-Owen*, Guillaumin, Paris, 1840.

Reynaud, Jean, *De la société saint-simonienne, et des causes qui ont amené sa dissolution*, au bureau de la Revue Encyclopédique, Paris, 1832.

Transon, Abel, *Affranchissement des femmes. Prédication du 1er Janvier 1832*, Imprimerie d'Éverat, Paris 1832.

Vinçard aîné, *Mémoires épisodiques d'un vieux chansonnier saint-simonien*, E.Dentu, Paris, 1878.

Voilquin, Suzanne, *Souvenirs d'une fille du peuple ou La saint-simonienne en Egypte*, François Maspero, Paris, 1978.

Calendrier, Primerie de Carpentier Méricourt, Paris, 1833.

Correspondance Articles extraits du Globe, Au bureau du Globe, Paris, 1831.

De la suspension des conférences publiques, La doctrine St-Simonienne., Imprimerie de Allois, Versailles, 1833.

Des Saint-Simoniens et de l'impuissance du gouvernement à réprimer leur doctrine, Hachette, Paris, 1977.

Enseignement Populaire. Premier Dialogue. Le Prolétaire et Le Bourgeois., Imprimerie de P.Coudert, Bordeaux, 1833.

Foi Nouvelle. Omnibus Saint-Simonien., Bertu, Bordeaux, 1833.

La Prophétie Articles extraits du Globe de 19 février au 20 avril 1832, Imprimerie d'Everat, Paris, 1832.

Le Livre Nouveau des Saint-Simoniens, éd.Régnier, Philippe, Du Lérot, Charente, 1991.

«Lettres de Dames» au Globe (1831-1832), éd.Riot-Sarcey, Michèle, côté-femmes éditions, Paris, 1992.

Procès complet des Saint-Simoniens, avec les portraits des accusés, W.Warée, Paris, 1832.

Procès en police corectionnelle, Le 19 octobre 1832, La librairie saint-simonienne, Paris, 1832.

オーエン、サン＝シモン、フーリエ『世界の名著 続8』五島茂、坂本慶一責任編集 中央公論社 1975年.

サン＝シモン、オーエン、フーリエ、コンシデラン『世界大思想全集―社会・宗教・科学思想篇10―』高木暢哉訳 河出書房新社 1959年.

サン＝シモン『ジュネーヴ人の手紙』大塚幸男訳 日本評論社 1945年.

―――『サン-シモン著作集』1-5巻 森博編訳 恒星社厚生閣 1987-88年.

―――『産業者の教理問答 他一篇』森博訳 岩波書店 2001年.

シャルル・フーリエ『四運動の理論』上・下巻 巌谷國士訳 現代思潮社 1970年.

(新聞・雑誌)

Le Courrier Français, 30 août 1832.

L'Europe Littéraire, mars 1833.

La Femme libre, 15 août 1832 - avril 1834.

Publié par les femmes, *Foi Nouvelle. Livre des actes*, Alexandre Johanneau, Paris, 1833-34.

Gazette des Tribunaux, 27 novembre 1830 - 17 décembre 1833.

Le Globe, Journal de la religion saint-simonienne, 3 septembre 1831, 13 octobre 1831.

Journal des débats, 28 août 1832.

"De la Doctrine Politique et Religieuse de Saint-Simon.", *Revue de Paris*, t.17, août 1830, pp.164-77.

"Chronique de la quinzaine", *Revue des Deux Mondes*, 14 novembre 1832.

Le Temps, 30 août 1832.

3　近代フランスにおける小説・回想録等

Balzac, Honoré de, *Béatrix*, Garnier Frères, Paris, 1962.（オノレ・ド・バルザック『バルザック全集』15巻　市原豊太訳　創元社　1960年.）

―――, *Correspondance*, t.4, Classiques Garnier, Paris, 1966.

―――, *La Comédie humaine*, t.11, Gallimard, Paris, 1980.（オノレ・ド・バルザック『バルザック全集』2巻　安土正夫、古田幸男訳　創元社　1973年.）

―――, *La Comédie humaine*, t.12, Gallimard, Paris, 1981.（オノレ・ド・バルザック『風俗研究』山田登世子訳　藤原書店　1992年.）

Desnoyer, Charles, Cogniard, *Le Royaume des femmes ou le monde à l'envers*, Magasin Théatral, Paris, 1833.

Du Camp, Maxime, *Souvenirs littéraires*, Aubier, Paris, 1994.

Dumas, Alexandre, *Mes mémoires*, t.2, Robert Laffont, Paris, 1989.

Hatin, Eugène, *Bibliographie historique et critique de la presse périodique française*, Librairie de Firmin Didot Frères, Fils et Cie, Paris, 1866.

Janin, Jules, *Biographie des femmes auteurs contemporaines françaises*, t.1, Armand-Aubrée, Paris, 1836.

La Bedollierre, E. de, "Les écoles militaires.", *Les Français peints par eux-mêmes*, t.5, L.Curmer éditeur, Paris, 1842. (Rep. 本の友社　1999年.)

Larousse, Pierre, *Grand Dictionnaire Universel du XIXe siècle*, Administration du Grand Dictionnaire Universel, Paris, 1866-79. (Rep. Slatkine, Genève, 1982.)

Lebassu, Joséphine, *St-Simonienne*, L.Tenré Libraire, Paris, 1833.

Musset, *Œuvres complètes en prose La Confession d'un enfant du siècle*, Gallimard, Paris, 1982.（アルフレッド・ミュッセ『世紀児の告白』小松清訳　岩波書店　1953年.）

Reybaud, Louis, *Jérome Paturot*, Édition illustrée par Grandville, J.-J., Dubochet, J.-J., Le Chevalier et Cie, Éditeurs, Paris, 1846.（ルイ・レーボー『帽子屋パチュロの冒険』高木勇夫訳　ユニテ　1997年.）

Vander-Burch, Émile, Langlé, Ferdinand, *Louis-Bronze et Le Saint-Simonien*, J.N Barba Libraire, Paris, 1832.
マルタン・ナド『ある出稼石工の回想』喜安朗訳　岩波書店　1997 年.
『聖書』(改訳)　日本聖書協会　1955 年.
『＜旧約聖書Ⅲ＞民数記 申命記』山我哲雄、鈴木佳秀訳　岩波書店　2001 年.

参考書誌（研究書・論文）

1 異性装

Ackroyd, Peter, *Dressing Up*, Thames and Hudson, London, 1979.

éds.Bard, Christine, Pellegrin, Nicole, *Clio, Histoire, femmes et sociétés, Femmes travesties: un "mauvais genre"*, Clio et Presses Universitaires du Mirail, Toulouse, 1999.

Bauer, Heike ed., *Women and cross-dressing, 1800-1939*, vol.1-3, Routledge, London, 2006.

Bullough, Vern L., Legg, W. Dorr, Elcano, Barrett W., Kepner, James, *An Annotated Bibliography of Homosexuality*, vol.II, Garland Publishing, New York, 1976.

Bullough, Vern L., *Sexual Variance in Society and History*, John Wiley & Sons, New York, 1976.

Bullough, Vern L., Bullough, Bonnie, *Cross Dressing, Sex, and Gender*, University of Pennsylvania Press, Philadelphia, 1993.

─────.eds, *Human Sexuality: An Encyclopedia*, Garland, New York, 1994.

Dekker, Rudolf M., van de Pol, Lotte C., *The Tradition of Female Transvestism in Early Modern Europe*, Macmillan Press, London, St.Martin's Press, New York, 1989.（ルドルフ・M・デッカー、ロッテ・C・ファン・ドゥ・ポル『兵士になった女性たち―近世ヨーロッパにおける異性装の伝統―』大木昌訳　法政大学出版局　2007年．）

─────, Marcure, Judy trans., "Republican heroines: cross-dressing women in the french revolutionary armies", *History of European Ideas*, vol.10, Issue3, Pergamon Press, Oxford, 1989, pp.353-63.

Demeyere, Gilbert, *Transvestism and Its Wide Context*, Demeyere, Wijnegem, 1992.

Denny, Dallas, *Gender Dysphoria*, Garland Publishing, New York & London, 1994.

Deslandres, Yvonne, "Le pantalon féminin: la guerre des sexes", *Peplos*, n°.15, juillet, Association pour la promotion du prêt-à-porter féminin, Paris, 1984.

Ellis, Havelock, "Eonism and other supplementary studies", *Studies in the Psychology of Sex*, F.A.Davis, Philadelphia, 1928.（Rep. Random House, New York, 1936.）

Flobert, Laure-Paul, *La femme et le costume masculin*, Imprimerie Lefebvre-Ducrocq, Lille, 1911.

Freud, Sigmund, Strachey, James trans., Richards, Angela ed., *On Sexuality: three essays on the theory of sexuality, and other works*, Penguin, Harmondsworth, 1977.（ジグムント・フロイト『フロイト著作集―性欲論 症例研究―』5巻　懸田克躬、高橋義孝他訳　人文書院　1969年．）

Garber, Marjorie, *Vested Interests Cross-Dressing & Cultural Anxiety*, Routledge, New York, 1992.

Grand-Carteret, John, *La Femme en culotte*, Ernest Flammarion, Paris, 1899.

Hirschfeld, Magnus, *Die Transvestiten*, Max Spohr, Leipzig, 1910.（Hirschfeld, Magnus, Lombardi-Nash, Michael trans., *Transvestites*, Prometheus Books, Buffalo, 1991.）

Hotchkiss, Valerie R., *Clothes Make the Man Female Cross Dressing in Medieval Euope*, Garland Publishing, New York, London, 1996.

Krafft-Ebing, Richard von, *Psychopathia Sexualis*, F.Enke, Stuttgart, 1886.（リヒャルト・フォン・クラフト＝エビング『變態性慾ノ心理』柳下毅一郎抄訳　原書房　2002年.）

éd.Leduc, Guyonne, *Travestissement féminin et liberté(s)*, L'Harmattan, Paris, 2006.

Steinberg, Sylvie, *La confusion des sexes*, Fayard, Paris, 2001.

Stoller, Robert, *Sex and Gender*, Science House, New York, 1968.（ロバート・ストラー『性と性別』桑原勇吉訳　岩崎学術出版社　1973年.）

Wheelwright, Julie, *Amazons and Military Maids*, Pandora, London, 1989.

赤阪俊一「奢侈条令を通して見るヨーロッパ精神史序論」『埼玉学園大学紀要　人間学部篇』創刊号　埼玉学園大学　2001年　35-47頁.

―――「異性装から見た男と女（1）」『埼玉学園大学紀要　人間学部篇』2　埼玉学園大学　2002年　21-33頁.

―――「異性装から見た男と女（2）―女教皇伝説―」『埼玉学園大学紀要　人間学部篇』3　埼玉学園大学　2003年　47-59頁.

―――「異性装から見た男と女（3）―異性装の女騎士―」『埼玉学園大学紀要　人間学部篇』4　埼玉学園大学　2004年　49-61頁.

―――「異性装から見た男と女（4）―女装の男たち―」『埼玉学園大学紀要　人間学部篇』5　埼玉学園大学　2005年　59-70頁.

―――「異性装から見た男と女（5）―近代における男装者たち―」『埼玉学園大学紀要　人間学部篇』6　埼玉学園大学　2006年　45-58頁.

―――編『ジェンダー史叢書8　生活と福祉』明石書店　2010年.

池田孝江「ジョルジュ・サンドにおけるコスチューム」『衣生活』256　衣生活研究会　1985年　37-42頁.

―――「ジョルジュ・サンドにおけるコスチューム(2)」『衣生活』257　衣生活研究会　1985年　21-26頁.

―――「ジョルジュ・サンドにおけるコスチューム(3)」『衣生活』258　衣生活研究会　1985年　32-36頁.

―――『ジョルジュ・サンドはなぜ男装をしたか』平凡社　1988年.

石井達朗『異装のセクシャリティ―人は性をこえられるか―』新宿書房　1991年.

―――『男装論』青弓社　1994年.

ジョアン・エントウィスル『ファッションと身体』鈴木信雄監訳　日本経済評論社　2005年.

スティーヴン・オーゲル『性を装う―シェイクスピア・異性装・ジェンダー―』岩崎

宗治、橋本恵訳　名古屋大学出版会　1999年．
押山美知子『少女マンガジェンダー表象論―〈男装の少女〉の造形とアイデンティティー』　彩流社　2007年．
パトリック・カリフィア他『セックス・チェンジズ―トランスジェンダーの政治学―』石倉由、吉池祥子他訳　作品社　2005年．
北山晴一『衣服は肉体になにを与えたか―現代モードの社会学―』　朝日新聞社　1999年．
―――「異性装―衣服にジェンダーは必要か―」　『立教大学ジェンダーフォーラム年報』3　立教大学　2002年　55-62頁．
佐伯順子『「女装と男装」の文化史』　講談社　2009年．
サラ・サリー『ジュディス・バトラー』竹村和子他訳　青土社　2005年．
ジョー・スタンリー編著『女海賊大全』竹内和世訳　東洋書林　2003年．
イヴ・コゾフスキー・セジウィック『クローゼットの認識論―セクシュアリティの20世紀―』外岡尚美訳　青土社　1999年．
―――『男同士の絆―イギリス文学とホモソーシャルな欲望―』上原早苗、亀澤美由紀訳　名古屋大学出版会　2001年．
高橋準『ファンタジーとジェンダー』　青弓社　2004年．
武田佐知子『衣服で読み直す日本史―男装と王権―』　朝日新聞社　1998年．
武田雅哉『楊貴妃になりたかった男たち―「衣服の妖怪」の文化誌―』　講談社　2007年．
中央大学社会科学研究所研究チーム「セクシュアリティの歴史と現在」編集『異性装・同性愛書誌目録』　中央大学社会科学研究所　2004年．
中田耕治『冒険する女の世紀―男装の女性史―』　新書館　1983年．
成実弘至編『モードと身体―ファッション文化の歴史と現在―』　角川書店　2003年．
―――『コスプレする社会―サブカルチャーの身体文化―』　せりか書房　2009年．
ジュディス・バトラー『ジェンダー・トラブル―フェミニズムとアイデンティティの攪乱―』竹村和子訳　青土社　1999年．
ジョアン・フィンケルシュタイン『ファッションの文化社会学』成美弘至訳　せりか書房　1998年．
細川真『虚と実の狭間で―シェイクスピアのディスガイズの系譜―』　英宝社　2003年．
アン・ホランダー『性とスーツ―現代衣服が形づくられるまで―』中野香織訳　白水社　1997年．
松尾量子「17世紀前半の英国の服飾に関する一考察―女性による異性装と子どもの装い―」　『国際服飾学会誌』30　国際服飾学会　2006年　4-16頁．
三橋順子『女装と日本人』　講談社　2008年．
トマス・ラカー『セックスの発明―性差の観念史と解剖学のアポリア―』高井宏子、細谷等訳　工作舎　1998年．

『化粧文化』38　ポーラ文化研究所　1998 年.

2　女性史

Abensour, Leon, *Le féminisme sous le règne de Louis-Philippe et en 1848*, Plon, Paris, 1913.

Adler, Laure, *À l'aube du féminisme: Les premières journalistes (1830-1850)*, Payot, Paris, 1979. （ロール・アドレール『黎明期のフェミニスム―フランスの女性ジャーナリスト (1830-1850)―』加藤節子、杉村和子訳　人文書院　1981 年.）

Albistur, Maïté, Armogathe, Daniel, *Histoire du féminisme français de l'empire napoléonien à nos jours*, t.2, Éditions des Femmes, Paris, 1977.

Bougle, C., "Le féminisme saint-simonien", *Chez les prophètes socialistes*, Felix Alcan, Paris, 1918, pp.371-99.

Carbonnier, Annelise, Toulet, Michel, Lecat, Jean-Michel, *La Longue Marche des Femmes, Des citoyennes aux suffragistes, 1789-1920*, Phébus, Paris, 2008.

éds.Duby, Georges, Perrot, Michelle, *Histoire des femmes en Occident 4 Le XIXe siècle*, Plon, Paris, 1991.（ジョルジュ・デュビィ、ミシェル・ペロー監修・責任編集『女の歴史 IV ―19 世紀前半(1)―』藤原書店　1996 年.）

Elhadad, Lydia, "Femmes prénommées: les prolétaires Saint-Simoniennes rédactrices de «La Femme Libre» 1832-1834", *Les Révoltes logiques*, Centre de Recherches sur les Idéologies de la Révolte, Paris, 1977, n°.4, pp.62-88 et n°.15, pp.29-60.

Goldstein, Leslie F., "Early feminist themes in french utopian socialism: The St.-Simonians and Fourier", *Journal of the History of Ideas*, vol.XLIII, n°.1, Temple University, Philadelphia, 1982, pp.91-108.

Marc de Villiers, Baron, *Histoire des clubs de femmes et des legions d'amazones: 1793-1848-1871*, Plan-Nourrit, Paris, 1910.

Moses, Claire Goldberg, *French feminism in the nineteenth century*, State University of New York, Albany, 1984.

―――, ""Difference" in historical perspective: saint-simonian feminism", *Feminism, Socialism, and French Romanticism*, Indiana University Press, Bloomington, 1993, pp.17-84.

Patureau-Mirand, Ch., *De la femme et de son rôle dans la société d'après les écrits saint-simoniens*, Dumont, Limoges, 1910.

Planté, Christine, "Les Féministes saint-simoniennes Possibilités et limites d'un mouvement féministe en France au lendemain de 1830", *Regards sur le saint-simonisme et les saint-simoniens*, Presses Universitaires de Lyon, Lyon, 1986, pp.73-102.

Priollaud, Nicole, *La Femme au 19e siècle*, Liana Levi, Sylvie Messinger, Paris, 1983.

Régnier, Philippe, "De l'état présent des études saint-simoniennes", *Regards sur le saint-simonisme et les saint-simoniens*, Presses Universitaires de Lyon, Lyon, 1986, pp.161-85.

―――, "De l'androgenèse du féminisme: Les saint-simoniens", *Cahiers du Centre d'enseignement,* de documentation, de recherches pour les études féministes (*CEDREF*), Université de Paris VII, Paris, 1989, pp.65-79.

―――, "Les Femmes saint-simoniennes: de l'égalité octroyée à l'autonomie forcée, puis revendiquée", *Femmes dans la Cité: 1815-1871*, Creaphis, Paris, 1998, pp.495-513.

Rendall, Jane, *The Origins of modern feminism: Women in Britain, France and the United States*, Macmillan, London, 1985.

Riot-Sarcey, Michèle, *La démocratie à l'épreuve des femmes Trois figures critiques du pouvoir 1830-1848*, Albin Michel, Paris, 1994.

Sullerot, Evelyne, *La Presse Féminine*, Armand Colin, Paris, 1963.

―――, *Histoire de la Presse Féminine en France, Des origines à 1848*, Librairie Armand Colin, Paris, 1966.

Thibert, Marguerite, *La féminisme dans le socialisme français de 1830 à 1850*, Marcel Giard, Paris, 1926.

ジャン＝ポール・アロン『路地裏の女性史』片岡幸彦監訳　新評論　1984年.
井上洋子『ジェンダーの西洋史』　法律文化社　1988年.
小倉孝誠『＜女らしさ＞はどう作られたのか』　法藏館　1999年.
加藤節子『1848年の女性群像』　法政大学出版局　1995年.
ブノワット・グルー『フェミニズムの歴史』山口昌子訳　白水社　1982年.
佐藤浩子「ルイ・フィリップ統治下の「フェミニスト新聞」にみる＜女＞とは」『女性空間』25　日仏女性資料センター　2008年　35-46頁.
―――「二月革命と「フェミニズム新聞」―＜女＞たちの熱き闘い―」『女性空間』27　日仏女性資料センター　2010年　20-33頁.
志村明子「19世紀前半フランス空想社会主義における女性解放思想―シャルル・フーリエからサン・シモン主義者へ―」『花園大学研究紀要』11　花園大学　1980年　53-69頁.
林達『近代西洋女性史』　学文社　1995年.
ミシェル・ペロー編『女性史は可能か』杉村和子、志賀亮一監訳　藤原書店　2001年.
―――『歴史の沈黙―語られなかった女たちの記録―』持田明子訳　藤原書店　2003年.
アンドレ・ミシェル『フェミニズムの世界史』村上真弓訳　白水社　1993年.
水田珠枝『女性解放思想の歩み』　岩波書店　1973年.
―――『女性解放思想史』　筑摩書房　1979年.
ジャン・ラボー『フェミニズムの歴史』加藤康子訳　新評論　1987年.

3　歴史

Alem, Jean-Pierre, *Enfantin le prophète aux sept visages*, Jean-Jacques Pauvert, Paris, 1963.
Allevy, Marie-Antoinette, *La mise en scène en France dans la première moitié du dix-neuvième siècle*,

Librairie E.Droz, Paris, 1983.

Beaumont-Maillet, Laure, *La guerre des sexes XVe-XIXe siècles*, Albin Michel, Paris, 1984.

Benaïm, Laurence, "Amazones, dandies et blooméristes", *Le pantalon*, Les Éditions de l'Amateur, Paris, 1999, pp.32-43.

Bénézit, E., *Dictionnaire critique et documentaire des peintres, sculpteurs, dessinateurs et graveurs*, t.5, Librairie Gründ, Paris, 1956.

Bénichou, Paul, *Le temps des prophètes*, Gallimard, Paris, 1977.

Booth, John, *A Chapter in the history of socialism in France Saint-Simon and saint-simonisme*, Longmans Green Reader and Dyer, London, 1871.

Carlisle, Robert B., *The Proffered Crown saint-simonianism and the doctrine of hope*, The Johns Hopkins University Press, Baltimore, London, 1987.

Charlety, Sébastien, *Enfantin*, Librairie Felix Alcan, Paris, 1930.

―――, *Histoire du Saint-Simonisme (1825-1864)*, Paul Hartmann, Paris, 1931.（セバスティアン・シャルレティ『サン＝シモン主義の歴史』沢崎浩平、小杉隆芳訳　法政大学出版局　1986年。）

Crossley, Ceri, *French Historians and Romanticism Thierry, Guizot, the Saint-Simonians, Quinet, Michelet*, Routledge, London, New York, 1993.

D'Allemagne, Henri-René, *Les Saint-Simoniens 1827-1837*, Librairie Gründ, Paris, 1930.

Dubech, Lucien, D'Espezel, Pierre, *Histoire de Paris*, Payot, Paris, 1926.

Dufay, Pierre, *Le pantalon féminin*, Charles Carrington, Paris, 1916.

Durkheim, Émile, *Le socialisme: sa définition, ses débuts, la doctrine saint-simonienne*, Alcan, Paris, 1928.（エミール・デュルケム『社会主義およびサン-シモン』森博訳　恒星社厚生閣　1977年。）

Gerits, Anton, *Additions and Corrections to Jean Walch Bibliographie du Saint-Simonisme*, A.Gerits & Son, Amsterdam, 1986.

Hird, Frank, *Rosa Bonheur*, George Bell & Sons, London, 1904.

Isambert, François-André, *De la charbonnerie au saint-simonisme Étude sur la jeunesse de Buchez*, Les Éditions de Minuit, Paris, 1966.

Janet, Paul, *Saint-Simon et le Saint-Simonisme*, Librairie Germer Baillière et Cie, Paris, 1878.

Jouve, Bernard, *L'Épopée saint-simonienne Saint-Simon, Enfantin et leur disciple Alexis Petit du Suez au pays de George Sand*, Les éditions Guénégaud, Paris, 2001.

éds.Levallois, Michel, Moussa, Sarga, *L'orientalisme des saint-simoniens*, Maisonneuve & Larose, Paris, 2006.

Maigron, Louis, *Le romantisme et la mode*, Librairie Ancienne Honoré Champion, Paris, 1911.

Manuel, Frank, *The new world of Henri Saint-Simon*, Harvard University Press, Cambridge, 1956.（フランク・マニュエル『サン-シモンの新世界』上・下巻　森博訳　恒星社厚生閣　1975年。）

McWilliam, Neil, *Dreams of Happiness social art and the french left, 1830-1850*, Princeton University Press, New Jersey, 1993.

Mélonio, Françoise, Baecque, Antoine de, *Histoire culturelle de la France, sous la direction de Jean-Pierre Rioux et Jean-François Sirinelli, 3. Lumières et Liberté, les dix-huitième et dix-neuvième siècles*, Éditions du Seuil, Paris, 1998.

Musso, Pierre, *Saint-Simon et le saint-simonisme*, Presses Universitaires de France, Paris, 1999.

Perrot, Philippe, *Les dessus et les dessous de la bourgeoisie*, Arthème Fayard, Paris, 1981.（フィリップ・ペロー『衣服のアルケオロジー—服装からみた19世紀フランス社会の差異構造—』大矢タカヤス訳 文化出版局 1985年.）

éds.Perroux, François, Schuhl, Pierre-Maxime, *économies et sociétés saint-simonisme et pari pour l'industrie XIXe-XXe siècles*, Librairie Droz, Genève, 1970-71.

Picon, Antoine, *Les saint-simoniens raison, imaginaire et utopie*, Belin, Paris, 2002.

Planté, Christine, "Le Livre Nouveau des saint-simoniens: théorie du langage ou religion de la parole?", *Le Langage comme défi*, Université de Paris VIII, Saint-Denis, 1992, pp.159-73.

Rancière, Jacques, *La nuit des prolétaires*, Fayard, Paris, 1981.

Régnier, Philippe, "Histoire et nouveautés des fonds saint-simoniens de la bibliothèque de l'Arsenal ", *Bulletin du bibliophile*, Promodis, Paris, 1982, pp.330-51.

―――, *Les idées et les opinions littéraires des saint-simoniens (1825-1835)*, P.Régnier, Paris, 1983.

―――, *Les Saint-Simoniens en Egypte (1833-1851)*, Le Caire, Banque de l'Union européenne, 1989.

―――, "Les saint-simoniens et George Sand", *Autour de George Sand. Mélanges offerts à Georges Lubin*, Centre d'étude des correspondances des XIXe et XXe siècles et Faculté des lettres et sciences sociales de l'Université de Brest, Brest, 1992, pp.55-73.

―――, "Le saint-simonisme à travers la lettre et l'image: le discours positifs de la caricature", *La Caricature entre République et censure. L'imagerie satirique en France de 1830 à 1880: un discours de résistance?*, Presses Universitaires de Lyon, Lyon, 1996, pp.155-70.

éd.―――, *Études saint-simoniennes*, Presses Universitaires de Lyon, Lyon, 2002.

Sée, Henri, *La notion de classes sociales chez les saint-simoniens*, M.Rivière, Paris, 1925.

Steele, Valerie, *Paris Fashion, a cultural history*, Oxford University Press, New York, 1988.

Teissèdre, Jean, "Actualité du saint-simonisme", *Revue d'histoire économique et sociale*, vol.XXXIII, Librairie Marcel Rivière et Cie, Paris, 1955, pp.445-57.

Temime, Émile, *Un Rêve méditerranéen: des saint-simoniens aux intellectuels des années trente: 1832-1862*, Actes Sud, Arles, 2002.

Walch, Jean, *Bibliographie du saint-simonisme avec trois textes inédits*, Librairie Philosophique J.Vrin, Paris, 1967.

Weill, Georges, *L'école saint-simonienne, son histoire, son influence jusqu'à nos jours*, Felix Alcan

Éditeur, Paris, 1896.
Historia, Le socialisme, n°.118, Historia, Paris, mars-avril, 2009.
Revue de la Bibliothèque nationale de France, n°.21, Bibliothèque nationale de France, Paris, 2005.
赤司道和『19世紀パリ社会史―労働・家族・文化―』 北海道大学図書刊行会 2004年.
モーリス・アギュロン『フランス共和国の肖像―闘うマリアンヌ 1789-1880―』阿河雄二郎、加藤克夫、上垣豊、長倉敏訳 ミネルヴァ書房 1989年.
ジャン・アンベール『フランス法制史』三井哲夫、菅野一彦訳 白水社 1974年.
稲本洋之助編訳『フランス民法典 第1篇―その原始規定(1804)と現行規定(1971)―』「家」制度研究会 1972年.
────『フランスの家族法』 東京大学出版会 1985年.
上野喬『ミシェル・シュヴァリエ研究』 木鐸社 1995年.
江川英文編『フランス民法の150年』 有斐閣 1957年.
小倉孝誠『19世紀フランス―夢と創造・挿絵入新聞『イリュストラシオン』にたどる―』 人文書院 1995年.
────『19世紀フランス―光と闇の空間・挿絵入新聞『イリュストラシオン』にたどる―』 人文書院 1996年.
────『19世紀フランス―愛・恐怖・群集・挿絵入新聞『イリュストラシオン』にたどる―』 人文書院 1997年.
小田中直樹『フランス近代社会 1814～1852―秩序と統治―』 木鐸社 1995年.
鹿島茂『絶景、パリ万国博覧会―サン=シモンの鉄の夢―』 河出書房新社 1992年.
河野健二編『フランス初期社会主義―二月革命とその思想―』 平凡社 1979年.
北山晴一『おしゃれと権力』 三省堂 1985年.
喜安朗『パリの聖月曜日』 平凡社 1982年.
────『近代フランス民衆の＜個と共同性＞』 平凡社 1994年.
────『近代の深層を旅する』 平凡社 1996年.
────『ドーミエ諷刺画の世界』 岩波書店 2002年.
────『パリ―都市統治の近代―』 岩波書店 2009年.
小杉隆芳「サン・シモンとサン・シモン主義者―「サン・シモン学説解義・第一年度」の社会思想について―」 『駒沢大学外国語部論集』6 駒沢大学 1977年 101-20頁.
────「サン・シモン主義の宗教への転化―サン・シモン学説解義・第二年度について―」 『日本フランス語フランス文学会中部支部研究報告集』4 日本フランス語フランス文学会 1980年 31-36頁.
小沼堅司「「産業主義」確立期における一つの思想風景 -下- J.S.Mill, T.Carlyle, and St.Simonians, 1825-1835」 『専修法学論集』43 専修大学 1986年 67-134頁.
アラン・コルバン『においの歴史』山田登世子、鹿島茂訳 新評論 1988年.

―――他『世界で一番美しい愛の歴史』小倉孝誠、後平隆、後平澪子訳　藤原書店　2004年.
佐藤茂行「サン＝シモン教について―サン＝シモン主義と宗教的社会主義」　『経済学研究』35　北海道大学　1986年　1-16頁.
セシル・サンローラン『女の下着の歴史』深井晃子訳　文化出版局　1966年.
柴田三千雄、横山鉱一、福井憲彦編『フランス史』1-3巻　山川出版社　1996年.
ルイ・シュヴァリエ『労働者階級と危険な階級―19世紀前半のパリ―』喜安朗、木下賢一、相良匡俊共訳　みすず書房　1993年.
ジョーン・W.スコット『ジェンダーと歴史学』荻野美穂訳　平凡社　2004年.
ピーター・ストリブラス、アロン・ホワイト『境界侵犯―その詩学と政治学―』本橋哲也訳　ありな書房　1995年.
マルチーヌ・セガレーヌ『妻と夫の社会史』片岡幸彦監訳　新評論　1983年.
高木勇夫『＜からだ＞の文明誌―フランス身体史講義』　叢文社　2003年.
―――『19世紀パリ・オデッセイ―帽子屋パチュロとその時代―』　叢文社　2004年.
谷川稔『フランス社会運動史―アソシアシオンとサンディカリスム―』　山川出版社　1983年.
―――、渡辺和行編著『近代フランスの歴史―国民国家形成の彼方に―』　ミネルヴァ書房　2006年.
徳井淑子『服飾の中世』　勁草書房　1995年.
―――編訳『中世衣生活誌―日常風景から想像世界まで―』　勁草書房　2000年.
―――『ヨーロッパの服飾史』　河出書房新社　2010年.
中谷猛『近代フランスの自由とナショナリズム』　法律文化社　1996年.
中村秀一『産業と倫理―サン＝シモンの社会組織思想―』　平凡社　1989年.
―――「サン＝シモン教と普遍的アソシアシオン―サン＝シモン派―」　『アソシアシオンの想像力―初期社会主義思想への新視覚―』　平凡社　1989年　31-79頁.
二宮宏之他編『シリーズ世界史への問い4　社会的結合』　岩波書店　1989年.
野地洋行編著『近代思想のアンビバレンス』　御茶の水書房　1997年.
ピーター・バーク『ヨーロッパの民衆文化』中村賢二郎、谷泰訳　人文書院　1988年.
―――『時代の目撃者』諸川春樹訳　中央公論美術出版　2001年.
ヴェレーナ・フォン・デア・ハイデン＝リンシュ『ヨーロッパのサロン』石丸昭二訳　法政大学出版局　1998年.
長谷川イザベル『共和国の女たち―自伝が語るフランス近代―』長谷川輝夫訳　山川出版社　2006年.
バーバラ・A・バブコック編『さかさまの世界』岩崎宗治、井上兼行訳　岩波書店　1984年.
林田遼右『カリカチュアの世紀』　白水社　1998年.

ジョルジュ・ヴィガレロ『強姦の歴史』藤田真利子訳　作品社　1999 年.
ジョナサン・ビーチャー『シャルル・フーリエ伝―幻視者とその世界―』福島知己訳　作品社　2001 年.
アラン・フォール『パリのカーニヴァル』見當尚人訳　平凡社　1991 年.
深井晃子監修『世界服飾史』　美術出版社　1998 年.
福井憲彦編『フランス史』　山川出版社　2001 年.
―――編『アソシアシオンで読み解くフランス史』　山川出版社　2006 年.
ヴォルター・ベンヤミン『パサージュ論Ⅳ』今村仁司、三島憲一訳　岩波書店　1993 年.
前田祝一「サン=シモン主義の分裂 -2- ―11 月 27 日のセレモニー -1-―」『駒沢大学外国語部論集』29　駒沢大学　1989 年　99-114 頁.
―――「サン=シモン主義の分裂 -3- ―11 月 27 日のセレモニー -2-―」『駒沢大学外国語部論集』32　駒沢大学　1990 年　251-61 頁.
アンヌ・マルタン=フュジェ『優雅な生活＜トゥ=パリ＞、パリ社交集団の成立 1815-48』前田祝一監訳　新評論　2001 年.
山田登世子『メディア都市パリ』青土社　1991 年.
吉田静一『サン・シモン復興』　未来社　1975 年.
ジャン・ロム『権力の座についた大ブルジョアジー』木崎喜代治訳　岩波書店　1971 年.
若尾祐司編著『家族』　ミネルヴァ書房　1998 年.

4　文学

Alquier, Aline, *George Sand*, Pierre Charron, Paris, 1973.
Barry, Joseph, *George Sand*, Seuil, Paris, 1982.
Blount, Paul G., *George Sand and the victorian world*, The University of Georgia Press, Athens, 1980.
Bonsirven-Fontana, Marie-Louise, *Dans l'ombre de George Sand*, Pastorelly, Monte-Carlo, 1976.
（マリー＝ルイーズ・ボンシルヴァン＝フォンタナ『ジョルジュ・サンド』持田明訳　リブロポート　1981 年.）
Cate, Curtis, *George Sand*, Hamilton, London, 1975.
Chalon, Jean, *Chère George Sand*, Flammarion, Paris, 1991.
Chonez, Claudine, *George Sand*, Éditions Seghers, Paris, 1973.
Chovelon-Guerry, Bernadette, "Une image idéalisée de la femme: Edmée de Mauprat", *Les Amis de George Sand*, n°.3, L'association Les Amis de George Sand, Paris, 1978, pp.14-20.
―――, *George Sand et Solange mère et fille*, Christian Pirot, Saint-Cyr-Sur-Loire, 1994.
Cordroc'h, Marie, *Répertoire des letters publiées de George Sand*, Armand Colin, Paris, 1962.
Czyba, Luce, "George Sand et la caricature", *Les Amis de George Sand*, n°.16, L'association Les Amis

de George Sand, Paris, 1995, pp.5-20.

Datlof, Natalie, Fuchs, Jeanne, Powell, David A. eds., *The world of George Sand*, Green Wood Press, New York, 1991.

Deforges, Régine, Ayala, Roselyne de, Guéno, Jean-Pierre, *Les plus beaux manuscrits de George Sand*, Perrin, Paris, 2004.

éds.Diaz, Brigitte, Naginski, Isabelle Hoog, *George Sand pratiques et imaginaires de l'écriture*, Presses Universitaires de Caen, Caen, 2006.

Didier, Béatrice, Neefs, Jacques, *George Sand Écritures du romantisme II*, Presses Universitaires de Vincennes, Paris, 1989.

Didier, Béatrice, *George Sand écrivain*, Presses Universitaires de France, Paris, 1998.

Dion-Tenenbaum, Anne, Grandry, Marie-Noëlle de, *L'art de vivre à l'époque de George Sand*, Flammarion, Paris, 1999.

Doumic, René, *George Sand*, Perrin, Paris, 1922.

Dunilac, Julien, *George Sand sous la loupe*, Slatkine, Genève, 1978.

Fraisse, Genevieve, "Des Héroines symboliques? Celle qui écrit et celle qui parle: George Sand et Louise Michel", *Les Révoltes logiques*, Centre de Recherches sur les Idéologies de la Révolte, Paris, 1977, n°.6, pp.35-54.

Gerson, Noel B., *George Sand A biography of the first modern, liberated woman*, Robert Hale & Company, New York, 1972.

Ghillebaert, Françoise, *Disguise in George Sand's Novels*, Peter Lang, New York, 2009.

Guillou, Claire Le, "Contribution au recensement de l'iconographie sandienne.", *Les Amis de George Sand*, n°.26, L'association Les Amis de George Sand, Paris, 2004, pp.143-44.

Hamon, Bernard, *George Sand et la politique*, L'Harmattan, Paris, 2001.

Hecquet, Michèle, *Lecture de Mauprat de George Sand*, Presses Universitaires de Lille, Lille, 1990.

Hiddleston, Janet, *George Sand and autobiography*, Legenda European Humanities Research Centre University of Oxford, Oxford, 1999.

Hoog, Marie-Jacques, "George Sand: Être/Paraître (To be/To Appear)", *George Sand Papers*, AMS Press, New York, 1982, pp.83-92.

Hubert-Matthews, Veronica, "Gabriel ou la pensée sandienne sur l'identité sexuelle", *George Sand Studies*, vol.13, The George Sand Association, 1994, pp.19-27.

Karénine, Wladimir, *George Sand sa vie et ses œuvres 1804-1876*, t.1-4, Librairie Plon, Paris, 1899-1926.

Lovenjoul, Vicomte de Spoelberch de, *George Sand Étude bibliographique sur ses œuvres*, Burt Franklin, New York, 1914.

Lubin, Georges, *George Sand en Berry*, Hachette, Paris, 1967.

—, *Album Sand*, Gallimard, Paris, 1973.

—, *George Sand Index des correspondants*, Garnier, Paris, 1991.

Mallet, Francine, *George Sand*, Bernard Grasset, Paris, 1995.

Marix-Spire, Thérèse, *Les romantiques et la musique Le cas George Sand 1804-1838*, Nouvelles Éditions Latines, Paris, 1954.

Massardier-Kenney, Françoise, *Gender in the fiction of George Sand*, Rodopi, Amsterdam, 2000.

Maurois, André, *LÉLIA ou La vie de George Sand*, Hachette, Paris, 1952.（アンドレ・モロワ『ジョルジュ・サンド』河盛好藏、島田昌治訳　新潮社　1964.）

Moins, Claude, "Sand, Chopin, Delacroix autour de quelques portraits", *Les Amis de George Sand*, n°.18, L'association Les Amis de George Sand, Paris, 1996, pp.19-29.

éd.Mosele, Elio, *George Sand et son temps*, t.1-3, Slatkine, Genève, 1994.

éd.Mozet, Nicole, *George Sand Une Correspondance*, Christian Pirot, Saint-Cyr-Sur-Loire, 1994.

―――――, *George Sand Écrivain de romans*, Christian Pirot, Saint-Cyr-Sur-Loire, 1997.

Naginski, Isabelle Hoog, *George Sand L'écriture ou la vie*, Éditions Champion, Paris, 1999.

éd.―――――, *Revue des Sciences Humaines (George Sand)*, n°.226, Université de Charles-de-Gaulle Lille III, Lille, 1992.

O'brien, Dennis, "George Sand and Feminism", *George Sand Papers*, AMS Press, New York, 1980, pp.76-91.

Pailleron, Marie-Louise, *George Sand Histoire de sa vie*, Éditions Bernard Grasset, Paris, 1938.

Perrot, Michelle, "George Sand: Une enfance en révolution", *George Sand: Une Œuvre multiforme*, Éditions Rodopi B.V., Amsterdam, 1991, pp.7-16.

Piganiol, Agnès, "La formation intellectuelle de George Sand d'après sa correspondance de 1818 à 1835", *Les Amis de George Sand*, n°.10, L'association Les Amis de George Sand, Paris, 1989, pp.44-47.

Powelle, David A., Malkin, Shira, *Le siècle de George Sand*, Rodopi B.V., Amsterdam, 1998.

Prasad, Pratima, "Deceiving Disclosures: Androgyny and George Sand's Gabriel", *French Forum*, vol.24, Issue3, University of Nebraska Press, Lincoln, 1999, pp.331-51.

Rebérioux, Madeleine, "George Sand, Flora Tristan et la question sociale", *Flora Tristan George Sand Pauline Roland Les femmes et l'invention d'une nouvelle morale 1830-1848*, Creaphis, Paris, 1994, pp.83-94.

Reboul-Scherrer, Fabienne, *L'art de vivre au temps de George Sand*, Nil Éditions, Paris, 1998.

Reid, Martine, Tillier, Bertrand, *L'ABCdaire de George Sand*, Flammarion, Paris, 1999.

Reid, Martine, *Signer Sand: l'œuvre et le nom*, Belin, Paris, 2003.

Richard-Desaix, Ulrich, *George Sand et l'art du portrait-chargé*, Floury, Paris, 1917.

Rossum-Guyon, Françoise van etc, *George Sand recherches nouvelles*, Groupe de recherches sur George Sand de l'Université d'Amsterdam, Amsterdam, 1981.

Roya, Maurice, *George Sand*, Laurier, Paris, 1928.

Saint-Saëns, Anne E. McCall, *De l'être en letters L'autobiographie épistolaire de George Sand*, Rodopi B.V., Amsterdam, 1996.

Salomon, Pierre, *George Sand*, Hatier, Paris, 1953.

Schor, Naomi, "Female fetishism: The case of George Sand", *The female body in western culture*, Harvard University Press, Cambridge, 1986, pp.363-72.

―――, *George Sand and Idealism*, Columbia University Press, New York, 1993.

Séché, Alphonse, Bertaut Jules, *La vie anecdotique et pittoresque des grands écrivains George Sand*, Louis-Michaud, Paris, 1909.

Tillier, Bertrand, *George Sand chargée*, Du Lérot éditeur, Tusson, 1993.

Vermeylen, Pierre, *Les idées politiques et sociales de George Sand*, Édition de l'Université de Bruxelles, Bruxelles, 1984.

éd.Vierne, Simone, *George Sand*, C.D.U. et SEDES réunis, Paris, 1983.

Vincent, Marie-Louise, *Le Berry dans l'œuvre de George Sand*, Slatkine, Genève, 1978.

Winegarten, Renee, *The Double life of George Sand woman and writer*, Basic Books, New York, 1978.

Wrona, Adeline, *1804-1876 Lettres de George Sand Histoire d'une vie*, Scala, Paris, 1997.

秋元千穂他『十九世紀フランス女性作家 ジョルジュ・サンドの世界 生誕二百年記念出版』 第三書房 2003年.

安藤正勝『二十世紀を変えた女たち』 白水社 2000年.

石橋美恵子「ジョルジュ・サンドとイギリス―5―V. アンディヤナ―」『紀要』20 筑紫女学園短期大学 1985年 1-21頁.

―――「『アンディヤナ』の中の恐怖」 『フランス文学論集』21 九州フランス文学会 1986年 61-68頁.

―――「ジョルジュ・サンドとイギリス―6―アンディヤナ―続―」『紀要』22 筑紫女学園短期大学 1987年 1-20頁.

稲生永「ブーザンゴ考―七月革命前後のヒッピーたち―」 『現代文学』4 「現代文学」編集委員会 1971年 70-88頁.

―――「フランス―一八三〇年代のヒッピー群像―」 『ユリイカ』10 青土社 1978年 160-72頁.

Ebara Naoko「Mauprat de George Sand; un roman progressiste」 『Gallia』35 大阪大学 1996年 9-17頁.

鹿島茂『馬車が買いたい！―19世紀パリ・イマジネール―』 白水社 1990年.

―――『職業別 パリ風俗』 白水社 1999年.

―――『文学は別解で行こう』 白水社 2001年.

私市保彦『名編集者エッツェルと巨匠たち―フランス文学秘史―』 新曜社 2007年.

小坂裕子『自立する女 ジョルジュ・サンド』 NHK出版 1998年.

小沼ますみ『ショパンとサンド―愛の軌跡―』 音楽之友社 1982年.

駒尺喜美編『女を装う』 勁草書房 1985年.

坂本千代『愛と革命―ジョルジュ・サンド伝―』 筑摩書房 1992年.

―――「ロマン主義的女性像―女の神話と女祭司のイメージ―」『近代』78　神戸大学　1995 年　275-89 頁.

―――『ジョルジュ＝サンド』清水書院　1997 年.

―――, "George Sand et Le Japon", *Les Amis de George Sand*, n°.22, L'association Les Amis de George Sand, Paris, 2000, pp.52-60.

―――「マリー・ダグー伯爵夫人の生涯と作品―小説『ネリダ』における事実とフィクション―」『女性学研究』15　大阪府立大学女性学研究センター　2008 年　1-20 頁.

―――「きたるべき社会と芸術家の役割―サン・シモン主義者たち、ラムネ、ルルーの芸術論―」『国際文化学研究』31　神戸大学大学院国際文化学研究科　2008 年　111-32 頁.

佐藤久美子「Une évolution de l'écriture épistolaire―À travers l'analyse de la correspondance de George Sand en 1835―」『紀要』28　愛知県立大学外国語学部　1996 年　237-50 頁.

ベルナデット・ショヴロン『赤く染まるヴェネツィア―サンドとミュッセの愛―』持田明子訳　藤原書店　2000 年.

高岡尚子「ジョルジュ・サンド『アンドレ』・『オラース』に描かれる 19 世紀フランス女性労働者たちの空間」『女性学研究』16　大阪府立大学女性学研究センター　2009 年　1-26 頁.

―――「19 世紀フランス小説における女性とセクシュアリティと子供像」『平成 18 年度～平成 20 年度科学研究費補助金基盤研究(C)研究成果報告書』奈良女子大学　2009 年　全 105 頁.

坪井久美子「ジョルジュ・サンド研究≪Indiana≫と≪Le Roman d'Aurore Dudevant et d'Aurélien de Sèze≫の関連性について」『人文社会科学研究集報』24　鈴峯女子短期大学　1977 年　35-48 頁.

―――「ジョルジュ・サンド研究―作品『アンディヤナ』における水と死の関連性について―」『人文社会科学研究集報』31　鈴峯女子短期大学　1984 年　15-24 頁.

シルヴィ・ドレーグ＝モワン『ノアンのショパンとサンド―夏の愛の日々―』小坂裕子訳　音楽之友社　1992 年.

長塚隆二「Une éducation manquée; George Sand et sa fille」『学術研究』5　日本大学芸術学部　1976 年　3-11 頁.

―――『ジョルジュ・サンド評伝』読売新聞社　1977 年.

中森厚子「ジョルジュ・サンド『わが生涯の歴史』―良き母、ジョルジュ・サンド―」『女性空間』14　日仏女性資料センター　1997 年　80-84 頁.

西尾修「バルザック『幻滅』とその時代―「セナークル」、ピエール・ルルー、そしてジョルジュ・サンド―」『経済学部 日吉論文集』31　慶應義塾大学　1983

年　1-26 頁.

西尾治子「Genèse et sources de Mauprat de George Sand(1)」　『洗足論叢』18　洗足学園大学・短期大学・魚津短期大学　1989 年　89-100 頁.

―――「L'Amour et l'Éducation dans Mauprat de George Sand(1)」　『洗足論叢』19　洗足学園大学・短期大学・魚津短期大学　1990 年　29-43 頁.

―――「L'Amour et l'Éducation dans Mauprat de George Sand(2)―Le XVIIIe siècle dans le roman―」『洗足論叢』20　洗足学園大学・短期大学・魚津短期大学　1991 年　17-32 頁.

―――「Mauprat de George Sand(3)―Elan vital de Bernard―」　『洗足論叢』21　洗足学園大学・短期大学・魚津短期大学　1992 年　115-29 頁.

―――「ジョルジュ・サンドの初期作品群と当時の思想家たち」　『フランス文化の心―その言語と文学―』　駿河台出版社　1993 年　31-50 頁.

―――「ジョルジュ・サンドと"第三の性"」　『Bulletin du CEFEF』3　「現代フランス社会と女性」研究会　2004 年　69-106 頁.

―――「第三の性の作家、ジョルジュ・サンド」　『女性空間』22　日仏女性資料センター　2005 年　115-24 頁.

éd.―――, Les Héritages de George Sand aux XXe et XXIe siècles, Keio University Press, Tokyo, 2006.

―――「越境する小説空間『マテア』―母性神話批判から自己超越へ―」　『女性空間』24　日仏女性資料センター　2007 年　33-43 頁.

―――「ジョルジュ・サンドにおける変装の主題―1830 年代の作品群をめぐって―」『慶應義塾大学日吉紀要　フランス語フランス文学』46　慶應義塾大学　2008 年　13-40 頁.

キャロリン・ハイルブラン『女の書く自伝』大社淑子訳　みすず書房　1992 年.

原田伸子「ジョルジュ・サンド『我が生涯の歴史』にみるエリクチュールの苦悩」『京都産業大学論集』18　京都産業大学　1988 年　1-39 頁.

―――『女性作家あるいは言語の彼岸について』　松籟社　1996 年.

平井知香子「もうひとつの伝記―ジョルジュ・リュバン編『ジョルジュ・サンド書簡集』―」『仏文研究』25　京都大学フランス語学フランス文学研究会　1994 年　233-37 頁.

平島正郎、菅野昭正、高階秀爾『徹底討議19世紀の文学・芸術』　青土社　1984 年.

深谷哲「ジョルジュ・サンドの初期の作品群における宗教的感情と社会主義的思想1」　『愛知大学研究報告』15　愛知大学　1966 年　49-63 頁.

深谷哲「ジョルジュ・サンドの初期の作品群における宗教的感情と社会主義的思想2」　『愛知大学研究報告』17　愛知大学　1968 年　93-107 頁.

ユゲット・ブシャルドー『ジョルジュ・サンド―木靴をはいて月をとろうとした夢想者―』北村美和子訳　河出書房新社　1991 年.

古谷健三、小潟昭夫編『19世紀フランス文学事典』　慶應義塾大学出版会　2000年.
ミシェル・ペロー編『サンド―政治と論争―』持田明子訳　藤原書店　2000年.
ピエール・マシュレ『文学生産の哲学―サドからフーコーまで―』小倉孝誠訳　藤原書店　1994年.
松山恒見「ジョルジュ・サンドの社会主義―1848年までを中心にして―」『創立二十周年記念論文集』　獨協大学　1984年　277-318頁.
間野嘉津子「フランス2月革命とフェミニスム―ジョルジュ・サンドとダニエル・ステルン―」『大阪経大論集』48　大阪経大学会　1998年　161-79頁.
――――「George Sandの"Indiana"とジェンダー」『大阪経大論集』51　大阪経大学会　2001年　163-74頁.
宮下志朗『本を読むデモクラシー―"読者大衆"の出現―』刀水書房　2008年.
村田京子『娼婦の肖像―ロマン主義的クルチザンヌの系譜―』新評論　2006年.
――――「「女流作家」と「女性作家」―バルザックにおける女性作家像　カミーユ・モーパン―」『女性学研究』13　大阪府立大学女性学研究センター　2006年　33-64頁.
――――「デルフィーヌ・ド・ジラルダンの生涯とその作品―「ロマン派のミューズ」からジャーナリストへ―」『女性学研究』15　大阪府立大学女性学研究センター　2008年　21-60頁.
――――「「パリア」の作家誕生―労働者階級の作家フロラ・トリスタンの生涯と作品―」『女性学研究』16　大阪府立大学女性学研究センター　2009年　27-73頁.
シャルル・モーラス『ヴェネチアの恋人たち―ジョルジュ・サンドとミュッセ―』後藤敏雄訳　弥生書房　1972年.
クロード・モーリヤック『文学から反文学へ』加藤民男訳　新潮社　1973年.
持田明子「新しいLéliaの創造に向けて(I)―Vers la nouvelle Lélia―」『東亜大学研究論叢』10　東亜大学研究所　1985年　37-49頁.
――――「新しいLéliaの創造に向けて(II)―Vers la nouvelle Lélia―」『紀要』23　九州産業大学教養部　1987年　101-36頁.
――――「新しいLéliaの創造に向けて(III)―Vers la nouvelle Lélia―」『紀要』23　九州産業大学教養部　1987年　53-84頁.
――――「Une lecture de Lélia―autour du thème de l'eau―」『紀要』24　九州産業大学教養部　1987年　105-19頁.
――――「Accueil de Lélia en 1833」『紀要』24　九州産業大学教養部　1987年　121-34頁.
――――「George Sandはフェミニズムを標榜したか―1―Indianaを読む―メタファーとしての奴隷、隷属 l'esclave, l'esclavage を中心に―」『紀要』24　九州産業大学　1988年　105-22頁.

────「George Sand はフェミニズムを標榜したか―2―フェミニストたちと向かい合って―」『紀要』25　九州産業大学　1988年　169-91頁.

────「George Sand はフェミニズムを標榜したか―3―Lettres à Marcie を読む―」『紀要』25　九州産業大学　1989年　33-58頁.

────「ジョルジュ・サンドとジャーナリズム(I)―『ル・フィガロ』紙での出発―」『紀要』27　九州産業大学教養部　1990年　83-104頁.

────「Mauprat に見る＜絶対の愛＞と＜自己形成＞」『紀要』27　九州産業大学教養部　1990年　249-85頁.

────「ジョルジュ・サンドとジャーナリズム(II)―『独立評論』誌創刊の周辺―」『紀要』28　九州産業大学教養部　1991年　29-48頁.

────『ジョルジュ・サンド 1804-76―自由、愛、そして自然―』藤原書店　2004年.

山方達雄「ジョルジュ・サンドの女性解放論とナポレオン法典」『フランス文学研究』日本フランス文学会　1957年　34-40頁.

────「1848年のジョルジュ・サンド」『1848年共同研究会研究報告集』1　愛知県立大学　1974年　6-26頁.

────「1848年のジョルジュ・サンド(2)」『1848年共同研究会研究報告集』2　愛知県立大学　1975年　1-25頁.

────「1848年のジョルジュ・サンド(3)」『1848年共同研究会研究報告集』3　愛知県立大学　1976年　1-31頁.

────「1848年のジョルジュ・サンド(4)」『1848年共同研究会研究報告集』4　愛知県立大学　1978年　1-15頁.

────「アンドル県の1848年」『1848年共同研究会研究報告集』5　愛知県立大学　1979年　1-32頁.

────「1848年のジョルジュ・サンド(5)」『1848年共同研究会研究報告集』7　愛知県立大学　1982年　21-32頁.

吉田綾「サンドとラムネー―『マルシへの手紙』をめぐる宗教観―」『人文論究』48　関西学院大学人文学会　1998年　149-61頁.

フィリップ・ルジュンヌ『フランスの自伝―自伝文学の主題と構造―』小倉孝誠訳　法政大学出版局　1995年.

5　カタログ

éds.Coilly, Nathalie, Régnier, Philippe, *Le siècle des saint-simoniens du Nouveau christianisme au canal de Suez*, Bibliothèque nationale de France, Paris, 2006.

éds.Sargent, Lyman Tower, Schaer, Roland, *Utopie La quête de la société idéale en Occident*, Bibliothèque nationale de France, Fayard, Paris, 2000.

Villa, Nicole, *Collection de Vinck. 6 La Révolution de 1830 et la Monarchie de juillet*, Bibliothèque

nationale de France, Paris, 1979.
Catalogue général des Manuscrits des Bibliothèques publiques en France, t.XLIII, Supplément, t.IV, Fonds Enfantin（Bibliothèque de l'Arsenal）, Plon, Paris, 1904, pp.1-115.
George Sand, L'Œuvre-vie, Bibliothèques éditions, Paris, 2004.
George Sand, Une Nature d'artiste, Musée de la Vie Romantique, Paris, 2004.
George Sand Visages du romantisme, Bibliothèque nationale de France, Paris, 1977.
Trésors de la Bibliothèque de l'Arsenal, Bibliothèque nationale de France, Paris, 1980.
阿部良雄監修『ドーミエ版画集成3 パリ生活』鈴木啓二訳　みすず書房　1994年．
池田孝江企画『ジョルジュ・サンド展―愛と真実を追い求めたロマン派を代表する女流作家―』　西武美術館　1989年．
アンドレアス・グローテ他『ベルリン美術館(西)』千足伸行他訳　岩波書店　1989年．
ジャン・ファヴィエール、江原順編『フランス文明の源流展―ベリー地方の伝統と美術―』　大塚工芸社　1974年．
『ドーミエ展―現代の諷刺詩―』　伊丹市美術館　1997年．
『モードと諷刺―時代を照らす衣服―』　栃木県立美術館　1995年．
『揺れる女／揺らぐイメージ―フェミニズムの誕生から現代まで―』　栃木県立美術館　1997年．

あとがき

　ジョルジュ・サンドとサン＝シモン主義者には、19世紀前半のフランス社会において、特異な恰好をしていた共通点だけではなく、同時代人としての交流がある。サン＝シモン主義者たちは、女性の告白の祈りや信条を朗唱したかのような小説『レリヤ』をはじめ、サンドの初期作品を自分たちの思想の集成であるかのごとく崇拝しており、サン＝シモン主義の思想と彼女の著作とを関連付けることを模索していた。そして彼らは、サンドをサン＝シモン主義の女性指導者である教母に据えることを切望したものの、共和主義者サンドはサン＝シモン主義の思想のいくつかに共感を抱くことはあっても、女性指導者への関心は示さなかった。というのも、サン＝シモン主義の女性解放思想、およびメニルモンタンでの隠遁生活やエジプトへの遠征などの活動に対してサンドは反発していたことに加え、指導者アンファンタンの曖昧な態度やサン＝シモン主義者たちの仲間意識の強さと温和さ、妥協のしやすさなどが、彼女をサン＝シモン主義から遠ざける原因になっていたからである。とりわけ、サンドにとっての理想の結婚が、両性が平等な上で、互いへの愛情や尊敬に基づき、不貞を働かない誠実さに支えられた愛の形であったからこそ、雑婚を推し進め、結婚制度の破壊に繋がりかねないアンファンタンの結婚への考え方には、強い警戒を示していた。またサン＝シモン主義を支持した女性たちが、1840年代後半に女性の参政権を標榜する女性運動を展開したことが、民法上での男女平等を最優先と考えるサンドとの間に、一線を画したとされている。一方で、サン＝シモン主義者たちから指導者になることを望まれ、サンドは1836年1月1日に59個もの贈り物を貰った恩を忘れなかったのか、1861年7月27日に設立されたサン＝シモン主義を

維持していくための相互扶助会「家族の友 Les Amis de la Famille」に彼女は感銘を受け、亡くなるまで寛大な寄付を続けている。本書では、近代フランスにおける女性の異性装の事例として、二つの事象を二部構成で隔てて扱ったため、同時代を生きた両者の関係性が希薄な印象を与えてしまったかもしれないが、実際は、部分的な共鳴関係とでも呼ぶべき興味深い交流が40年近く存在していたことを最後に付け加えておきたい。

　本書は、平成18年にお茶の水女子大学へ提出した博士論文『1830年代フランスにおける異性装―女性サン＝シモン主義者とジョルジュ・サンド―』と、以下の拙論をもとにし、加筆修正を行い、出版したものである。

「書簡集にみるジョルジュ・サンドの衣生活―男装と女性性との関係―」(『日本家政学会誌』第54巻第7号　平成15年7月　25-31頁)
「サン＝シモン主義の男性制服―着用経緯と象徴性―」(お茶の水女子大学大学院人間文化研究科『人間文化論叢』第6巻　平成16年3月　303-14頁)
「女性サン＝シモン主義者の服装と女性解放の思想」(お茶の水女子大学21世紀COEプログラム「ジェンダー研究のフロンティア」『公募研究成果報告論文集』第2号　平成16年9月　63-69頁)
「男性サン＝シモン主義者の服装における色彩の象徴性」(『服飾文化学会誌』第6巻第1号　平成18年2月　31-40頁)
「ジョルジュ・サンドとサン＝シモン主義―女性指導者「教母」をめぐって―」(「現代フランス社会と女性」研究会『Bulletin du CEFEF』第5号　平成18年3月　85-96頁)
「服装とセックス、ジェンダー―女性の異性装に関する史的研究の動向―」(日仏女性研究学会『女性空間』第25号　平成20年6月　74-83頁)
「ジョルジュ・サンドの対話式小説『ガブリエル』における女主人公の異性装」(『日本家政学会誌』第60巻第6号　平成21年6月　49-58頁)
「19世紀フランスの服飾と女性性―ジョルジュ・サンドの実生活における男装と対話式小説『ガブリエル』における女主人公の異性装―」(『杉野服飾大学・杉野服飾大学短期大学部紀要』第8号　平成21年12月　93-104頁)
「異性装研究―近代フランスにおける服飾の社会表象―」(大阪府立大学女性学研究センター『第14期女性学連続講演会「ジェンダーを装う」』　平成22年3月　71-100頁)

　これらの研究成果を生み出す過程において、お茶の水女子大学21世紀COEプログラム「ジェンダー研究のフロンティア」、および東海ジェンダー

研究所からの個人研究助成を受け、さらには科学研究費補助金と文化女子大学・文化ファッション研究機構での共同研究において、西洋服飾の史的事象におけるジェンダー研究に取り組んだ。その結果、現地フランスでの資料収集、調査、分析をする機会に恵まれ、さまざまな文献・図像資料に触れた経験が、異性装研究を深化、発展させることへと繋がっていった。

　そもそも、私が学部生の頃より、一貫して異性装研究に取り組むことになったきっかけは、歴史・美術史・文学史・服飾文化史など、「史」という文字が付く学問領域を研究した、学んだものならば、誰もが一度は感じる疑問を抱いたからであると言える。場所という空間軸と年代という時間軸とによって区切られた史的事象からは、抜け落ちてしまう現象や事物などが少なからず存在しているのではないか、また史的事象を空間軸と時間軸を用いて分類していく作業の中で、境界線上にあり、分類しづらいものは、顧みられないのではないかという疑問である。それと同時に、こぼれ落ちてしまう史的事象をわずかながらでも拾い集め、掬い上げることができれば、新たな人間の営為や生活感情を紡ぐことへと必ずや繋がっていくだろうという思いを強くしたのである。このような私の思いは、お茶の水女子大学大学院教授・徳井淑子氏によるヨーロッパの服飾文化史の講義と論文指導を通して、培われ、本書として結実するまでになった。徳井氏の研究テーマの一つである、ロマン主義の芸術家による中世趣味の異装は、社会の支配階層によってもたらされた流行の服飾と風俗だけを追い求めることだけが服飾文化史の全てではないことを教えてくれた。さらに氏からは、文学作品における服飾描写を利用して、当時の人々の感情・心理・情動を明らかにする研究手法とともに、文献資料と図像資料を駆使して複眼的な視点から実証的に研究に取り組む姿勢を授けられた。長きにわたり、たびたびご指導および貴重なご助言を賜っただけでなく、研究対象と真摯に向き合う環境を与えて下さった恩師に、心より感謝申し上げる。

　異性装という性や服飾に関わる事象を探究し続け、本書の刊行が叶ったのは、本書の基盤となっている博士論文の審査に際して、竹村和子先生、村田真弓先生、安成英樹先生、神田由築先生からの数多くのご助言を頂いたから

であり、また本書の完成までに、日本ジョルジュ・サンド学会などの学会・研究会での活動を通じて、さまざまな研究分野の先生方と出会い、ご指導を頂いたからである。ご教示頂いた多くの方々には、改めて厚く御礼を申し上げる。勿論、東信堂の下田勝司氏には、出版不況が叫ばれて久しい近年の社会状況にもかかわらず、拙論の出版を快くお引き受け下さり、編集においても、実に丁寧で、適切なご助言を与えて下さったことに、深く感謝し、御礼を申し上げたい。

　折しも、本書の刊行は、ジョルジュ・サンドの恋人であった作曲家フレデリック・ショパンが生誕して200年の節目の年にあたり、ショパンの芸術活動に与えた影響を含め、サンドに対する評価の見直しが行われている時期となった。このような時期に本書を刊行できたことを嬉しく思うとともに、多様な関心を持つ方が本書を手にして下されば、幸いである。

　　平成22年夏

　　　　　　　　　　　　　　　　　　　　　　　　　　　　新實五穂

索　引

※丸数字は口絵頁

（ア行）

アイデンティティ　　　　　20, 67, 78
『愛の妖精』　　　　　　22, 65, 66, 92
青(青フローラ)色　　137, 138, 141〜143,
　　　　　　157, 159, 160, 166〜168
アクロイド，ピーター　　　　8, 19, 20
『新しい信仰、行伝書』　125, 136, 160, 181,
　　　　　　　　　　　　184, 186
アドレール，ロール　　　　　135, 164
アルスナル図書館　　②〜⑤, ⑦, 13,
　　104, 110, 112, 124, 126, 139, 140, 146, 147,
　　　　　149, 150, 152, 154, 160〜163, 173
『アンディヤナ』　　22, 27, 34, 67, 68, 70,
　　　　76, 93〜95, 109, 132, 170, 185, 188
アンファンタン（Enfantin）　②, ⑤, 63, 64,
　　103〜105, 109, 110, 112〜117, 119〜123,
　　125〜127, 129〜133, 138〜141, 143〜147,
　　　　149, 151〜157, 159, 162〜164, 166, 179,
　　　　　　　　　　　181〜183, 186, 218
位階制度　　119, 121, 134, 138, 141, 144,
　　　　　　　145, 159, 164, 165, 167
池田孝江　　　　　14, 18, 21, 29, 38, 45
異性装　　ii, 3〜14, 17〜21, 29〜31, 37, 40,
　　　56, 57, 65〜67, 74, 76〜78, 89, 90, 92, 93,
　　　　　　　　96, 164, 186〜190, 219
「異性装に関する勅令」　　　　　4, 29
糸紡ぎの棒（糸紡ぎ）　　　　170〜172
ウェイル，ジョルジュ　　　　　104, 131
ヴォワルカン，シュザンヌ　　64, 122, 124,
　　　　　　　　　　128, 136, 183
エオニズム（eonism）　　　　　　　　6
エリス，ハヴロック　　　　　　6, 7, 19
襟巻　17, 138, 145, 151, 163, 165〜167, 183
『オラース』　　　　　　22, 106, 131

（カ行）

ガーバー，マージョリー　10, 21, 78, 190
『ガゼット・デ・トリビュノー』　166, 184
家族制度　　　　37, 90, 117〜119, 133,
　　　　　　　　174, 187〜189, 191
家長権(家長の権利)　　　　　　169, 189
『ガブリエル』　11, 30, 66, 67, 76〜78, 81,
　　　　　83, 88〜91, 95〜97, 188, 190
カレーニン，ウラジミール　　28, 38, 63
簡素　　45, 60, 82, 86, 156, 158, 163, 164
ガンドール，レンヌ　　　　　　122, 135
帰属意識　　　　　138, 164, 165, 168, 189
貴族院　　　　　　　　51, 52, 55, 62
「教義の成員の制服についての規約」　141,
　　　　　　　　　　　　142, 181
協同組織　　　　　　　　16, 23, 108
教父　　⑤, 109, 124, 133, 140, 147, 162, 163,
　　　　　　　　　　　　172, 186
教母　　　　　　　　　114, 140, 186, 218
共和主義　　　　50〜53, 55, 56, 62, 63,
　　　　　　　　　　　　188, 218
巨大裁判(四月裁判)　　　　　　51, 52
キリスト教　　4, 16, 18, 118, 120, 128, 129
ギルバート，フランソワーズ　22, 67, 93,
　　　　　　　　　　　　　96, 97
首飾り　　　　　139, 140, 166, 181, 186
クラフト＝エビング，リヒャルト・フォン
　　　　　　　　　　　　　5, 19
『グローブ』　　　　108, 109, 132, 182
クロス・ドレッシング（cross-dressing）
　　　　　　　　　　　　6, 18〜21
軍服　14, 28, 29, 40〜42, 46, 103, 156〜159,
　　　　　　　　　　　　　175
芸術家たち　　　　　　　④, 160, 161
ゲー，デジレ　　　　　　　122, 135, 180

劇場	3, 4, 22, 28, 47, 48, 50, 76, 95, 175, 185
結婚制度	37, 68〜70, 90, 91, 104, 109, 116, 117, 130, 133, 187, 188, 191, 218
ゲルー，アドルフ	53〜55, 63
『コンスエロ』	22, 30, 64, 67

〈サ行〉

裁縫仕事	70, 84, 167, 168, 171
逆しまの世界	174, 175, 177〜179, 185, 186
雑婚	109, 130, 218
産業者	16, 101, 102
『産業者の教理問答』	23, 101, 104, 130
産業(至上)主義	16, 101, 108
サン゠シモン(Saint-Simon)	15, 16, 21, 23, 63, 101〜105, 114, 116, 117, 129〜134, 139, 151, 163, 168, 181〜184, 186
サン゠シモン主義	⑤, 13, 15, 16, 21, 23, 55, 63, 101〜109, 112, 114, 116〜119, 121, 123, 125〜127, 129〜134, 137〜141, 143, 145, 147, 156〜162, 164〜169, 174, 179, 180, 182, 183, 186, 189, 190, 218
『サン゠シモンの学説・解義』	105, 117, 131, 134
サン・ティレール，アグラエ	123, 125, 149, 152〜155, 158, 166, 182
サンド(Sand)	ii, 4, 10, 13, 14, 17〜19, 21, 22, 27〜67, 70, 72〜78, 90〜97, 102, 106, 109, 131, 166, 170, 184, 185, 187, 188, 190, 218
サンドー，ジュール	27, 47
『ジェローム・パチュロ』	105, 106, 131, 133, 137, 161, 181, 184
七月王政(七月革命)	15, 22, 23, 51, 53, 63, 69, 107
使徒のドレス	167, 171
使徒の服	144, 157, 189
シャティロン，イポリット	42〜44
『シャリヴァリ』	34, 70
シャルレティ，セバスティアン	104, 130, 183
重罪裁判(所)	112, 115, 125, 151, 156, 166, 167
自由女性	⑥, 121, 168, 171, 172, 174
『自由女性』紙	119, 121〜129, 135, 136, 167, 179, 180, 183, 184, 186
シュタインベルク，シルヴィ	11, 17, 21
ジュヌヴレイ，フランソワーズ	78, 91, 96
シュヴァリエ，ミシェル	113, 115, 139, 151
シュミーズ	149, 151
狩猟	43, 44, 46, 71〜73, 79, 172
乗馬	14, 29, 33, 36, 43, 44, 46, 59, 72〜74, 79, 86, 187
女子教育	72, 180
女性解放(の)思想	15, 101, 105, 116〜120, 129, 133, 134, 158, 174, 178〜180, 185, 189, 190, 218
女性サン゠シモン主義者	⑦, ii, 15, 17, 56, 64, 119〜123, 125, 129, 138, 158, 159, 162〜168, 171〜176, 178〜180, 184〜187, 189, 190
『女性新聞』	127, 136
《女性の新しい軍隊、機動部隊を組織した女性サン゠シモン主義者》	174, 175, 185
『女性の王国、すなわち、逆しまの世界』	175, 177, 179, 185
「女性の友」	104, 114, 159
女性用乗馬服(アマゾン)	44, 59, 71〜74, 76, 94, 188
ジョゼフィーヌ゠フェリシテ	128, 167
ジレ	②, 137, 141〜143, 145〜147, 149, 151, 155, 158, 160, 180〜182
申命記(『聖書』)	4, 18
ストラー，ロバート	7, 19, 20
ズボン	i, 13, 17, 18, 20, 23, 33, 36, 37, 41, 48, 52, 56〜58, 64, 66, 70, 92, 137, 138, 141〜145, 149, 156, 161〜164, 168〜171, 174, 177, 178, 180, 184, 185, 187, 189
ズボンをめぐる争い	169〜171, 184, 185
『世紀児の告白』	35, 37, 39
性差	i, ii, 9, 13, 21, 91, 187

青鞜	32, 33, 39
青年共和主義者（ブーザンゴ）	53, 62, 63
制服制度	16, 137〜139, 141, 144, 157, 159〜161, 164, 183, 189
制服着用式	110, 138, 139, 143〜145, 147, 151, 158, 159, 164, 182, 183
性別二元論	78, 91, 92, 190
性別役割分担	92, 179, 190
双生性	91
ソランジュ	66, 92

（タ行）

対話式小説	67, 76
ダグー伯爵夫人	31, 36
タラボ，エドモン	113, 143〜145, 182
ダルマーニュ，アンリ＝ルネ	104, 131, 138, 143, 144, 151, 181〜184, 186
男女司祭	114, 120, 121
男性サン＝シモン主義者	③, 16, 64, 110〜112, 122, 132, 138, 145, 149, 150, 156, 158, 159, 162, 164, 172, 174, 179, 180, 183
ダンハウザー，ジョゼフ	①, 31, 32
中世趣味	156
デシャルトル（家庭教師）	14, 28, 42〜44, 46, 187
デッカー，ルドルフ＆ファン・ドゥ・ポル，ロッテ	8, 9, 20, 21, 57, 64
テトブー講堂	105, 106, 112, 120, 121, 134, 165, 166, 182
デニー，ダラス	5, 19
デマール，クレール	164, 167, 181, 184, 186
デメイヤー，ギルバート	5, 19
デュ・カン，マクシム	102, 137, 159, 181, 184
ドーミエ	70, 93
ドカーズ公爵	51, 52
トランスヴェスティズム（transvestism）	6

（ナ行）

ナジンスキー，イザベル	29, 37, 38, 91, 97
『ナノン』	30, 66, 67
二月革命	59, 93, 106, 180, 186
肉体の復権	120
ニボワイエ，ウージェニー	106, 107, 180
ノアン	22, 36, 41〜44, 46, 47, 56, 57, 59, 92, 95, 188

（ハ行）

バザール（Bazard）	103〜105, 109, 117, 120, 121, 123, 129, 131, 133, 134, 139, 141
バトラー，ジュディス	9, 20
「パリ12区内のサン＝シモン主義への加入者リスト」	106〜108, 132
バルザック	3, 8, 17, 36, 37, 39, 59〜61, 76, 92, 95, 102
バロー，エミール	④, 112〜115, 140, 151, 159, 160
筆名（ペンネーム）	27, 33, 36, 37, 39, 67, 91, 97, 122, 135
ヒルシュフェルト，マグヌス	6, 19
フーリエ	117, 118, 122, 130, 133, 134, 174, 185
ブールジュ，ミシェル・ド	50〜52, 55, 62
ブコワラン，ジュール	49
フランス国立図書館	①, ⑥, 13, 34, 111, 148, 170〜172, 175
ブラン，ルイ	102, 116, 133, 137, 165, 181, 184
フリソン	141, 143, 181
ブルジョア服	156, 157
フルネル，セシル	120, 123, 125, 166
フロイト，ジグムント	7, 19
ブロー兄弟（ブーロー，バーン＆ブーロー，ボニー）	5, 7, 10, 18〜21, 190
フロックコート	36, 44, 48, 51, 56, 60, 61, 142, 143, 178
フロベール，ロール＝ポール	18, 164, 184
『ベアトリックス』	11, 36, 37, 39, 59, 60
兵士	8, 9, 20, 66, 156, 158, 175, 178, 186, 187
ペチコート	17, 23, 24, 43, 162〜164, 168,

	170, 171, 174, 177, 178, 180, 187, 189	モロワ，アンドレ	28, 38, 94
ベリー地方	22, 27, 36, 47, 50, 59	モンシニー通り	104, 105, 112, 165
ベルト	17, 138, 144, 145, 147, 149, 151, 163, 178		

（ヤ行）

ペロー，ミシェル	29, 38, 60, 62, 91, 97, 184
ホィールライト，ジュリー	8, 20
ボヌール，レーモン	107, 110, 111, 113, 133, 138, 143, 182
ホモソーシャリティ(ホモソーシャル)	158, 159, 180, 183

ユニセックス	i
ユルシュル	57, 58

（ラ行）

ラカー，トマス	9, 10, 21
ラトゥシュ，アンリ・ド	27, 49
理工科学校	103, 130, 157〜159, 183
離婚制度	69, 109
リスト，フランツ	①, 31, 32, 36, 102
リッド，マルチーヌ	91, 97
両性具有	8, 28, 32, 75, 76, 91
旅行着	37, 56
レニエ，フィリップ	63, 119, 131, 133, 134, 164, 184, 185
『レリヤ』	22, 28, 30, 55, 66, 67, 74, 76, 94, 95, 188, 218
ロドリーグ，オランド	103〜105, 109, 112, 114〜116, 118, 120, 121, 130, 139
ロレンツ，アルシッド	①, 34, 39

（マ行）

マサルディエ＝ケニー，フランソワーズ	22, 66, 78, 91, 93, 96
マシュロー，ジョゼフ	④, 113, 159〜161
マルーヴル，ルイ	⑤, 162, 163, 174
ミュッセ	35, 37, 39
ミュラ将軍	40, 41
民法典(ナポレオン法典)	68, 69, 93, 172, 187, 190
メクネム，イスラエル・ファン	169〜171
メニルモンタン(隠遁生活)	③, 104, 110〜113, 116, 133, 139, 143, 144, 147, 149〜151, 156, 158, 159, 172, 181〜183, 218
『モープラ』	22, 66, 72, 76, 94, 95, 188

（ワ行）

『我が生涯の記』(自伝)	27, 30, 31, 37, 40, 43, 46, 49, 50, 56, 59〜64, 74, 92

著者紹介

新實五穂（にいみ　いほ）
　1977 年　静岡県生まれ
　2000 年　お茶の水女子大学生活科学部人間生活学科生活文化学講座卒業
　2002 年　同大学大学院博士前期課程人間文化研究科人文学専攻修了
　2006 年　同大学大学院博士後期課程人間文化研究科比較社会文化学専攻修了
　　　　　博士（人文科学）
　現　在　お茶の水女子大学等で非常勤講師

主要論文

「書簡集にみるジョルジュ・サンドの衣生活―男装と女性性との関係―」（『日本家政学会誌』第 54 巻第 7 号　2003 年）

「サン＝シモン主義の男性制服―着用経緯と象徴性―」（お茶の水女子大学大学院人間文化研究科『人間文化論叢』第 6 巻　2004 年）

「女性サン＝シモン主義者の服装と女性解放の思想」（お茶の水女子大学 21 世紀 COE プログラム「ジェンダー研究のフロンティア」『公募研究成果報告論文集』第 2 号　2004 年）

「男性サン＝シモン主義者の服装における色彩の象徴性」（『服飾文化学会誌』第 6 巻第 1 号　2006 年）

「ジョルジュ・サンドとサン＝シモン主義―女性指導者「教母」をめぐって―」（「現代フランス社会と女性」研究会『Bulletin du CEFEF』第 5 号　2006 年）

「ジョルジュ・サンドの対話式小説『ガブリエル』における女主人公の異性装」（『日本家政学会誌』第 60 巻第 6 号　2009 年）

社会表象としての服飾――近代フランスにおける異性装の研究

2010 年 10 月 20 日　初　版第 1 刷発行　　　　　　　　　　〔検印省略〕

＊定価はカバーに表示してあります。

著者©新實五穂／発行者　下田勝司　　　　　　　　印刷・製本／中央精版印刷

東京都文京区向丘 1-20-6　　郵便振替 00110-6-37828
〒113-0023　TEL (03)3818-5521　FAX (03)3818-5514

発行所　株式会社　東信堂

Published by TOSHINDO PUBLISHING CO., LTD.
1-20-6, Mukougaoka, Bunkyo-ku, Tokyo, 113-0023 Japan
E-mail : tk203444@fsinet.or.jp　http://www.toshindo-pub.com

ISBN978-4-7989-0018-6　　C3022　　© Iho Niimi

東信堂

【世界美術双書】

書名	著者	価格
バルビゾン派	井出洋一郎	二〇〇〇円
キリスト教シンボル図典	中森義宗	二三〇〇円
パルテノンとギリシア陶器	関 隆志	二三〇〇円
中国の版画——唐代から清代まで	小林宏光	二三〇〇円
象徴主義——モダニズムへの警鐘	中村隆夫	二三〇〇円
中国の仏教美術——後漢代から元代まで	久野美樹	二三〇〇円
セザンヌとその時代	浅野春男	二三〇〇円
日本の南画	武田光一	二三〇〇円
画家とふるさと	小林忠	二三〇〇円
ドイツの国民記念碑——一八一三—一九一三年	大原まゆみ	二三〇〇円
インド・アジア美術探索	永井信一	二三〇〇円
日本・アジア美術探索、チョーラ朝の美術	袋井由布子	二三〇〇円
古代ギリシアのブロンズ彫刻	羽田康一	二三〇〇円

【芸術学叢書】

書名	著者	価格
芸術理論の現在——モダニズムから	谷川渥監修 藤枝晃雄編著	四六〇〇円
絵画論を超えて	尾崎信一郎	三八〇〇円
美術史の辞典	P・デューロ他 中森義宗・清水忠訳	三六〇〇円
バロックの魅力	小穴晶子編	二六〇〇円
新版 ジャクソン・ポロック	藤枝晃雄	二六〇〇円
美学と現代美術の距離——アメリカにおけるその乖離と接近をめぐって	金 悠美	三八〇〇円
ロジャー・フライの批評理論——知性と感受性の間で	要 真理子	四二〇〇円
レオノール・フィニ——境界を侵犯する新しい種	尾形希和子	二八〇〇円
いま蘇るブリア=サヴァランの美味学	川端晶子	三五〇〇円
ネットワーク美学の誕生——「下からの綜合」の世界へ向けて	川野 洋	三六〇〇円
イタリア・ルネサンス事典	J・R・ヘイル監修 中森義宗監訳	七八〇〇円
福永武彦論——「純粋記憶」の生成とボードレール	西岡亜紀	三三〇〇円
雲の先の修羅——『坂の上の雲』批判	半沢英一	二〇〇〇円

〒113-0023 東京都文京区向丘1-20-6
TEL 03-3818-5521 FAX03-3818-5514 振替 00110-6-37828
Email tk203444@fsinet.or.jp URL:http://www.toshindo-pub.com/

※定価：表示価格（本体）＋税

東信堂

書名	著者	価格
ハンス・ヨナス「回想記」	H・ヨナス 盛永・木下・馬渕・山本訳	四八〇〇円
責任という原理──科学技術文明のための倫理学の試み	H・ヨナス 加藤尚武監訳	四八〇〇円
空間と身体──新しい哲学への出発	加藤尚武訳	二五〇〇円
環境と国土の価値構造	桑子敏雄	二五〇〇円
森と建築の空間史──南方熊楠と近代日本	桑子敏雄編	三五〇〇円
メルロ゠ポンティとレヴィナス──他者への覚醒	千田智子	四三八一円
堕天使の倫理──スピノザとサド	屋良朝彦	三八〇〇円
〈現われ〉とその秩序──メーヌ・ド・ビラン研究	佐藤拓司	二八〇〇円
省みることの哲学──ジャン・ナベール研究	村松正隆	三八〇〇円
カンデライオ（ジョルダーノ・ブルーノ著作集1巻）	越門勝彦	三三〇〇円
原因・原理・一者について（ジョルダーノ・ブルーノ著作集3巻）	加藤守通訳	三二〇〇円
英雄的狂気（ジョルダーノ・ブルーノ著作集7巻）	加藤守通訳	三六〇〇円
ロバのカバラ──ジョルダーノ・ブルーノにおける文学と哲学	加藤守通訳	三六〇〇円
自己	加藤守通	三六〇〇円
〈哲学への誘い──新しい形を求めて 全5巻〉		
哲学史を読むⅠ・Ⅱ	松永澄夫	各三八〇〇円
言葉の働く場所	浅野・松永・伊佐敷・橋本・松永・高橋・村瀬・松永・鈴木・松永編	三三〇〇円
食を料理する──哲学的考察	松永澄夫編	二〇〇〇円
言葉の力（音の経験・言葉の力第Ⅰ部）	松永澄夫	二五〇〇円
音の経験（音の経験・言葉の力第Ⅱ部）──言葉はどのようにして可能となるのか	松永澄夫	二八〇〇円
環境──安全という価値は…	松永澄夫	二〇〇〇円
環境 設計の思想	松永澄夫編	二三〇〇円
環境 文化と政策	松永澄夫編	二三〇〇円

〒113-0023 東京都文京区向丘1-20-6
TEL 03-3818-5521 FAX 03-3818-5514 振替 00110-6-37828
Email tk203444@fsinet.or.jp URL:http://www.toshindo-pub.com/

※定価：表示価格（本体）＋税

東信堂

〈シリーズ〉社会学のアクチュアリティ：批判と創造　全12巻+2

クリティークとしての社会学——現代を批判	西原和久・宇都宮京子 編	一八〇〇円
都市社会とリスク——豊かな生活に見る眼	三上剛史 編	二〇〇〇円
言説分析の可能性——社会学的方法をもとめて	武川正吾・友枝敏雄 編	二三〇〇円
グローバル化とアジア社会——ポストコロニアルの地平	吉原直樹・澤俊敏 編	二三〇〇円
公共政策の社会学——社会的現実との格闘	新原道信・友枝敏雄 編	二三〇〇円
社会学のアリーナへ——21世紀社会を読み解く	厚東洋輔・友枝敏雄・三隅一人 編	二二〇〇円

〈シリーズ 地域社会学講座 全3巻〉

地域社会学の視座と方法	似田貝香門 監修	二五〇〇円
グローバリゼーション／ポスト・モダンと地域社会	古城利明 監修	二五〇〇円
地域社会の政策とガバナンス	矢澤澄子 監修	二七〇〇円

〈シリーズ 世界の社会学・日本の社会学〉

タルコット・パーソンズ——最後の近代主義者	中野秀一郎	二八〇〇円
ゲオルグ・ジンメル——現代分化社会における個人と社会	居安正	二八〇〇円
ジョージ・H・ミード——社会的自我論の展開	船津衛	二八〇〇円
アラン・トゥーレーヌ——現代社会のゆくえと新しい社会運動	杉山光信	二八〇〇円
アルフレッド・シュッツ——主観的空間の社会学	森元孝	二八〇〇円
エミール・デュルケム——危機の時代の再建と社会学	中島道男	二八〇〇円
レイモン・アロン——透徹した警世家・時代を診断する亡命者	岩城完之	二八〇〇円
フェルディナンド・テンニエス——ゲゼルシャフトとゲマインシャフト	吉田浩	二八〇〇円
カール・マンハイム	澤井敦	二八〇〇円
ロバート・リンド——アメリカ文化の内省的批判者	佐々木雅幸	二八〇〇円
費孝通——民族自省の社会学	藤本弘鎮	二八〇〇円
奥井復太郎——都市社会学と生活論の創始者	山本鎭雄	二八〇〇円
新明正道——綜合社会学の探究	中久郎	二八〇〇円
米田庄太郎——新総合社会学の先駆者	川合隆男	二八〇〇円
高田保馬——理論と政策の無媒介的統一・家族・民族研究	蓮見音彦	二八〇〇円
福武直——実証社会学の軌跡・民主化と社会学の現実化を推進	戸田貞三	一八〇〇円

〒113-0023　東京都文京区向丘1-20-6　TEL 03-3818-5521　FAX 03-3818-5514　振替 00110-6-37828
Email tk203444@fsinet.or.jp　URL:http://www.toshindo-pub.com/

※定価：表示価格（本体）＋税

東信堂

グローバル化と知的様式	—社会科学方法論についての七つのエッセー	J・ガルトゥング 大矢根聡/澤井修次/光太郎 訳	二八〇〇円
社会学の射程	—ポストコロニアルな地球市民の社会学へ	庄司興吉	三三〇〇円
地球市民学を創る	—地球社会の危機と変革のなかで	庄司興吉編著	三二〇〇円
社会階層と集団形成の変容	—集合行為と「物象化」のメカニズム	丹辺宣彦	六五〇〇円
世界システムの新世紀	—現代資本主義社会の存続メカニズム	丹辺宣彦	三三〇〇円
階級・ジェンダー・再生産	—グローバル化とマレーシア	山田信行	三六〇〇円
現代日本の階級構造	—理論・方法・計量分析	橋本健二	四五〇〇円
人間諸科学の形成と制度化	—社会諸科学との比較研究	橋本健二	三八〇〇円
現代社会と権威主義	—フランクフルト学派権威論の再構成	長谷川幸一	三八〇〇円
現代社会学における歴史と批判(上巻)	—グローバル化の社会学	武川正吾 山田信吾編	二八〇〇円
現代社会学における歴史と批判(下巻)	—近代資本制と主体性	保坂稔	三六〇〇円
近代化のフィールドワーク	—断片化する世界で等身大に生きる	丹辺宣彦編 作道信介編	二〇〇〇円
自立支援の実践知	—阪神・淡路大震災と共同・市民社会	似田貝香門編	三八〇〇円
[改訂版]ボランティア活動の論理	—ボランタリズムとサブシステンス	西山志保	三六〇〇円
NPO実践マネジメント入門	パブリックリソースセンター編		二三八一円
貨幣の社会学	—経済社会学への招待	森元孝	一八〇〇円
市民力による知の創造と発展	—身近な環境に関する市民研究の持続的展開	萩原なつ子	三三〇〇円
個人化する社会と行政の変容	—情報、コミュニケーションによるガバナンスの展開	藤谷忠昭	三八〇〇円
日常という審級	—アルフレッド・シュッツにおける他者・リアリティ・超越	李晟台	三六〇〇円
日本の社会参加仏教	—法音寺と立正佼成会の社会活動と社会倫理	ランジャナ・ムコパディヤーヤ	四七六二円
現代タイにおける仏教運動	—タンマガーイ式瞑想とタイ仏教社会の変容	矢野秀武	五六〇〇円

〒113-0023 東京都文京区向丘1-20-6　TEL 03-3818-5521　FAX 03-3818-5514　振替 00110-6-37828
Email tk203444@fsinet.or.jp　URL:http://www.toshindo-pub.com/

※定価：表示価格（本体）＋税

《未来を拓く人文・社会科学シリーズ〈全17冊・別巻2〉》

東信堂

科学技術ガバナンス	城山英明編	一八〇〇円
ボトムアップな人間関係——心理・教育・福祉・環境・社会の12の現場から	サトウタツヤ編	一六〇〇円
高齢社会を生きる——老いる人/看取るシステム	清水哲郎編	一八〇〇円
家族のデザイン	小長谷有紀編	一八〇〇円
水をめぐるガバナンス——日本、アジア、中東、ヨーロッパの現場から	蔵治光一郎編	一八〇〇円
生活者がつくる市場社会	久米郁夫編	一八〇〇円
グローバル・ガバナンスの最前線——現在と過去のあいだ	遠藤乾編	二二〇〇円
資源を見る眼——現場からの分配論	佐藤仁編	二〇〇〇円
これからの教養教育——「カタ」の効用	葛西康徳・鈴木佳秀編	二〇〇〇円
「対テロ戦争」の時代の平和構築——過去からの視点、未来への展望	黒木英充編	一八〇〇円
企業の錯誤／教育の迷走——人材育成の「失われた一〇年」	青島矢一編	一八〇〇円
日本文化の空間学	桑子敏雄編	二二〇〇円
千年持続学の構築	木村武史編	一八〇〇円
多元的共生を求めて——〈市民の社会〉をつくる	宇田川妙子編	一八〇〇円
芸術は何を超えていくのか？	沼野充義編	一八〇〇円
芸術の生まれる場	木下直之編	二〇〇〇円
文学・芸術は何のためにあるのか？	岡田暁生編	二〇〇〇円
紛争現場からの平和構築——国際刑事司法の役割と課題	吉岡洋編	二二〇〇円
〈境界〉の今を生きる	遠藤乾・石田勇治編	二八〇〇円
日本の未来社会——エネルギー・環境と技術・政策	城山英明・鈴木達治郎・角和昌浩編 荒川歩・川嶋田敦子・谷川竜一・内藤類子・柴田晃芳編	二三〇〇円

〒113-0023 東京都文京区向丘 1-20-6
TEL 03·3818·5521　FAX03·3818·5514　振替 00110·6·37828
Email tk203444@fsinet.or.jp　URL·http://www.toshindo-pub.com/

※定価：表示価格（本体）＋税

東信堂

(横浜市立大学叢書(シーガル・ブックス))

書名	著者	価格
ことばから観た文化の歴史——アングロサクソン到来からノルマンの征服まで	宮崎忠克	一五〇〇円
独仏対立の歴史的起源——スダンへの道	松井道昭	一五〇〇円
ハイテク覇権の攻防——日米技術紛争	黒川修司	一五〇〇円
ポーツマスから消された男——朝河貫一の日露戦争論	矢吹晋著・編訳	一五〇〇円
グローバル・ガバナンスの世紀——国際政治経済学からの接近	毛利勝彦	一五〇〇円
青の系譜——古事記から宮澤賢治まで	今西浩子	一五〇〇円
アングロ・サクソン文学史:韻文編	唐澤一友	一五〇〇円
もの・言葉・思考——形而上学と論理	三上真司	一五〇〇円
アングロ・サクソン文学史:散文編	唐澤一友	一五〇〇円
アメリカ映画における子どものイメージ——社会文化的考察	K・M・ジャクソン 牛渡淳訳	二六〇〇円
サンタクロースの島——地中海岸ビザンティン遺跡発掘記	浅野和生	二三八一円
精神科医島崎敏樹——人間の学の誕生	井原裕	二六〇〇円
自己形成者の群像——新しい知性の創造のために	宮坂広作	二八〇〇円
現代タイにおける仏教運動——タンマガーイ式瞑想とタイ社会の変容	ランジャナ・ムコパディヤーヤ	四七六二円
日本の社会参加仏教——法音寺と立正佼成会の社会活動と社会倫理	矢野秀武	五六〇〇円
サンヴァラ系密教の諸相——行者・聖地・身体・時間・死生	杉木恒彦	五八〇〇円
イタリア・ルネサンス事典	J・R・ヘイル編 中森義宗監訳	七八〇〇円

〒113-0023 東京都文京区向丘1-20-6 TEL 03-3818-5521 FAX03-3818-5514 振替 00110-6-37828
Email tk203444@fsinet.or.jp URL:http://www.toshindo-pub.com/

※定価:表示価格(本体)+税

東信堂

書名	著者	価格
人は住むためにいかに闘ってきたか——〔新装版〕欧米住宅物語	早川和男	二〇〇〇円
イギリスにおける住居管理——オクタヴィア・ヒルからサッチャーへ	中島明子	七四五三円
〈居住福祉ブックレット〉		
居住福祉資源発見の旅…新しい福祉空間、懐かしい癒しの場	早川和男	七〇〇円
どこへ行く住宅政策…進む市場化、なくなる居住のセーフティネット	本間義人	七〇〇円
漢字の語源にみる居住福祉の思想	李 桓	七〇〇円
日本の居住政策と障害をもつ人	大本圭野	七〇〇円
障害者・高齢者と麦の郷のこころ…住民、そして地域とともに	伊藤静美・田中秀樹	七〇〇円
地場工務店とともに…健康住宅普及への途	山本里見	七〇〇円
子どもの道くさ	水月昭道	七〇〇円
居住福祉法学の構想	吉田邦彦	七〇〇円
奈良町の暮らしと福祉…市民主体のまちづくり	黒田睦子	七〇〇円
精神科医がめざす近隣力再建…進む「砂漠化」、はびこる「付き合い拒否」症候群	中澤正夫	七〇〇円
住むことは生きること…鳥取県西部地震と住宅再建支援	片山善博	七〇〇円
最下流ホームレス村と住宅再建支援	ありむら潜	七〇〇円
世界の借家人運動…あなたは住まいのセーフティネットを信じられますか？	髙島一夫	七〇〇円
〔 〕	張秀萍	七〇〇円
〔 〕	柳中権	七〇〇円
「居住福祉学」の理論的構築	早川和男	七〇〇円
居住福祉資源発見の旅Ⅱ…地域の福祉力・教育力・防災力	早川和男	七〇〇円
居住福祉の世界…早川和男対談集	高橋典成	七〇〇円
医療・福祉の沢内と地域演劇の湯田…岩手県西和賀町のまちづくり	金持伸子	七〇〇円
「居住福祉資源」の経済学	野口武	八〇〇円
長生きマンション・長生き団地	千代崎一夫	七〇〇円
高齢社会の住まいづくり・まちづくり	神田蔵田 力佳夫美	七〇〇円

〒113-0023 東京都文京区向丘1-20-6　TEL 03-3818-5521　FAX 03-3818-5514　振替 00110-6-37828
Email tk203444@fsinet.or.jp　URL:http://www.toshindo-pub.com/

※定価：表示価格（本体）＋税